# 人間の教育を求めて

―教育学概論―

大﨑 素史・坂本 辰朗・井手 華奈子・牛田 伸一・井上 伸良

学文社

# まえがき

　「教育」は，人類の出現以来の営み（活動，現象）である。人類の出現とは，考古学や歴史学上では，100万年前，アウストラロピテクス（チンパンジーと人類の中間）の出現，50万年前，原人類とされる直立猿人（ピテカントロプス・エレクツス），北京原人（シナントロプス・ペキネンシス）の出現，さらに最近では，新しい学説として，700～600万年前のサヘラントロプス・チャデンシスを人類の出現とすることが示されている。人類の定義や出現の時期の正確な確定はともかくも，そのように，とてつもなく太古の時代から「教育」は存在していたと考えてよい。

　そこで，唐突に冒頭からの問題提起になるが，それゆえに「教育」は，どうなっているか（また，どうなっていたか），どうあるべきか，そもそも「教育」とは何か，が問われるべきである。ここに，いわゆる教育学・教育論の存在の理由ないしは根拠がある，と思う。

　私たち執筆者は，このような共通理解・問題関心をもって，今日のわが国および世界でみられる教育状況を凝視しながら，今後の教育のあるべき姿を考え，学術的に，また教育論として貢献したいと考えて本書の執筆にあたったことをはじめに宣言したいと思う。

　したがって，人々のいわゆる歴史上の「教育」に対する問題関心・意識やその具体的な「教育」の内容や状況のことについてだけでなく，現在におけるわが国および世界の教育状況に対しても，私たちは，意識的に認識し，問題提起する想いで本書を執筆した次第である。たとえば，わが国においては，戦後教育において絶えず関心事であり続けてきた学力の課題，道徳の課題，健康の課題，進路の課題，人権尊重の課題などに対して，さらに個別的にいえば，いじめ・不登校・高校中退・体罰・セクハラ・特別支援教育・児童虐待・少年非行・教員を取り巻く環境，地域社会における少子化・高齢化社会などの課題に

対して意識的に念頭におさめ，考察し，概説した。さらに，世界の状況においては，難民の子どもたちの受教育権保障の困難さ，外国籍に伴う国・地域による学校教育などの機会に恵まれない状況，子どもの滞在国・地域における言語の不自由さによる不都合状況などに対して，私たちは問題意識を新たにしたいと念じている。

　以上のような想いを抱いて，次のような構成内容にした。
　「第1章　教育の基本原理」においては，本書が採用する教育の定義を基本に，教育についての基本的な考え方，教育についての一般的な理解，おしえる・まなぶ等の教育に関する語句の語義など，さらには教師・子どもについての基本的な考え方を扱った。
　「第2章　学校―その歴史と展望―」においては，古代ギリシャ・ローマ時代に始まる学校についての編年史的考察ではなく，現代の学校の機能を理解し改善するためにどのような理解や考え方が必要かという視点から，現代の学校，すなわち近代学校の理念・制度を中心に扱った。
　「第3章　ヨーロッパ・アメリカ教育思想史」においては，古代から現代にいたるまでのヨーロッパ・アメリカ教育思想史について，代表的な思想家たちを取り上げ，子どもをどのような存在としてみるか，子どもを「よりよくする」というのはどういう意味か，という視点から扱った。
　「第4章　戦後日本の教育改革概略史」においては，1945年終戦から現在までの教育改革の歴史を概略的に解説した。ただし，すべての分野の教育史ではなく，国・地方公共団体が行う教育行政（教育に対する行政）レベルを中心としての教育改革の歴史概況である。
　「第5章　カリキュラム」においては，学校教育の教育内容を中心にしつつ，古代ギリシャから現在にいたる思想的・哲学的に考えられてきた教育内容の経過と課題，学校における教育課程（カリキュラム）の性格を扱った。
　「第6章　教授‐学習の過程」においては，学校教育における教育方法，すなわち教科指導と生徒指導における教授法・学習指導法を中心に，歴史的理論

的視点から種々の内容と課題を扱った。

　「第7章　現代の教育状況」においては，現代（現代とは，主に，第二次世界大戦後の，つまり1945年以降から現在までのこととして扱った）における教育の現場（学校，家庭，地域社会，国際社会など）でみられてきた教育に関する現実の状況に焦点を合わせ，総合的な視点から現状と課題を扱った。

　刻々と，しかも激動的ともいえるような変化する現在の社会，とりわけ国際化・情報化・人権尊重・平和の確保・少子高齢化のなかで，教育のあり方はきわめて課題が続出である。私たち執筆者は，改めて，教育こそがすべての人間・家庭・社会・国家・世界を築いていく根本的な営みであること，とりわけ，教育の目的は，すべての人間の生命の尊厳のための根本的な営みであることを確認して，そのための理論的な提供を刊行した次第である。

　末筆ながら，私たち執筆者は，本書の刊行に大変にお骨折りいただいた学文社・二村和樹氏に心より甚々の謝意を表するものである。

2015年11月18日

執筆者を代表して　大﨑　素史

# 目　次

まえがき ................................................................ i

## 第1章　教育の基本原理　　1
第1節　本書での教育についての考え方 ............................ 1
第2節　教育の概念 ................................................ 8
第3節　教師論〈教師とは〉—その原理的考察— .................... 17
第4節　子ども論 .................................................. 25

## 第2章　学　校 —その歴史と展望—　　31
第1節　教育の制度化と学校 ...................................... 31
第2節　学校の歴史的展望 ........................................ 32
第3節　20世紀の教育 ............................................ 39
第4節　20世紀の教育の遺産と学校の危機 ........................ 42
第5節　21世紀の教育 ............................................ 45
第6節　「法律に定める学校」とその他の教育機関 ................ 48

## 第3章　ヨーロッパ・アメリカ教育思想史　　53
第1節　教育への自覚的問い ...................................... 53
第2節　教育の人間主義の誕生 .................................... 55
第3節　プラトンと教育の理想主義 ................................ 57
第4節　ローマ時代と教育の制度化の展開 ........................ 58
第5節　キリスト教の成立 ........................................ 59
第6節　キリスト教の教育思想 .................................... 61
第7節　ルネサンスから宗教改革へ ................................ 62
第8節　教育史における近代 ...................................... 64
第9節　ルソーと「子どもの発見」 ................................ 65
第10節　ペスタロッチと「よさを意欲する」子ども ................ 67
第11節　デューイと経験主義の教育 .............................. 69

## 第4章　戦後日本の教育改革概略史　　75
第1節　戦後占領下における教育改革 .............................. 75

| | | |
|---|---|---|
| 第2節 | 朝鮮戦争の勃発と教育再編の動向 | 78 |
| 第3節 | 国民所得倍増計画と"人づくり"施策 | 79 |
| 第4節 | 人間性の回復をめざす教育施策 | 81 |
| 第5節 | "臨教審路線"の策定 | 82 |
| 第6節 | 教育基本法の改正 | 83 |
| 第7節 | 近年の教育改革動向 | 85 |

## 第5章　カリキュラム　98

| | | |
|---|---|---|
| 第1節 | 教育内容の力 | 98 |
| 第2節 | 教育内容の無力 | 102 |
| 第3節 | 世界の構成としてのカリキュラム研究 | 106 |
| 第4節 | カリキュラム構成における2つの極 | 111 |
| 第5節 | 社会の像としてのカリキュラム | 117 |

## 第6章　教授‐学習の過程　122

| | | |
|---|---|---|
| 第1節 | 教えることと学習すること | 122 |
| 第2節 | 学習の理論 | 128 |
| 第3節 | 問うことと向け変えること | 135 |

## 第7章　現代の教育状況　146

| | | |
|---|---|---|
| 第1節 | グローバル化と教育 | 146 |
| 第2節 | 人権・同和教育 | 152 |
| 第3節 | 平和教育 | 160 |
| 第4節 | 生涯学習・社会教育 | 169 |

## 資　料　185

学事奨励に関する被仰出書，教育ニ關スル勅語，日本国憲法，教育基本法（改正法），教育基本法（47年法），学校教育法（抄），児童の権利に関する条約（抄・政府訳），同和対策審議会答申（抄）

索　引　207

# 第1章　教育の基本原理

## 第1節　本書での教育についての考え方

### 1．教育の定義

　本章では，まず，教育とは何なのか，その定義について考えることにしたい。

　教育には，きわめて多くの定義があるといえる。たとえば，教育を「教え育てること」とする定義は，まさに辞書的な定義といえるが，これでは，私たちが教育とは何なのか考えるにあたってあまり役に立つとは思えない。

　では，「子どもたちに対して，社会で役に立つ知識・技術を教えること」という定義はどうであろうか。

　この定義は，おそらく多くの人々にとっては妥当なものであるかのようである。なぜならば，現在の私たちが耳にする，教育についての政策や制度，実践が，まさにこの定義をもとに立案され，つくられているかのように思えるからである。たとえば，「21世紀はますますグローバル化と情報化が進むから，小学校のうちから子どもたちに，外国語やITについての知識・技術を教えるべきである」というような言明は，まさに，上記の教育についての定義から導き出されたものであろう。

　本書で私たちは，「教育とは，人間，とりわけ，子どもをよりよくしようとする働きかけ」という定義を採用することにしたい。

　この定義では，人間は誰でも，よりよく生きようとしている，という人間観に立っている。この場合の「よりよく生きる」とは，村井実によれば，道徳的な意味でのそれに限るものではない。また，「『よさ』とは，もともとどこかに存在する何かの『もの』を指すのではなく，ただ人間の内部に『よい』として起こる判断の働きを指すにすぎない」のである。「よく生きよう」としている

とは，人間はそれぞれ，その人なりに，「朝から晩まで，『これでよいかな』『これでよい』という自問自答を，目が覚めるときから床につくまで，何百遍，何千遍，あるいは何万遍にも及んで繰り返しながら生きているのではないかという事実の自覚」をさすものである。人間は，ほとんど意識しないまま，「よさ」を常に問題にして生きているということである。今日はどのような服を着ようか，食事は何をとろうか，という日常茶飯の出来事にも，人間は，「これでよいかな」「これでよい」という自問自答を行って，その結果がその人にとっての「よい生き方」となる。「どの大学に入り何を学ぼうか」「教職という職業を選択すべきなのか」といった，何度か訪れる人生の重大な岐路に立った際もまた，人間は，「これでよいかな」「これでよい」という自問自答を行い，その人にとっての「よい生き方」を模索し決定することになるのである。むろん，人生の岐路に立った際に行う「これでよいのか」という判断は，食事や服装についての「これでよいのか」という判断と，「よさを問題にしている」という意味ではまったく同じであるが，その判断の重みは大きく異なるといってよい。前者は後者に比べてはるかに重い判断であろう。さらには，このような重大な判断を行うためには，それが重大であればあるほど，さまざまな知識・技術が必要であろう。

　では，ここでいう「さまざまな知識・技術」は，なぜ，「よい知識」「よい技術」なのか。先ほど述べたように，それらは，「社会で役に立つ」から「よい知識」「よい技術」なのであろうか。それとも，人間がその人なりに「よく生きよう」としている，その意欲がより活発になるために必要であるから「よい知識」「よい技術」ということなのであろうか。

　この２つは，一見するとそれほど大きなちがいではないかのようである。しかし，なおこの２つは決定的なちがいがある。前者の場合，「何がよいのか」は社会あるいは国家が決めることであり，人間とりわけ子どもの側はそれに合わせることになる。しかし，後者の場合，まず「よく生きようとしている」子どもがあり，知識や技術は，この，「よく生きようとしている」子どもがさらによく生きるためにあるのである。

## 2.「よい」という判断

では,私たちは,どのようにして,「よい」という判断を行うようになるのか。

村井によれば,この,「これでよい」という判断は,人間のなかで働いている4つの要求が同時に満たされたときに起こるとする。言い換えれば,人は,その人のなかで働く,互いに異なる4つの要求が同時に満たされた際に,「これでよい」とするのである。その4つの要求とは,相互性,効用性,無矛盾性,そして,美への要求である。

「相互性」とは,自らが「よく生きよう」としていることを,誰にもわかってほしいという要求であり,また,自分だけでなく他者もまた「よく生きよう」としていることへの配慮の要求である。つまり,人間は「人間の『お互い』のこと」を前提としなければならないというのである。「『よい』というのは,人間がいわば孤立個体として生きることはありえず,生まれついて人間仲間と相互的に生きるものだということを示している」[1]のである。

「効用性」とは,「快い」「楽しい」,あるいは「ためになる」「利得」が得られる,といった人間が誰でももつ感覚への要求である。

「無矛盾性」への要求とは,「効用性」への要求において,現在,「快い」ことであっても,それは,将来「苦」になることもある(たとえば,美味だからといって偏った食事を続けていけば,やがては健康を損ねてしまう)から,そこに矛盾が起こらないことへの要求,あるいは「相互性」を考える際に,自分には有益であっても他人にとってはそうではない,という矛盾が起こらないことへの要求である。いわば,「筋道がとおっていること」への要求である。

最後の「美」への要求とは,以上の3つの要求を同時に充たそうとして,バランスを取ろうとする要求である。この場合,何をもって「うまくバランスが取れる」かは,すべての人間に共通であるはずはない。にもかかわらず,人間は,3つの要求について,「うまくバランスが取れる」こと,すなわち「美」への要求をもって生きているのである。

村井は,「相互性」「効用性」「無矛盾性」の3つの要求と,「美」の要求の関係性を三角錐の構造として示している(図1-1)。「人間の『よい』という判断は,

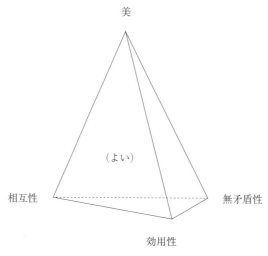

図 1-1 「よさ」の判断の構造

この三角錐の内部で,その空間のどこかの一点で,問題の性質,判断する人の性格,人柄,能力,教養,置かれた条件,情況,等の諸条件に応じて,じつにさまざまに異なって成り立つ」[2]ことになるのである。

## 3. 教育の人間主義対教育の現実主義

　以上の議論に従えば,人間のなかにこのような「よく生きようとする働き」を認め,「相互性」「効用性」「無矛盾性」「美」の要求すべてを考慮しつつ,さらによりよく生きていく人間を育てようと働きかけることが教育という営みということになる。村井によれば,教育思想上,このように人間のなかに「よく生きようとする働き」を積極的に認めて教育を構想する考え方を「教育の人間主義」と呼ぶことができる。

　教育の人間主義は,ヨーロッパ教育史では,古くはギリシアのソクラテス,近代になるとペスタロッチなどが,その典型ということができる。日本の教育史では,福澤諭吉や沢柳政太郎,あるいはまた牧口常三郎も教育を人間主義の立場から提唱した思想家であった[3]。

しかしながら，以上の人物はむしろ例外的な存在であり，現実の教育史は，現実の社会のなかでよいとされる知識・技術を「よいもの」として，これに向けて人間を教育していく「教育の現実主義」と呼ぶべき考え方に終始してきたといってよい。

人間は真空状態のなかで生きるわけではないから，よく生きるためにはさまざまな知識や技術が必要となってくる。そのような知識・技術とは，人類がその誕生のときから，「よく生きよう」とするなか，発見しあるいは創り出してきた—私たちはこれを総称して「文化」と呼ぶ—ものである。先にみたように，人間が，「これでよい」という判断をするにあたっては，「相互性」「効用性」「無矛盾性」「美」の要求すべてを考慮しなければいけないのであるから，そこには，より確かな知識・技術を必要とするであろう。たとえば，「無矛盾性」とは，すでに指摘したように，「筋道がとおっていること」への要求なのであるから，ここでは「論理的にものごとを考え判断すること」が必要である。これは，現代の学校教育のなかでは，数学や化学といった科目（むろん，それだけには限定されない）のなかでとくに重要視されるわけである。

しかしながら，文化としての知識・技術そのものを無条件で「よいもの」としてしまうことは，論理的には正しくない。

教育の現実主義は，表面的には，きわめてわかりやすい。すでに指摘したように，「21世紀はますます，グローバル化とIT化とが進行するから，それに備えて，小学生のうちから外国語を学ばせ，ITのスキルを身につけさせるべきである」といった主張は，典型的な教育の現実主義に立ったものであるが，きわめて耳あたりがよくきこえる。

教育の現実主義は，大きな矛盾をはらんだ考え方である。まず，いわれるところの将来の社会のための準備という考え方は，実際には誰も，将来の社会を正確には予測できないのであるから，必須であるとされる知識・技術の有用性は保証の限りではなかろう。だが，教育の現実主義にはもっと大きな問題がある。前述のように，知識・技術は，人間が「よく生きよう」とするなかで発見し創り出してきたものであるが，それは，まさに人間の「さらによく生きてい

く」ための手がかりという以上の意味はもたないものであり、それらの知識・技術そのものが「よいもの」ではありえない。上記の事例でいえば、外国語の知識にせよITの技術にせよ、それは、子どもたちが、やがて生きていく21世紀後半の世界において、「さらによく生きていく」ための手がかりである。それが逆転して、外国語の知識、ITの技術そのものが目的になってしまうと、どのようなことが起こるか。村井は、「『よさ』判断が、現実にはもっぱら学校の側、あるいはその背後の勢力である国家の側から子どもたちに求められているものであって、とうぜんながら、それぞれに『よく』生きようとする人間としての子どもたちにとっては、しばしば押しつけでしかなかったり、じっさいに無用の長物であったり、子どもたち自身の働きの自由を妨げたり圧迫したりするものでしかないということも決して少なくないと思われる」[4]と指摘している。子どもたちのなかにある「よく生きようとする働き」はかえって衰え、「学校教育の年限が長くなればなるほど、かえって、学習への興味を失い、生きる意欲が減退していく」というのは学校教育をめぐる最大のパラドックスであろうが、それは、教育の現実主義の矛盾を露呈したものである。

## 4. 教育と学習

近年、日本の学校教育の世界では、教育よりもむしろ学習を重視しようとする考え方――ここではこれを、学習中心主義と呼ぶことにしたい――が広く支持されているようにみえる。それは、小学校から大学に至るまでに浸透しているわけであり、それはたとえば、大学で「教員が何を教えたかが重要なのではなく、学生が、何をできるようになったかが重要なのである」といった言明に典型的に現れている。

学習中心主義が、「学校・大学においては、児童・生徒・学生の学習の成立に、教員が最大限の努力を傾注すべきである」ということを主張するのであれば、それは誰人も首肯せざるをえないであろう。しかしながら、学習中心主義が、「教育とは児童・生徒・学生の学習の促進である」から「教師の役割は学習のファシリテーター（促進する人）である」とするのであれば、それは、教育とい

う概念を著しく矮小化する，明白な誤りである。

　教育と学習の関係を分析したビースタによれば，教育には，資質化，社会化，主体化の3つの機能があるとする。

　資質化とは，人間が生きるにあたって必要な資質をあたえること―ある仕事や職務を行うのに必要な特定の知識や技能，理解などをあたえること―である。学校教育のなかでは，通常，いわゆる3R's(読むこと・書くこと・計算すること)から始まり，より複雑なもの(前出の外国語やITなど)に至る，さまざまなものが教育という働きかけによって，子どもたちが獲得することになる。

　社会化とは，人間が生きる特定の社会の伝統や慣習や規範のなかに参加し，その社会にふさわしい一員となるように働きかけることである。日本の学校教育では，教師はまず，子どもたちを「クラスの一員」とすることで「学級づくり」を行うことに腐心するわけであるが，これは，「クラスの一員」となることが，ひいては，「(日本の) 社会の一員」となることにつながっていくことが想定されているわけである。

　社会化が，「社会の一員」として，特定の社会に順応して生きることをめざしたものであるとすれば，教育における主体化とは，そのような社会への順応にむしろ抗して，人間が社会へ埋没してしまうことを防ぐ働きを教育にもとめるものである。すなわち，「教育を通して，人間は，よりその人らしくなる」[5]ということである。

　ビースタは，教育の3つの機能の関係性はきわめて複雑であり，それぞれを独立した領域としてとらえるのではなく，集合のベン図のような重なりや，これとは逆に緊張関係をも，もつものとしている。

　ビースタの議論を援用すれば，学習中心主義は，教育の機能をきわめて単純化したものとみることができよう。教育の機能を資質化のみに限定してしまえば，たとえば，計算という知識や技能，理解を獲得するために，子どもはそれを学習すればよいのであって，教師はその学習のファシリテーターであるかのようにみえる。しかし，教育は同時に，社会化と主体化をも果たしているのである。

今，小学校の算数の一授業を考えてみたい。資料の平均や散らばりは，通常，第6学年で学習することである。平均値の算出法は，社会化や主体化とは何ら関係がないようにみえる。しかし，男女の平均賃金の比較というテーマを授業に組み入れると，それは，途端に，社会化や主体化という教育の機能に関係することになる[6]。21世紀初頭の現在，女性と男性では平均賃金に有意差のない社会は，おそらく存在しないであろう。私たちはそのような社会に生きているのであり，子どもたちもまた，上記の算数の授業を通して，自分たちが生きている社会がそのようになっていることを知ることになる。にもかかわらず，教師はまた，子どもたちを社会へ埋没させることだけに手を貸してはならないのである。「教育を通して，人間は，よりその人らしくなる」のであり，このことは，既存の社会がどうであろうと，子どもたちは将来，それぞれが，男性であれ女性であれ，よりよく生きる途を模索していくはずであり，教師はそれを教育の一機能として引き受けなければならないのである[7]。

## 第2節　教育の概念

第1節においては，教育をどのように考えるかについての本質的な視点と内容について扱っている。この第2節では，それを前提にしつつ，教育の現実を理解し改善するために，「教育」の概念について，教育とは何か・どのようにあるべきか・これまでどのようにあったかの視点から，現実の教育制度・教育実践・教育理論の状況を総合的に把握しつつ，学術的および一般的に考えられてきた「教育」の概念を総合的に扱うこととする。参考までに，「概念」(concept) とは，種々の一般的な観念（理解，考え，イメージなど）が総合され，学術界や一般社会において理解されている観念である（本節では，そのような意味で使用する）。

### 1．「私教育」「公教育」の概念

わが国や西洋諸国において，現在のような近代国家が主導して行う学校教育が始まったのは，19世紀に入ってからであるとするのが妥当である。いわゆ

る公教育(public education)である。ここでは，まず先に西洋の場合について若干の説明をすることとする（第2章を参照のこと）。

■**西洋の場合**　18世紀からの産業革命の進展や市民革命（西洋）の展開に伴い，人々の教育要求の高まりと国家からの要請が背景となり，公権力の機関（いわゆる国家）が学校教育の必要性を求めた。すなわち，産業革命の進展に伴い，労働能力（労働力といってよい。読み書き算＝3R'sの基礎的な学力を中心とした能力）の向上が求められるようになっていった社会的背景があった。典型的には，英国における工場法の制定事情が象徴的である[8]。

このような事情のなかで，英国では1870年初等教育法が制定され（小学校義務教育の発足），公教育が発足した。なお，古くは，1814年デンマークの民衆学校(almueskolen)の義務教育制度の創設，1833年フランスの初等教育法（ギゾー法）による小学校の創設，1852年アメリカ・マサチューセッツ州の義務教育法などがあるが，正確には各国別に制度史を確認することが必要である。

これらは，私教育(private education)，すなわち，家庭などにおいて，親が子どもに自由に教育する体制からの大きな制度上の転換となった。なお，教育学説上では，このような事情を「教育の私事性」（親が子どもに教育することは私事的なことであり，自由であるとする考え方）を前提にした「私事の組織化」あるいは「親義務の共同化」というべきことがらであるとすることが多い[9]。

■**わが国の場合**　1871（明治4）年文部省設置，翌年「学制」という法令（太政官布告）により，小学・中学・大学による公教育が開始された。ただし，授業料が有償であったこと，人々の理解不足などがあって，就学率は30〜40％台（明治15年度まで）などとよくなかった。義務教育が始まったのは，1886（明治19）年小学校令（尋常科の4年間）からである。その後大きな国家制度の変革としては，1889（明治22）年大日本帝国憲法の制定，翌年の教育勅語（「教育ニ関スル勅語」）の発布が続いたが，同憲法では義務教育の規定はなく，文部省は，その後，種々の訓令・示達などで，義務教育は"国家のための義務"であることを徹底していった（義務教育期間はその後拡大されるが，ここでは具体的な内容については省略する）。中学校，師範学校，高等女学校，高等学校，大学などに

おける公教育も，国家に奉仕する教育が徹底的に求められた。

戦後の公教育制度は，日本国憲法（1946＝昭和21年），教育基本法（1947＝昭和22年），学校教育法（1947＝昭和22年）などにより，国民のための教育に変わった（憲法第26条・国民の教育を受ける権利の保障など）。義務教育においては，子どもに対する親の義務となった（憲法第26条「すべて国民は，法律の定めるところにより，その保護する子女に普通教育を受けさせる義務を負ふ」）。

■「公教育」「私教育」の定義　　以上，西洋とわが国の公教育の登場についての概説を行った。ここで，改めてまとめ的に公教育，私教育の定義を示すことにする。すなわち，「公教育とは，公権力の機関（いわゆる国，地方公共団体など）がその法制度に基づいて，国民・住民のために教育制度を設け，体系的組織的に運営していく教育のことである」と定義することとする。実際上は，学校教育のことであると理解してよい。ただし，「学校」の定義に注意（「法律に定める学校」（教育基本法第6条）のこと。第2章を参照のこと）。なお，一部の学説では，公権力の機関や国家の法制度を絶対条件とせず，国民のための社会共同による教育のことであるとするものがある。

私教育とは，先述のように，公権力とは関係なく行われる種々の教育のことである。大別的にいえば，家庭教育，社会教育のことである。ただし，公権力が関わる場合は，公教育となる。たとえば，市町村教育委員会が主催する子育て教育講座，高齢者のための健康トレーニング教室などである。

## 2.「教育」の語義

ここでは，「教育」ということばに関する意味合いを語義として示すことにする。辞典・辞書・事典・字典などで説明されている内容の説明にほぼ近いものになる。具体的には，education, instruction, 教育，おしえる，そだてる，まなぶ，ならう，について。

■education, instructionの語義　　わが国は，明治期に入り，公教育を導入したが，その考え方，制度，教育内容，教育方法の大半が西洋からの移入であった。そのため，教育に関する用語のeducation, instructionの及ぼした影

響は甚大であった。ここでは，とくにその語義に注目する。

　educationは，当時「訓育」「教育」と訳された。instructionは，「陶冶（とうや）」，「教授（教え授けること）」と訳された。ここでは，これらの和訳の事情を扱う。第二次世界大戦後になると，今日まで，一般的にはそれぞれ「教育」，「教授」の訳語が使われているが，改めて語義を確認するべきだということである。さらに，和訳の適正・妥当性にとどまらず，教育実践，教育研究において日本語で語られる教育の語義の正確さを求めるためでもある。

　educationは，ラテン語のeducátioを語源にしたもので，"引き出すこと"という意味である。フランス語，ドイツ語などの西洋の同類の語も同じである。すなわち，親や教育者などが子どもその他対象者に対して，子どもその他対象者自身の内に潜在化されている種々の能力，資質，性状，心情，考えなどを引き出すこと，という意味である。後述のように，知識や技能を授けることという意味はなく，それはinstructionのことである。

　参考までに，福澤諭吉は，学校の任務について「教育」ではなく「発育」とすべきだと主張した（参考：「発」とは「おこす」「ひらく」などという意味である）。「學校ハ人ニ物ヲ教ふル所ニアラズ，唯其天資ノ發達ヲ妨ゲズシテ能ク之ヲ發育スル爲ノ具ナリ。教育ノ文字甚ダ穩當ナラズ，宜シク之ヲ發育ト稱スベキナリ」と[10]。ただし，「教」の任務を否定したのではない。

　これらのことからもわかるように，実は，educationを「教育」と和訳することは誤訳ともいうべきである。educationには「教」の意味はなく，「発育」と訳すべきだと考えられる。さらにまた，このeducationの大切さを強調したものに"新教育"思潮がある（第3章を参照のこと）。いわゆる子ども（児童）中心主義の教育論である。

　instructionは，"かたちづくること"が原義である。そのため，先述のように戦前においては「陶冶」，「教授」と訳された。新教育に対して"旧教育"，すなわち教師中心主義の教育論の思潮に関係深い概念である。

　言葉の使用は，その使用者の思い・考えがあるので，実際にはこのような教育学用語は，多種多様性が認められる。戦後の現在においても，「陶冶」をeducation の意味で使用したり，instruction を教育一般の意味で使用したり，などのことは見られる。くり返しになるが，それでも，もともとの語義を知っておくことは有意義である。

■「教育」の語義　「教育」という漢字の表現が最初に登場した文献は，中国古代の孟子による「尽心章(じんしんしょう)」における「得天下英才而教育之」(天下の英才を得てこれを教育する) とされている。実に，紀元前 300 年代末期のことである。

「教育」の「教」の字源を調べると，偏の「孝(こう)」は，×が2つ重なった字 (× = 交わる・交差・交流の意味) と「子」(子どもを意味する象形文字) から成っている。旁の攵(つくり/ぼく)は，木や竹の棒をもって悪いことを注意する様子を表わす象形文字である。つまり，「教」は，棒を持って注意する親子などの関係を表わすもので，そこから，注意する・教えるなどの意味で使われるようになった。ただし，中国古代のことである[11]。

「育」は，「亠(とつ)」と「月(にくづき)」から成っている。「亠」は，出産時に赤子が頭から生まれ出る様子の象形文字である。「月」は，肉付きよく太る，よく育つという意味である。すなわち，「育」とは，子どもの無事出産とよく育つことを意味している。

■「おしえる」の語義　日本語の「おしえる」(他動詞) は，「おしむ」「おさへ」「おしあへ」から転じたとされている。「おしむ」とは，対象を「お(愛)し」(形容詞) と感じ，思う様子が動詞化された「お(愛)しむ」である。すなわち，子どもなどに対して愛 (いと) おしく思う，愛情をもって接することである。わが子に対する親の対応などがイメージできる。

「おさへ」とは，いわゆる「抑え」のこと，抑制である。「おしあへ」とは，「食饗(しょくきょう)」のこと，すなわちご馳走でもてなすことである。

以上から，「おしえる」という日本語は，子どもなどの対峙者に対して，愛情をもって接する，ある行為・考えなどを抑制する，生きるすべを与える，を内包することばであることがわかる[12]。

■「そだてる」の語義　日本語の「そだてる」(他動詞) は，「すだつ」「そたつ」「そひたつ」(自動詞) から転じたことばとされている。「すだ(巣立)つ」

とは，ヒナ鳥が巣から飛び立つことができるようになることである。「そだつ」「そひたつ」とは，「傍立つ」「添え立つ」「副え立つ」，すなわち，わが子などのそば（傍，側）に立って見守り，支援，励ますことを意味している。

「そだてる」ということばは，子どもなどの対峙者に対して，実生活において独り立ちし，その社会において社会的任務などを果たせるようにするための見守り，支援，励ましを内包していることがわかる。やがて，授乳や食事の提供，生活諸々の世話，しつけなどの内容をもつようになっていった。

■「まなぶ」の語義　日本語の「まなぶ」（自動詞）は，「まぬ」（＝まねをする）→「まねぶ」→「まねる」→「まなぶ」となった（ただし，学説上ではまだ確定されていないようであるが，ここでは多数説と考えられる学説を示した）。

この学説によれば，「まなぶ」ということは，親や師匠などの示すことは当然ながら，一般の人々が示すことをもわが身に身に付けることを意味していることがわかる。

■「ならう」の語義　古くは「ならふ」である。その意味は，"1. くり返し練習する。2. 学ぶ。まねる。3. 慣れる。慣らす。熟達する。"である。漢字では「習う」（＝ヒナ鳥が幾度も羽を動かして練習する），「倣う」（＝見ならう，まねる）が主であるが，その意味には「まなぶ」のほかに，いわゆるくり返し学習・練習，慣れるようになること，熟達することが内包されていることがわかる[13]。

## 3．学校教育，家庭教育，社会教育の法制度上の定義

定義については，本節では，法制度上のことに限ることとする。なぜならば，学説上の定義や一般社会における理解の定義的なものを対象にすると，まさに千差万別，種々にあり，本節としての主旨を超えることになるからである。

■「学校教育」について　「学校教育」とは，学校教育法第1条で定められている学校における教育のことである。その基本を定めているのが教育基本法である。すなわち，古くは奈良・平安時代からの人材養成の種々の教育機関，とくに戦前の教育制度との比較を行えば明らかであるように，戦後は，国家が

責任をもって国民に教育を受ける権利を保障する公教育機関として「法律に定める学校」(第6条第1項)を定めたのである。法制度上は，このように限定された規定で使用されているので，正確な理解，使用が必要である(第2章第6節を参照のこと)。

■「家庭教育」について　「家庭教育」については，教育基本法で次のように規定されている。

> 第10条(家庭教育)　父母その他の保護者は，子の教育について第一義的責任を有するものであって，生活のために必要な習慣を身に付けさせるとともに，自立心を育成し，心身の調和のとれた発達を図るよう努めるものとする。
> 2　国及び地方公共団体は，家庭教育の自主性を尊重しつつ，保護者に対する学習の機会及び情報の提供その他の家庭教育を支援するために必要な施策を講ずるよう努めなければならない。

家庭教育の意義については，法定化されるまでもなく，甚々の意義があることは周知のことである。そのうえで，教育の根本法規である教育基本法がこのように規定した意義を理解しなければならない。そのためには，教育法制史の概略を理解する必要がある。

戦前の教育制度は，学校教育・家庭教育・社会教育の3領域制であった。戦後，教育基本法(1947年3月31日公布・施行)が規定したのは，学校教育・社会教育の2領域制であった。すなわち，家庭教育は，社会教育に含まれたのである(「第7条(社会教育)　家庭教育及び勤労の場所その他社会において行われる教育は」)。しかし，2006年改正の現行・教育基本法で上述のように規定され，再び3領域制になった。家庭教育の重要性が改めて注目された結果である。

「子の教育について第一義的責任を有する」については，特別に注目すべきである。それは，国際法の経過をも反映したものである。

世界人権宣言(1948年12月10日国連総会採択)第26条では，「3　親は，子に与える教育の種類を選択する優先的権利を有する」とある。児童の権利宣言(1959年11月20日国連総会採択)で，「7　(前略)児童の教育および指導につい

て責任を有する者は，児童の最善の利益をその指導の原則としなければならない。その責任は，まず第一に児童の両親にある」とある。さらに，経済的，社会的及び文化的権利に関する国際規約（A規約，1966年12月16日国連総会採択，1979年8月4日わが国条約批准）第13条で，「3　この規約の締約国は，父母及び場合により法定保護者が，公の機関によって設置される学校以外の学校であって国によって定められ又は承認される最低限度の教育上の基準に適合するものを児童のために選択する自由並びに自己の信念に従って児童の宗教的及び道徳的教育を確保する自由を有することを尊重することを約束する」とある。市民的及び政治的権利に関する国際規約（B規約，1966年12月16日国連総会採択，1979年8月4日わが国条約批准）第18条で，「4　この規約の締約国は，父母及び場合により法定保護者が，自己の信念に従って児童の宗教的及び道徳的教育を確保する自由を有することを尊重することを約束する」とある。さらにまた，児童の権利に関する条約（1989年9月20日国連総会採択，1994年3月29日わが国批准）第18条で，「1　（前略）父母又は場合により法定保護者は，児童の養育及び発達についての第一義的な責任を有する。」とある。

なお，このような親（保護者等）の子に対する教育のあり様について，すでに，民法は「親権を行う者は，子の利益のために子の監護及び教育をする権利を有し，義務を負う」（第820条監護及び教育の権利義務）と定めている。いわゆる親の教育権の私法上の根拠である。

■「社会教育」について　　戦後に登場する「社会教育」の法制度は，教育基本法（1947年）で次のように規定された。

第7条（社会教育）　家庭教育及び勤労の場所その他社会において行われる教育は，国及び地方公共団体によつて奨励されなければならない。
2　国及び地方公共団体は，図書館，博物館，公民館等の施設の設置，学校の施設の利用その他適当な方法によつて教育の目的の実現に努めなければならない。

この第1項の「家庭教育及び勤労の場所その他社会において行われる教育」

が「社会教育」のことである。先述のように、「家庭教育」を「社会教育」に含めている。さらに、特徴としていえることは、内容を示す本質的な規定ではなく、領域的な規定であるということである。これを受けて、社会教育法（1949年6月10日公布）においても、ほぼ同趣旨の規定となった。

> 第2条（社会教育の定義）　この法律で「社会教育」とは、学校教育法（昭和22年法律第26号）に基き、学校の教育課程として行われる教育活動を除き、主として青少年及び成人に対して行われる組織的な教育活動（体育及びレクリエーションの活動を含む。）をいう。

実は、同法第1条（この法律の目的）において、「社会教育に関する国及び地方公共団体の任務を明らかにすること」としているため、この第2条の「社会教育」の規定は、教育基本法の規定に比べ、より具体的な領域的規定になった。また、「主として青少年及び成人に対して」と規定されているように、乳幼児や高齢者に対する配慮が不鮮明になっている（「主として」とあるので、含まれているとはいえるが）。さらにまた、「組織的な教育活動」という規定をすることによって、広範で多種多様な社会教育の活動・実践形態のなかから「組織的な教育活動」という一定のものを示しているという特徴があり、これも社会教育行政の任務遂行（第1条）という目的から導かれる制約であると理解する必要がある。

参考までに、同年制定の文部省設置法（1949年5月31日公布）においても、教育基本法（1947年）と社会教育法の趣旨と同じ内容が規定されていた（なお、1999年7月16日法改正により、現行法にはこの規定はない）。

> 第2条（定義）　七　「社会教育」とは、公民教育、青少年教育、婦人教育、労働者教育等の社会人に対する教育、生活向上のための職業教育及び科学教育、運動競技、レクリエーション並びに図書館、博物館、公民館等の施設における活動をいう。

改めて、現行法ではどうなっているか。

改正教育基本法は，2006（平成18）年12月22日公布されたが，社会教育に関しては，次のように規定した。

> 第12条（社会教育）　個人の要望や社会の要請にこたえ，社会において行われる教育は，国及び地方公共団体によって奨励されなければならない。
> 2　国及び地方公共団体は，図書館，博物館，公民館等その他の社会教育施設の設置，学校の施設の利用，学習の機会及び情報の提供その他の適当な方法によって社会教育の振興に努めなければならない。

このように，「社会教育」の定義は「個人の要望や社会の要請にこたえ，社会において行われる教育」とした，きわめて一般的・抽象的に規定した広義の定義であることがわかる。

旧法の教育基本法（1947年）の規定を基本的に継承している。この理由は，「社会教育」についての多義多様性と国家法制上の配慮，つまり，先述のように，「学校教育」と区別するとともに，「家庭教育」を「社会教育」の領域から外すという考えからである。

現在は，生涯教育・生涯学習の時代でもあり，社会教育との異同性も問われる（少なくとも学術的には）。第7章第4節を参照のこと。

## 第3節　教師論〈教師とは〉―その原理的考察―

### 1．戦後わが国の教師論

戦前わが国の教師論は，一般的には，明治20年代以降終戦に至るまでの国家に奉仕すべき教師聖職者論（＝聖職者的教師論）が支配的であった。ただし，大正期の八大教育主張に象徴されるような民主主義的な教師が，全国に多く存在していたことを忘れてはならない。

戦後，憲法・教育基本法体制の下で，教育の考え方が根本的に変わり，教師論も大きく転換を迫られた。具体的には，教育基本法（旧法，1947年3月31日公布・施行）で「法律に定める学校の教員は，全体の奉仕者であつて」（第6条第2項）と定められ，教員[14]は，国家に奉仕する者ではなく国民全体に奉仕す

る者となった(参考までに,現行の教育基本法(2006年12月22日公布・施行)第9条にも継承されている)。

　学校の設置者別にみると,公立学校の教員は,地方公共団体(＝地方自治体)によって任用され,地方公務員の身分とともに,教育公務員の身分を有することになっている。したがって,前者については,地方公務員法の定めが適用になり,後者については,教育公務員特例法の定めが適用になる。なお,後者は,前者の特別法であり,前者と後者の定めがほぼ同じような場合は後者が優先適用になる(「特別法優先の原理」といわれる)。一般地方公務員とは異なる教職の特殊性を考慮した定めである。たとえば,地方公務員の政治活動の制限の定めについて,教育公務員の場合は一般地方公務員よりも厳しい制限を定めているなどである。

　国立学校の教員(幼稚園〜大学)は,戦後から2003年度までは,国家公務員の身分であったが,2003年国立大学法人法などの制定により,2004年度から国家公務員の身分でなくなり,いわば私立学校の教員と同じく教職に従事する特殊な労働者(＝勤務者)となった。

　私立学校の教員は,公務員ではなく,私立学校の教職に従事する特殊な労働者(＝勤務者)である(「私立学校法」1949年。なお,法の定めとしては学校教育法と同じ「教員」の表現を使用している)。

　このように公立学校の地方公務員・教育公務員としての教員の身分・職務と国立・私立学校の教員の身分・職務には法制度上のちがいがある。しかし,教育・研究に携わる教員(＝教師)の職務には,設置者別のちがいを超えて,共通の特質がみられる。いわゆる「教師とは何か」「いかにあるべきか」「そもそ

---

**用語チェック　八大教育主張**　大正期に,全国で8人の教師がそれぞれの立場において,子どもの自主的主体的な活動を重視する教育実践の大切さ(「新教育」)を主張したところから,"八大教育主張"と呼ばれるようになった。次の方々の主張である。樋口長市の「自学教育論」,河野清丸の「自動教育論」,手塚岸衛の「自由教育論」,千葉命吉の「一切衝動満足論」,稲毛金七の「創造教育論」,及川平治の「動的教育論」,小原國芳の「全人教育論」,片上伸の「文芸教育論」である。なお,そのほか,沢柳政太郎,牧口常三郎,無着成恭をはじめ,各地での民主主義的教育実践の取り組みはたくさんあった。

も教職はいかにあるべきか」という課題に応えようとしてきた戦後の具体的な教師論について，主に次の3つを取り上げる。

■**教師聖職者論（＝聖職者的教師論）**　戦前からの伝統的な教師観を引き継いでいる理論で，古くから宗教界にみられた"聖職者"の特質をいわば教師のあり方に適用して主張してきた考え方である。すなわち，勤務時間や給料などの勤務条件に関係なく，教師は子どもたちに誠心誠意尽くしていくことであり，そのことの結果，国家・社会に自己の使命を果たすことになるという趣旨の教師論，俗にいえば，"滅私奉公"的考え方である。ただし，教師の使命として注目すべきである。戦後の実状では，主に自民党などの主張にみられてきた。

■**教師労働者論（＝労働者的教師論）**　1950年前後からの労働組合や左翼系の政党などにより反体制的主張や活動が盛んになるにしたがい，教育行政における"反共"的政策（"レッドパージ（赤狩り）"など）の強化に対して，日教組（1947年6月結成の「日本教職員組合」。義務教育諸学校の教職員を中心にした，いわば"労働組合"）が，1952年6月16日，「教師の倫理綱領」を作成し，そのなかで「教師は，労働者である」と宣言した（実は，前年の1951年には，日教組『解説・教師の倫理綱領』において同趣旨を示していた）。

戦後における教師労働者論の淵源は，以上のとおりである。

この教師論は，確かに共産主義・社会主義などの左翼系のイデオロギーが反映しているが，現在においても教育現場は教師聖職者論が強く，教員が滅私奉公的になって"悲鳴をあげている"状況が続いているがゆえに，振り返る意義はある。その一例であるが，田中角栄自民党内閣によって提起され制定された"人材確保法"（「学校教育の水準の維持向上のための義務教育諸学校の教育職員の人材確保に関する特別措置法」1974年）は，教師労働者論の強い主張などが勘案されて国政に反映した事例とみてよい。すなわち，地方公務員としての教員の給与を定年退職するまで，一般地方公務員の給与よりも絶えず上になるように制度化したものである。優秀な人材を教育界に呼び込む施策としては成功したといえる。勤務時間などの勤務環境の改善に資するこの理論の貢献度は，今後も十分にありうる。

■教師専門職論(＝専門職的教師論)　1950～1960年代における教職についての議論・論争，すなわち教師聖職者論と教師労働者論の対立が激化していたころ，1965年，ILO・ユネスコから「教員の地位に関する勧告」が各国に出された。すなわち，「教育の仕事は専門職とみなされるべきである。この職業は厳しい，継続的な研究を経て獲得され，維持される専門的知識および特別な技術を教員に要求する公共的業務の一種である」と，専門職としての教師を強調した[15]。

わが国においては，先述のように，教師聖職者論と教師労働者論の対立が激しかったころであったが，年を経るごとに徐々にこの教師専門職論が注目され，主張されてきたといってよい。しかし，現在でも教師聖職者論，教師労働者論それぞれのメリット・デメリットが話題に上がることは多い。

教師論の意義は，教師はいかにあるべきかに尽きる。教師論の種々なる情報を知り，考え，あるいは実際に教師として教育実践にかかわり，振り返り，さらなる教育実践の改善・向上に努めていくときに，教師論が課題となってくる。そのとき，本節で敢えて提起したいのは，「教師は何のための教師か」ということを問うことが根本的に大事だということである。

## 2．スクールとホーム

人間主義教育の立場から教師という仕事について考察することは，「教える職業」として教師が磨くべきさまざまな「テクニック」という観点からの教師の資質についての諸課題だけでなく，哲学的な観点から「教師の資質」についての諸課題を探究することも必要である。なぜなら，人間主義に基づく教育は，たとえ最新のテクノロジーによって「教え方のうまい先生」の要素をすべてインプットした「ティーチング・マシーン」を開発することができたとしてもなお，人間でなければ補うことのできない「何か」を教師の根本的な資質として求めるからである。たとえばそれは，教育者と被教育者の間に血の通った温かみのある空間を必要としていることなどがあげられよう。歴史的にみて人間主義の教育の系譜においてこのような環境要件は，家庭(ホーム)と学校(スクール)

に境界線を引かないか，もしくは密接な関係をもたせることによって達成されてきた。たとえば，ペスタロッチの『リーンハルトとゲルトルート』は，スクールとホームと同一のものとして描いている[16]。ゲルトルートは，わが家での毎日の生活習慣を通して生きていくために必要なさまざまな事柄を教える愛情あふれる教師であり同時に母親である。

　しかしながら，近代学校教育システムはその体制を時代とともに変化させゆく過程において学校と家庭の分断をすすめた。たとえば，19世紀後半から20世紀初頭にかけてのアメリカ社会に象徴される産業化の現象は，人々の生活スタイルを一変させ家庭と学校の分断を決定的にした。それまで主流であった経済活動の様式は父親や母親を家庭内にとどめるものであったが，新しい経済活動の様式は父親を毎朝，工場や会社へと働きに出かけさせ夜に帰宅させるようになった。こうしてとくに男性にとって，「わが家」とは就学したあとの人生において大半を過ごす場所ではなくなり，このような生活スタイルを前提に学校教育も構成されていった。さらに20世紀後半にはいると，女性の社会進出も促進され，家庭離れの傾向は男性だけではなく女性においても顕著になっていく。女性の社会進出は，それまで女性が積極的に選択することのなかった離婚や再婚という選択肢を付与するきっかけにもなり，ひとり親世帯や再婚家庭も増加した（多様化した現代社会における家庭のかたちは，近代学校教育が設立された当時に想像されていた家庭像とはかけ離れたものとなっている）。

　ジェーン・ローランド・マーティンは，子どもの教育という観点において学校と家庭は歴史的に相互補完の関係にあったと分析する[17]。家庭が子どもたちを支えてきたがゆえに，学校でのさまざまな社会化の経験は成り立ってきたという。そして，マーティンは，家庭像の変化による学校と家庭の相互補完関係のアンバランス化のみならず，現代においてはもはや家庭そのものが消失する危機に直面していると警鐘する。家庭の消失は，日常生活を通して身につけるべき基本的な生活習慣の獲得機会を子どもたちが失ってしまうという問題であるだけでなく，子どもたちが健やかに成長するための基盤そのものを失う危険性を伴っている。子どもたちが愛情に満ちた空間で十分な時間を過ごすことが

できるかどうかという教育問題は，経済活動や家庭環境の変化にはかかわらない。ポール・スタンディッシュは，現在の学校はこうした家庭環境の変化に柔軟に対応するどころか，冷酷で思いやりのない場所としての一途をさらにたどっているのではないかと指摘する[18]。スタンディッシュによると，現在の学校教育は，アカウンタビリティ（説明責任）の文化に傾倒し卓越性や成績順位などの基準によって競争の場と化しており，子どもたちが安心して過ごせる場所としてではなく，子どもたちを多大なストレスにさらす場所になってしまっているという。マーティンとスタンディッシュの主張を総合すると，現在の子どもたちは，安心して過ごせる「わが家」そのものを失うリスクを背負いながら，同時に，学校においても多大なストレスをかかえさせられているということになる。家庭と学校の分断，家庭の消滅危機と学校の市場化は，近年の日本においては，小1プロブレム，不登校，教員の過労などの問題にみられるように学校空間を疲弊させる要因ともなっているといえよう。

　マーティンは，現代の子どもたちがかかえる多様な家庭環境を考慮したうえで，学校は変革されるべきであると主張する。それは，家庭が歴史的に果たしてきた教育的役割が消失しつつある事態を認め，学校を「市場化」ではなく「家庭化」へと導くべきであるという主張である。学校は，子どもたちが学習に夢中になれるような安心できる空間を実現するために，第一に家庭的な場所として改革されなければならないというのである。こうした「学校の家庭化」への模索は日本においては1980年代以降に設立された「フリースクール」の主張と重なる。奥地圭子は，不登校とは，子どもの学習意欲の低下を意味するのではなく，子どもが安心して学習できる場所を求めた結果であると主張している[19]。

　それでは，「子どもが安心できる学校」における教師の役割とは何か。この問いは，近代以降の学校教育の発展によって膠着してしまった「教師」の概念を解放することになるかもしれない。なぜなら「先生／教師になるということ」が，学校の先生になる，さらには地方公務員としての教員という職業に就くこと以上の意味を元来もっていることを私たちに思い出させてくれるからである。

フリースクールの例が示すように，現在の状況において「学校の家庭化」は学校の枠組みを超えたところで模索可能なものである。それは，人間主義の教育における教師という仕事が，学校の枠組みを乗り越えて今一度吟味されなくてはならないことを示している。前述したように，人間主義の教育の系譜において，安心できる「わが家」は子どもたちのスクールであり，親が子どもたちの第一の先生であった。また，わが子を無限に慈しみながら育もうとする精神は伝統的に「母親」を象徴としてきた。よって，人間主義教育に憧れをもち，教育者となりゆくことを希望する者は，「母親」のような愛をもって教え子を愛しゆくことができるかどうかをその資質として少なからず問われることになるだろう。それは生業として教師という職に就くかどうかという実際的な問題とは異なる哲学的な次元で問われる教師の資質である。

## 3．矛盾への耐性：ホームからの旅立ち

人間主義教育の教師に求められる豊かな愛情は，温かくやわらかいものであると同時に，以下の2つの課題に対して耐久性にすぐれたものでなくてはならない。第一の課題は，「やがて子どもは成長しわが家から旅立つ存在である」という事実に対して耐久性があるかどうかということである。この課題は，市場化によってゆがんでしまった現在の学校教育体制の文脈のなかで理解されてはならない。子どもたちは，わが家と呼べるような「安心できる学校」で教師と親密な関係をもち受容されなければならないことは当然である。しかしながら同時に，子どもたちは親密な関係性の内に当然のように取り込まれてはならない。愛情にあふれた教師の援助は，子どもたちが教師を模倣するために注がれるのでなく，教師から離れて「私」として自立してゆくために捧げられるのである。人間主義教育を実践する教師は，自分から遠ざかっていく者に対して，もしかするとまったく報われないかもしれない愛を捧げられるだけの強靱な精神をもっていなければならないということである。第二の課題は，手放さなければならない者へ無償の愛がどのような結果をもたらすのかわからないという未来の不確定性に対して耐性をもっていなければならないということがあげら

れる。「人はよく生きようとしている」という人間主義の定義は，人間化の作業としての教育に「達成可能性という希望と同時に，いまだ達成されていないという負の状態を人間の条件の一部として引き受ける」[20]よう要求する。齋藤直子は，限りない人間化の作業として教育が終わりを固定しないのであれば，永遠の成長という希望だけでなく，底なし沼に落ちるような一種の絶望も同時に背負うことになると論証している[21]。よって人間主義に基づく教育を志す教師は，愛情をもって育てた教え子が未来においてしかしどうなるかはわからないという絶望と希望の両方の可能性を背負っているという事実に耐えなくてはならない。そのうえで，なおかつ希望へと光を見いだせるような強靭な精神を必要とするのである。人間主義教育の実践を試みようとする勇気ある教師とは，愛する子どもたちの未来がつま先立ちで綱渡りするよりも不安定であることを知りながらも，彼／彼女らの未来には希望があると信じることができる者のことである。

　よって，人間主義教育とその実践をめざす教師は「終わりを固定しない成長が，安定への誘惑にどこまで抵抗し続けられるのか」[22]という問いに常につきまとわれることになる。「安定への誘惑」に対する教育の脆弱性は，現代の学校教育が耳触りのよい言葉で飾られたアカウンタビリティー文化に染まり市場化してしまっている現状が示しているとおりである。また，未確定なものを受容することに対する教師の不安への対応策については，これまでの教育学は積極的に議論を展開してこなかった。しかし，だからといって，教師教育として，無償の愛や安定への誘惑に負けない「強靭な精神力」が何らかのトレーニングによって獲得可能な「技能」だと安易に考えることはナンセンスである。

　「安定への誘惑」に敏感でありつづけるためには，「家事」のような人目につかない活動を日々継続することこそが必要なのかもしれない。たとえば，「よく生きようとしている教師としての私」について，正当な自尊心とともに慎み深く内省を繰り返すことは，教師である自らを教え子と同様にたゆみない自己形成の過程という軌道に存在していることを思い出させることになるだろう。教師自らが「『自分はたえず達成されていると同時に，これからも達成されて

ゆく』というたゆみなき自己超越の道のり…」[23]の途上にあることを再確認する行為は，教え子の未来だけでなく自らの未来もまた絶望と希望と隣り合わせでありながらも「よく生きたい」と願わずにはいられない存在であることを再確認させることになるだろう。このような継続した熟考と内省は「教師としての私」を強くするだけでなく，「いい先生になりたい」という教師にとっての永遠の憧れに対しても継続的に応答していく1つの方法であるかもしれない。

## 第4節　子ども論

　私たちは，「わが子へのしつけ」とか「最近の子どもは，…」とか，「待機待ち児童」「児童手当」「児童の権利条約」などのように，日常は，子どもについての用語を何気なく使っている。ところで，教育学的にみた場合，どのような学説状況や法制度になっているのであろうか。まずは，改めて「子ども」について考察することにする。そのうえで，「子どもの教育」という大変に大きな課題について考察しよう。

　一般的に子どもについての呼称には，乳児，幼児，児童，生徒，子女，未成年，少年・少女，年少者などがある。教育学的には，**法律などの法規**（法令といってよいが，この場合の法規には，条理法，判例法や昔からの慣習法のほか国際法も含む）でどのように定められているかがまず，認識されなければならない。

---

**用語チェック　　法律などの法規**　　注意すべきは，「法律」は法令（法規）の一部であること。「法令」とは，法制度上の定義がなく，実際は地方公務員法で「法令，条例，地方公共団体の機関の定める規則及び地方公共団体の機関の定める規程」（第32条）と使われているように，日本国憲法・法律（国会で制定），政令・省令・規則・告示・訓令・通達である（学説によっては通知を含む。国の省庁・委員会等で制定）である。しかし，法制度上の定義がないので，広い意味での「法規」として扱うことが多い。
　「法規」は，大変に広い内容を含む概念である。地方公務員法第32条の規定を含み，条理法（ものの道理を法的なものとして考えるもの。学説上の考え方で，たとえば，教育は教師と子どもの信頼関係が基本であり，これは法的原理とみなすべきである，とするなど。当然，賛否両論がある），判例法（裁判所の判決を法的拘束力あるものとして扱う），慣習法（慣習に法的拘束力あるものとして扱う。入会（いりあい）権・入り浜権・眺望権・日照権などが扱われてきた。平成12年までは学校の職員会議は慣習法上の扱いで議論されていた），国際法（国連で採択された法的な宣言，条例をはじめ，各国間・諸団体等で締結される条約等）をいう。

なぜならば，正確な内容が確定されていないと，対話をはじめ，論述・研究などの表現上あいまいさが出てきたり，誤解されたりすることが起きるからである。

したがって，まずは，具体的に「子ども」についての法規定を掲げる。

## 1.「子ども」について

「子ども」の用語は，対象年齢を含めて最も一般的ないい方である。「子供」と漢字で表現することも多い。法令上の規定（定義）がないため，状況に応じて表現されてきた。とはいえ，法令上の基本的な規定を以下に示し，考察しよう。

「こども」と表現している法律がある。すなわち，国民の祝日に関する法律（第2条）で，次のように「こども」と規定されている（ただし，年齢の規定はない）。

　　こどもの日　五月五日
　　　こどもの人格を重んじ，こどもの幸福をはかるとともに，母に感謝する。

この法規定の趣旨を確認しよう。

国民の祝日に関する法律によれば，「こどもの日」の規定には，「母に感謝する」との表現があって，「親に感謝する」「父母に感謝する」などの表現はない。いわんや「父に感謝する」の表現ではない。一体これはどういうわけであろうか。戦前における母親の実態，戦後の国会がこのように規定した理由などをよく理解し，子どもたちに教えていくべきである（ただし，ひとり親家庭などの子どもがおかれている家庭状況を理解し，言葉づかいなど細心の注意が必要である）。

## 2.「子女」について

「子女（しじょ）」という言葉は，現在ではあまり使われなくなっているが，法令上は，日本国憲法が「すべて国民は，その保護する子女に普通教育を受けさせる義務を負ふ」（第26条第2項）と規定している。「子女」とは，「子ども」の総称であ

るが,息子(むすこ)と娘(むすめ)の意味である(『広辞苑』岩波書店を参照)。「子女」の年齢については,日本国憲法は規定してなく,義務教育の年齢に関する規定については,この趣旨を教育基本法第5条で再確認のうえ,学校教育法第16条で「保護者(カッコ内は略す)は,次条に定めるところにより,子に九年の普通教育を受けさせる義務を負う」と規定されている。さらに,第17条で,義務就学年齢は満6～15歳と規定されている。

■乳児・幼児・児童・生徒　児童福祉法では,満18歳未満を「児童」といい,そのなかで,満1歳未満を「乳児」,満1歳から小学校就学の始期に達するまでの者を「幼児」,小学校就学の始期から満18歳に達するまでの者を「少年」としている。道路交通法では,満6歳から満12歳未満の者を「児童」としている。

日本国憲法では,「児童は,これを酷使してはならない」(第27条第3項)と規定しているが,年齢規定はない。児童憲章でいう「児童」にも年齢規定はないが,児童福祉の理念を中心に制定された点からみれば,児童福祉法でいう「児童」と同じく満18歳未満の者と理解してよい。なお,国際法としての児童の権利に関する条約では,満18歳未満の者を「児童」としている(「child」を民間訳では「子ども」と訳すものが多い[24])。

学校教育法では,義務就学させなければならない子どもを「学齢児童」(満6歳から満15歳まで),「学齢生徒」(満12歳から満15歳まで)としている(第18条)。

このように子どもに関する呼称は種々に規定されている。それぞれに理解しておくことが求められる。このような課題の一例を示すと,マスコミ報道や私たちの日常会話などにおいて「児童」「生徒」という語句が使われることが多いが,どのような法規定による語句として使われているのかを理解しておかなければ正確な内容が伝わらないことが起こりうる。たとえば,「児童と知りながら買春行為に及んだ」という表現では,どの年齢の子どものことかということが重要である。「児童買春,児童ポルノに係る行為等の処罰及び児童の保護等に関する法律」によれば,「児童」とは満18歳未満の子どもである(第2条)。別の例であるが,中学校・中学部等の在籍者だけでなく,高等学校・高等部等

の在籍者も「生徒」であり，予備校の在籍者も「生徒」，各種学校や専修学校・高等専修学校の在籍者も「生徒」といわれる。なお，「学生」は，大学・高等専門学校・専門学校・大学校の在籍者についていわれる。

■少年・年少者・未成年者　「少年」については，「少女」の意味も含んで，児童福祉法で，「小学校就学の始期から，満 18 歳に達するまでの者」と規定されている。少年法では，満 20 歳未満の者である。

「年少者」については，労働基準法で「第 6 章　年少者」の章を設け，満 18 歳未満の者としている。また，風俗営業等の規制及び業務の適正化等に関する法律でも満 18 歳未満の者を「年少者」，満 20 歳未満の者を「少年」としている。

「未成年者」については，労働基準法，民法，未成年者飲酒禁止法，未成年者喫煙禁止法がそれぞれ一様に満 20 歳未満の者としている。

■子どもの意義　以上のように，わが国の法制度では，実に多様な子ども規定をしていることがわかる。そこで，学校教育の対象としての子どもに限ってみると，子どもは，とくに，教育を受ける権利の主体としてあること（日本国憲法第 26 条第 1 項）が確認されなければならない。そのためにこそ，国民（保護者）に子どもを就学させる意義を課している（同条第 2 項）。学校において子どもを管理するという場合も，子どもの教育を受ける権利を保障するためにこそその営みがあるのであって，戦前のように国家のために子どもを教育する義務があると誤解するとすれば本末転倒となる。

注)
1) 村井実『新・教育学「こと始め」』東洋館出版，2008 年，19 頁。
2) 同上，37-44 頁。
3) 渡辺弘・松丸修三・米山光儀・森田希一編著『「援助」教育の系譜―近世から現代まで――その思想と実践』(川島書店，1997 年) を参照。
4) 村井，前掲，35-36 頁。
5) Gert J. J. Biesta. *Good Education in Age of Measurement: Ethics, Politics, Democracy*, Paradigm Publication, 2010, 19-22.
6) ビースタが指摘するように，カリキュラムのなかに数学が含まれていること―しかも，学校教育のなかで多大な学習時間が割り当てられていること―それ自体が，教育が，数学的思考を重要とする世界へと子どもたちを社会化する機能を含んでいる証左となるわ

けである。
7) なお，ここでの事例は，教師は子どもたちに対して，「女性と男性とで平均賃金に有意差のない社会」を創るようにと働きかけることを意味するものではない。どのような社会を創るのか—それは，子どもたち自身が決定すべき問題である。主体化とは，子どもたちみずからが，「よりよい社会」についてのビジョンを描くことができる人間ということであり，その機能を教育が担っているということである。
8) 梅根悟『世界教育史』(新評論，1967 年)が詳しい。
9) 堀尾輝久『現代教育の思想と構造』(岩波書店，1971 年)を参照。
10) 福澤諭吉「文明教育論」慶應義塾編『福澤諭吉全集』第12巻に所収，岩波書店，1960年，220 頁。なお，次の論文を参照するとよい。松丸修三「福沢諭吉の『発育』思想の再検討—『文明教育論』を中心に—」『青山学院大学教育人間科学部紀要』第3号所収，2012 年 3 月。
11) 藤堂明保・松本昭・竹田晃・加納善光『漢字源』(学習研究社，2006 年)などを参照した。次の「育」についても同じである。
12) 白石崇人『幼児教育とは何か』(幼児教育の理論とその応用 1，社会評論社，2013 年)などを参照した。次の「そだてる」についても同じである。
13) 赤塚忠・阿部吉雄・遠藤哲夫・小和田顯編『旺文社・漢和辞典』(第五版，旺文社，1993 年)などを参照した。
14) 本節では，「教師」と「教員」を同じ意味で使用する。なお，教育基本法，学校教育法などの法令においては，「教員」と定めている点はそれとして引用する。参考までに，「教員」のことを法令によっては，「教育職員」(教育職員免許法など)，「教職員」(公立義務教育諸学校の学級編制及び教職員定数の標準に関する法律など)，「職員」(学校教育法など)，「地方公務員」(地方公務員法など)，「教育公務員」(教育公務員特例法など)に含めての使用がある。また，「教師」の語は，教育学や一般社会での使用に多くみられる。
15) 「3 指導的諸原則」の「6」の文章の一部である(永井憲一監修／国際教育法研究会編『教育条約集』三省堂)。
16) ヨハン・ハインリッヒ・ペスタロッチ／田尾一一訳『ペスタロッチ全集〈第 4 巻〉リーンハルトとゲルトルート』玉川大学出版部，1964 年。
17) ジェーン・ローランド・マーティン／生田久美子監訳『スクールホーム〈ケア〉する学校』東京大学出版会，2007 年。
18) ポール・スタンディッシュ／齋藤直子訳『自己を越えて：ウィトゲンシュタイン，ハイデガー，レヴィナスと言語の限界』法政大学出版局，2012 年。
19) 奥地圭子『不登校という生き方：教育の多様化と子どもの権利』日本放送出版協会，2005 年。
20) 齋藤直子「父の言語のフェミニズム：スタンリーカベルと解釈の政治学」『現代思想』33 巻第 10 号，2005 年，111 頁。
21) 齋藤直子「目覚めとしての教育：終わりなき成長の彼方，ウォールデン」『現代思想』35 巻第 6 号，2007 年，166-188 頁。
22) 同上，166 頁。
23) 齋藤，前掲，2005 年，112 頁。

24) 下村哲夫『逐条解説児童の権利条約　学校版』教育出版，1995年。波多野里望『逐条解説　児童の権利条約』有斐閣，1994年。

# 第2章 学 校 —その歴史と展望—

## 第1節 教育の制度化と学校

　かつて、アメリカ合衆国の日本教育研究者の一人が、日本の子どもたちには学習への動機の欠如はもちろん、子どもたちが学校に行くことを嫌うことなどはありえないとしたうえで、「実際、日本では、子どもに効果的な罰をあたえようとするならば、学校に行かせてやらないぞとおどすことである」[1]としたことがある。この研究者が描き出したのは1970年代半ばの日本の学校であるが、21世紀の初頭から振り返ってみると、文字どおり、隔世の感があると誰もが思わざるをえない。

　私たちは第1章で、人間の成長にとって教育がどれだけ大きな意味をもつかを考えてきた。学校とは、そのような教育のための制度であり、子どもをよりよくするために、よいカリキュラムや、教師と子どもの間のよい人間関係を用意するところであるわけである。しかしながら、教育は学校だけで行われているわけではないし学校のなかでは必ずしも教育とは呼べないようなさまざまなことが行われていることもまた事実であり、学校がすなわち教育とする発想は誤っているという点に注意しなければならない。

　■学校の諸機能　　学校は、古今東西その形式はさまざまであろうが、本来、複数の基本的機能を共通してもっていると考えられる[2]。

　その第一のものは、教育的機能と呼びうるものである。すなわち、そこでは、よりよい人間になろうとする意欲に燃えた人々が、教える者と教えられる者という形式をとりつつ、まず何よりも人間として集いふれあうことによって、教育という行為が行われるのである。第3章で学習するように、ヨーロッパの歴史でみれば、ギリシアの時代に、人類が、「子どもをよりよくするとはどのよ

うなことなのか」というきわめて自覚的な問いを発し，それをのちに学校と呼ばれるような制度として整えようとしたときに，そこでは何よりもこの教育的機能が発揮されていたと考えられるのである。

　だが，学校は同時に，情報的機能をも併せもっているのである。すなわち，上で述べたような，よりよい人間になろうとする意欲に燃えた人々の人間としての集い，ふれあいは，知識・技術の真空のなかで起こるわけではなく，そこでは必ず，まず知識や技術，さらにはものの見方・考え方という価値観をも含めた，特定の情報の授受と処理が行われたはずである。すなわち，「よりよい人間」は，一面では社会的に有用な諸活動に参加しうる能力をもっている人間ということになるはずであるから，学校は，このための情報的機能を果たすわけである。

　さらに学校は，選抜機能をも併せもっている。すなわち，上の情報的機能で述べたような，社会的に有用な情報を身につけた人材の選抜を行うという機能を果たしてきたのである。この機能は，今日，格差社会と呼ばれるような現象に，その突出したかたちで見てとることができるのである。

　以上のように，教育は学校だけで行われているわけでもないし，また，学校で行われていることがすべて教育でもないはずであるが，にもかかわらず，私たちの発想のなかではきわめて容易に，教育すなわち学校という図式が成立してしまうのである。なぜそうなるのか，そして，そのような結果，私たちが本書で考えるような人間の教育の本来のあり方にとって，どのように困った問題が生じることになるのか。以下においては，学校を歴史的に展望することによって，この問題を考える手がかりを探ってみることにしたい。

## 第2節　学校の歴史的展望

### 1．近代以前の学校

　学校という教育の制度は，洋の東西を問わず，すでに歴史的な古代という時代にその成立をみることができる。学校は，教育を必要とした人々の，時代や地域に特殊的な要求に応じて，いわば自然発生的に生まれ出たものにすぎなか

った。学校とは,そこで学びたい人が学びたいと思うときに行くところであった[3]。このことは反面,経済的そのほかの理由で,思うように学校に行けない（あるいはまったく行けない）人々がいることをも当然としたのである。

学校と人々とのこのような自由な関係を決定的に変えてしまったのが,19世紀以降,各国でその発展をみることになる近代公教育制度による近代学校であったが,その理念の萌芽は,すでに近世から近代に至る教育史のなかにみることができるのである。すなわち,出身や性別を問わず,すべての子どもを「学校で」教育するという,いわば「学校の思想」とも呼ぶべき構想である。

このような「学校の思想」を発展させ,そこから近代学校の理念的モデルを創り出したのがコメニウス（Johann Amos Comenius, 1592-1670）であった。彼は,17世紀前半,その著書『大教授学』によって,今日私たちがイメージとして描くような学校（と人々との関係）を提示している。すなわち,彼は,「男女両性の全青少年が,ひとりも無視されることなく,…あらゆる事項を僅かな労力で,愉快に,着実に教わることのできる学校」[4]を創ろうとしたのであった。このために彼がヒントとしたのが,当時のヨーロッパに普及しはじめていた画期的発明であったグーテンベルクによる活版印刷の技術であった。すなわち,「知識が,外面的に紙に刷り込まれるのとほぼ同じ方法で子どもたちの精神にも書き込まれる」「教授印刷術」が行われる印刷工場としての学校という理念的モデルが構想されたのであった。

近代学校は,このようなコメニウスの思想をそのまま実現したものではない——のちにみるように近代国家との関係がより重要になってくる——ものの,彼が考え出した理念的モデルは,近代学校の興隆と発展に強力な支持力をあたえたのである。コメニウスらによってその理念的モデルが与えられた今日の私たちが知っているような学校は,以下に述べるようないくつかの歴史的条件が重なることによって,近代学校制度として成立することになるのである[5]。

## 2. 近代学校成立の歴史的背景

第一にあげられるのが,近代市民社会の成立である。長らく続いたヨーロッ

パ封建社会は，16〜18世紀のいわゆる絶対主義体制の時代を経験したあと，2つの革命，すなわち，一方では市民革命——ピューリタン革命や名誉革命，そしてフランス革命など——を，他方では産業革命を経て，近代市民社会へと移行してゆく。この結果，新たな階級分裂が起こり，それぞれの階級は自らのための新しいイデオロギーとそれを伝達する方法——すなわち，新たな教育——とそれを行う学校を必要とするようになったのである。とくに，17〜18世紀のヨーロッパにおいて，台頭しつつあった新興ブルジョワジーによって支持された「理性への信仰」，すなわち啓蒙主義による教育思想は，文化的価値をより多くの大衆の手に届くものにするという主張を生み出すことになったのである。

つぎに，自然科学に典型的にみられるような，新たな自然観・問題意識・認識的展望・方法論などの確立——いわゆるニュートン・パラダイムの成立——があげられる。この科学革命は，いうまでもなく，上に述べたような産業革命と裏腹の関係にあり，産業革命の動向とも相まって，さまざまな技術革新をも促すことになったのであるが，より根底的には，それまでの神中心の自然観を廃棄し，かわって，人間が客観的に観測可能な物理的現象の間の因果関係によって説明される自然観を提起したわけである。このことは，デカルトやベーコンの主張に典型的に現れているように，知識獲得の方法についての見方を決定的に変化させることになったのであり，教育観へも決定的な影響をあたえた。また，すでにコメニウスについてみたように，定められた教育内容をいかにして多数の子どもに効率的に教えることができるのか，という教授学（教育方法学）への関心を呼び起こしたのである。

近代学校制度は，このような歴史的背景のなかで成立発展していったのである。そしてその成立は，すでに指摘したように，人々と学校との関係を決定的に変えてしまい，遂には今日の私たちに対して「教育を受けるということは学校に行くことである」という発想をさせるまでになる，教育史的分水嶺となったのである。

## 3. 公教育理念の登場

 ところで，近代市民社会における教育を考える場合にもう1つ，忘れることができない重要な問題がある。それは，第1章第2節でも学習したように，教育が，それまでのように私人（親やこれに代わる個人）がその自由意思によって行う「私教育」というかたちをとって行われるよりも，公権力が直接関与するような「公教育」というかたちをとって行われるような比重が，それ以前の時代に比べて格段に大きくなってくるということである。すなわち，近代市民社会とは，国家が消極的国家（夜警国家）として位置づけられ，市民のあらゆる活動についての私事性の原則が承認され，教育について公権力は，原則として，市民の「教育の自由」とはすなわち「私教育の自由」を保障することがその任務とされたのである。だが，親による「私教育の自由」の原則を承認したのみでは，結果として子どもが教育を受けられない場合がおこりうる。ここに，すべての子どもの教育を保障するためには，子どもの教育を公権力が直接関与する教育機関（すなわち学校）に委ねるべきである，という主張がその理論的根拠をもつようになるのである。そして，近代における学校制度の発展は，公権力が直接関与する学校が制度化され拡大してゆく過程であるととらえることができるのである。

## 4. 公教育を支える原則

 それでは，このような歴史的背景のなかで誕生した公教育は，どのような原則によって支えられるものであったのであろうか。それは，以下の3つに分けて説明されるものであった[6]。

 まず，「教育の義務制」，すなわち，就学義務が国民に課せられるということである。これは，一方では，国家が国民すべてに一定の教育を与え，国力（具体的には国家の経済力と軍事力）の維持・増大のために国民を動員するという国家主義的性格をもつと同時に，他方では，国民すべてが自らの全人間的発達を可能にすることを保障される国民の権利という性格をも併せもつものである。

 つぎに，「教育の無償性」，すなわち，上で述べた義務就学に必要とされる費

用の国庫負担の原則ということである。

　最後に,「教育の中立性」という原則があげられる。「中立」とは,第一に特定の宗教（あるいは教会）から自由であることを意味する。これは,「学校教育における世俗主義」ともいわれ,信教の自由とのかかわりから学校教育を特定の宗派による支配から切り離すことをめざしたものである。「教育の中立性」は第二に,政党など特定の政治勢力の干渉を排し,公教育が政治的に中立な立場を堅持することを意味する。

## 5. 2つの学校系統

　以上説明したような公教育を,制度的な発展という観点から具体的にみてみると,そこには二系統の学校制度の成立を見てとることができるのである[7]。

　第一のものは,エリート・システムとでも呼ぶべき学校系統である。これは大学をその頂点として,続いてこれに付属するかたちで大学進学のための予備部門としての中等学校が設立されるというかたちで,上から下へという発展の形態をとるものである。これは教育制度論では,下構型学校系統（あるいは下降型学校系統）と呼ばれている。

　第二のものは,広く大衆に教育の機会を提供する学校系統で,ポピュラー・システムとでも呼ぶべき学校系統であり,これはすでに述べたように絶対主義国家の成立以降,すべての国民を教育するという必要から教育の「義務制」「無償性」「中立性」を原則として,まず「底辺」である初等学校を設立し,これから徐々に上級の学校（高等小学校・補習学校あるいは各種職業学校など）を上乗せしてゆくという,下から上へという発展の形態をとるものである。これは,上構型学校系統（あるいは上昇型学校系統）と呼ばれている。そして,こちらのほうは第一の学校系統に比べて歴史的にはるかに遅れて出現したものであり,法制的な意味でその形態が整備されてくるのは19世紀の半ばを待たねばならなかった。この間,これらの学校系統はきわめて劣悪な状況のまま放置されていた。

## 6. 複線型学校体系から単線型学校体系へ

このように，一方では初等→中等→高等教育への学校系統が，他方では初等学校のみで袋小路になっている系統の二系統が存在するような学校体系は複線型学校体系と呼ばれている。そして，この学校体系はヨーロッパ諸国が伝統的に採用してきたものであった。これに対して，歴史的にヨーロッパに遅れて学校制度を創り上げねばならなかったアメリカ合衆国においては，すべての子どもに対して共通の，初等→中等→高等教育という学校系統を採用したのである。これは単線型学校体系と呼ばれる。この学校体系においては，一般的総合的な中等学校（ハイスクール），すなわち能力や適性などが多様な生徒すべてを受け入れ，これらの子どもたちが必要とするあらゆる課程（大別すると，高等教育進学のための課程と職業教育課程）を用意し，人生の早期の段階における固定的コースへの生徒の振り分けから生じる弊害を取り除こうとしたのである。

## 7. 複線型学校体系のはらむ問題

以上の説明から理解されるように，複線型学校体系には重大な問題が残されていたのである。すなわち，前述のような「エリート」「ポピュラー」という2つの学校系統が別個に存在しているかぎり，初等教育より上の教育はエリート・システムのなかに入れる子どものみが享受できるものであったからである。とくに19世紀後半以降，複線型学校体系を採用してきたヨーロッパでは，エリート教育と大衆教育の対立が激化し，このため，一方では，ポピュラー・システムの側の学校に在学する子どもたちへの中等教育の開放運動が，また他方では伝統的なエリート学校の否定と学校系統の一元化という統一学校運動になって現れてくるのである。このようにして改革が加えられた学校制度は分岐型学校体系と呼ばれている。これはその名前が示すように，少なくとも初等教育段階を共通なものにし，中等教育段階において選抜およびコース分けを行うものである。そして，歴史的にみれば，世界の学校制度改革の動向は，大きく，複線型→分岐型→単線型という改革の流れをとっており，学校制度における分岐は，中等教育段階以上で行われるようになるのである。

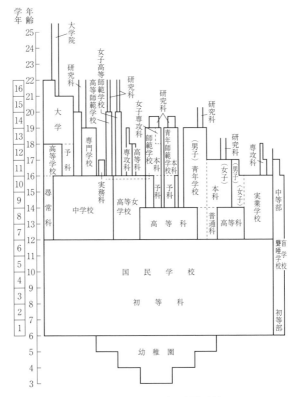

図2-1　1944年の日本の学校系統図

## 8. 分岐型の学校系統―日本の場合

　日本は19世紀後半から,近代国家を創り,教育の近代化を開始している。

　すなわち,明治政府による近代学校制度の創設であった。ここで採用されたのが分岐型の学校系統であった。以降,制度全体にわたる何度かの改革はあったものの,基本的に,第二次世界大戦以前は,典型的な分岐型の学校系統を採用していた(図2-1)。

　小学校(当時は戦時下であり,「国民学校」と呼ばれていた)は現在と同じく,6歳から12歳の子どもたちのための学校であり,小学校を修了する時点で,子どもたちは図にあるように,実に多様な学校群から,自らの針路を選択する分

岐型の学校系統となっていた[8]。

この分岐型の学校系統には，いくつかの著しい特徴を見てとることができる。

第一に，小学校修了時点で，中学校→高等学校（あるいは大学予科）→大学という高等教育まで進むことができる少数者のためのコースと，小学校から小学校高等科，あるいは実業学校へ（実業は，工業・農業・商業・商船に大別されていた）という多数者のためのコースに分断されていたことである[9]。この分岐を生じさせたものは，まずは「社会階級」であり，これに加え，「能力」であった。

第二に，中学校→高等学校→大学という針路は，男子のみに許されたものであり，結果として，女性から大学進学の機会を完全に奪っていたことである。言い換えるならば，上記の中等教育段階での分岐の根拠には，「社会階級」「能力」に加え「ジェンダー」が存在した。女性にとっての最高学歴は，女子高等師範学校あるいは女子専門学校にとどまっていた。

第三に，教員養成のための機関が，中等学校→大学という系統とはまったく別個に設置されており，教員になるためには，師範学校あるいは高等師範学校で，それぞれ専門的な教育を受けていた。

## 第3節　20世紀の教育

### 1. 学校化された教育の時代

20世紀は「学校化された教育の時代」と特徴づけることができよう。学校教育は文字どおり，すべての人にとって重要な意味をもつ制度になった。20世紀の教育史の多くの部分は学校教育，とりわけ公立学校教育の歴史が占めるようになっていった[10]。

### 2. 中等教育の総合化と多様化

すでに前節でみたように，学校制度改革の世界的動向は，複線型学校体系を分岐型へ，そしてさらには単線型へ移行させることによって，中等教育をより多くの子どもたちへと開放してゆくというものであった。とくに中等教育段階の改革についてみるならば，第二次世界大戦後は，もはや「社会階級」によっ

て学校体系を分岐させることはもちろん，「能力」によって選抜的な中等教育を行うことも，そのままでは支持されなくなる。ここにおいては，そもそも「能力」とは何かが問われ，むしろ，子どもの「適性」や「興味」に重点がおかれるようになり，「すべての者に中等教育を」という，「普遍的中等教育」あるいは「権利としての中等教育」の保障のほうへと制度構築の力点が移ってゆく時代であった。

　この点，従来から複線型あるいは分岐型中等学校制度を採用してきたヨーロッパの国々および日本にとっては，「中等学校制度の総合化」が，すなわち，アメリカ合衆国のハイスクールが中等学校制度改革のモデルとなったのである。そこでは，中等教育をいくつかの学校に種別化――たとえば，大学進学者向けの高等学校と，卒業後就職を予定している者たちのための職業高等学校に二分するなど――するのではなく，さまざまな「適性」や「興味」をもった生徒たちをすべて受け入れ，1つの学校のなかで，卒業するまでの期間に，どれかのコースを選択することになる。これが，以下にみるように，戦後日本の高等学校の制度的モデルとなった（しかし，実現できなかった）総合制高等学校であり，「中等学校制度の総合化」の結果といえるものであった。

## 3．日本の高等学校

　日本における中等教育は，学校体系そのものが戦後の教育改革によって一挙に単線型に移行したために，前節で指摘した，小学校修了時点での分断されたコース分けという問題は，一応の解決をみた。ただし，「普遍的中等教育」あるいは「権利としての中等教育」という点では，前期中等教育（中学校）のみが義務教育の対象となり，後期中等教育（高等学校）は，その就学率からいえば，事実上，義務教育化しているにもかかわらず，就学にかかる家庭の経済的負担は放置されている。

　さらに，戦後の日本の新制高等学校の「高校三原則」の1つが「総合制の原則」であった――ちなみに，のちの2つの原則は「男女共学制」と「小学区制」である――にもかかわらず，事実上，高等学校は，種別化されてしまっている。

1980年代後半から高等学校に総合学科を設けたり，新たに総合制高等学校を設置したりすることが試みられたが，在籍者数の飛躍的増大により，能力・適性・興味に応じた多様化という課題に直面せざるをえなくなった[11]。

4. 学校教育の政治化

　さらに，そのような学校で行われる教育が政治化してゆく時代，それが20世紀の教育の特徴としてあげられる。ここで「教育の政治化」とは，以下のような様相にみられることを意味している。まず，教育がナショナリズムと結びつき，国家統一と国益の増大のための有力な手段とみなされ，学校教育の政治化がみられたということである。このことは，とくに欧米諸国に遅れて近代国家を立ち上げなければならなかった諸国，たとえば日本においてはより鮮明にみることができよう。明治政府がつくろうとした近代学校制度はまずなによりも，「富国強兵，殖産興業」という国家的スローガンに見てとれるように，国家を軍事的にも経済的にも強くするために教育，とりわけ学校教育を利用するということであった。

　欧米諸国についてみれば，アメリカ合衆国においては20世紀の初頭，ヨーロッパからの大量の移民を引き受けざるをえない情況の下で，これらの人々の「アメリカ化」(言語や文化という面で，移民をアメリカ市民にすること)が，初等・中等学校の関係者の大きな関心となった。

　ヨーロッパ諸国においては，愛国的な教材を教科書に盛り込むなどによって国民意識の高揚をはかる試みが，とくに2つの世界大戦にかけて行われたのである。さらには，第二次世界大戦後の1950年代と60年代には，旧宗主国からの独立を果たした国々は，独立後，国家への忠誠と国民間の絆づくりのための仕事の多くを学校に託するようになったのである。政策実現のための教育がめざされる一方，教育は，社会的・経済的公正を実現し，ついには社会そのものを改革するための有力な手段と考えられるようになってきた。とくに中産階級にとっては，教育が社会的上昇のための最も有力な手段として考えられるようになり，これに対して国家の側でも社会的・経済的不平等解消の手段として，

また国際的経済競争に対処するために国家の経済力向上の手段として教育を利用するようになり、ここにおいて教育は国家の重要政策の1つになっただけではなく、ほかの経済的・社会的諸政策実現のために使われるようにすらなった。

### 5. 教育概念の拡大へ

20世紀の学校教育の特徴のもう一つは、「教育」という概念ないし機能の拡大があげられる。学校は、それまでの3R's（読み・書き・計算）の力を発達させることだけではすまなくなり、これに加え、子どもの道徳的な発達や身体の十全な発育などを引き受けるようになったのである。

## 第4節　20世紀の教育の遺産と学校の危機

私たちは、学校教育の歴史をたどることによって、学校が子どもをよりよくしていくにはどのようにすればよいのかという人々の関心が、その時代その時代によって、さまざまな形態の学校として現れてきた様子をみてきた。現代の学校は、こうした人類の歴史が積み重ねてきた知的遺産の上に築かれているものであり、その意味では、最も進歩し、多くの人々にとって親しみやすい、まさに人間的な場になっているはずである。ところが、すでに述べたように、現代においては、教育といえばすなわち学校教育をイメージさせるほど、学校は、私たちの教育についての、思考の奥底まで入り込み、それを規定するものになってしまったのであるが、私たちが抱く学校のイメージは決して、ばら色のものではない。むしろ、現代の教育問題のかなりの部分が「学校問題」であることはだれもが認めねばならない事実であろう。いったい、どこに問題があるのであろうか。以下では、この問題を少し原理的にみていくことにしたい。

### 1. 近代学校における機能のバランスの喪失

本章の冒頭でみたように、学校は、本来、教育的機能のほかに、情報的機能や選抜機能をも併せもつものであった。ところが、すでに学校の歴史を瞥見した際に説明したように、今日私たちが知っている学校とは、歴史的には近代学

校と呼ばれる制度なのであり、そこでは、それ以前の「人々と学校との関係が自由であった時代」とは異なり、「学校の思想」、すなわち、のちに各国で国家権力の手になる近代公教育制度としてその発展をみることになるような「特定の階級や身分という生まれもった属性に制約されることなく、すべての人々(国民)に平等に教育の機会をあたえ学校教育を行うという制度を実現するべきである」という考え方に則って成立したものである。

この考え方のもとに、近代学校制度は、まず、すべての人々に義務教育という形式で初等教育をあたえ、続いて、「能力による選抜」という原理によって中等教育・高等教育をもあたえるようになっていったのである。しかしながら、この過程は、教育的機能・情報的機能・選抜機能の三者のバランスが、意図的にしろ無意図的にしろ、崩されていった過程としてとらえることができるのである。すなわち、近代国家の側が必要としたのは、まず何よりも情報的機能(すなわち、すべての国民に一定の知識・技術を与える)と選抜機能(すなわち、社会的エリートの選抜)であったから、教育的機能はあえて省みられなくなるわけである。また、人々の側からみたとき、それまでは階級や身分という生まれもった属性に制約されて中等教育・高等教育への機会をあたえられなかったのが、今や能力と努力とによってそれがあたえられるようになり、学校の選抜機能に対する期待を高めることになったのである[12]。

業績主義の社会と学校　このように近代以降の社会は、階級や身分という生まれもった属性ではなく、能力と努力によって達成される業績によって人々にさまざまな機会(上級学校への進学の機会、社会的地位を占める機会など)を与える社会という意味で、業績主義(メリトクラシー)の社会ということができよう。このような社会のなかで、学校は、それが普及するにつれ社会自体が、学校が行う評価と選抜に対する依存の度合いを強めていったこと——たとえば、各種専門職が、一定の学校教育の修了を資格要件として要求するようになったこと——とも相まって、ますます選抜機能を強めていったのである。いわれるところの「学歴社会」とは、このような業績主義の社会の現代的な様相ともいうべきものである。

日本においては，戦後の教育改革で，それまでの分岐型学校体系が，アメリカ・モデルの単線型学校体系へと改革されたのである。それは高等教育段階にまで及ぶ徹底したものであり，ここに，誰もが（前期）中等教育を受けることができ（見方を変えれば受けることが義務となり），かつ，能力と努力によって（「業績」を獲得することで）それより上級の学校へも進学が可能になったわけである。だがこのことは，一面では上でみたような学校の諸機能のアンバランス化と選抜機能の肥大化を集約的に進行させることにもなったのである。さらに，高等教育自体，戦後改革においても，日本における明治以降の国家による意図的な序列化の後遺症を完全に解消しえたわけではなく，これが大学間格差となって現在まで残っているのである。これにより，選抜機能の肥大化は，社会自体を，しばしば指摘されるように，「『一流』大学に行くためには『一流』高校へ」というかたちでの「学歴社会」へと，さらには「学校歴社会」（どの段階の教育を修了したかだけではなく，どの学校＝大学の出身であるかが評価される社会）へと変貌させてきたわけである。

## 2．「教育機会の平等」の幻想

1960年代は世界中で高度経済成長に伴う「教育の時代」が訪れ，学校教育の機会が飛躍的に拡大され，教育機会の平等の実現が大幅になし遂げられた時代である。だが，この時代を経験したのちに，学校教育の拡大をよしとする考え方に重大な疑問が投げかけられるようになったのである。まず，従来，「学校教育の機会の平等」は，それまで一部特権階級に独占されていた学校教育を広く大衆のものにし，かくて社会そのものより平等な社会になる，という図式を成立させるものとして支持されてきたものであった。ところが，むしろ社会的不平等は拡大しつつあるのではないか，という疑義が提起されるようになったのである。

すなわち，従来，「教育機会の平等」は，たとえば，受験者に対して同一の入学要件を適用するなどを意味するとされてきたが，これに対して，むしろ，「教育の機会の平等」は，学校教育を利用するための機会を現実に妨げている

ものは何かが考慮される必要がある，とする前提から出発し，「初期の機会の平等」がない場合には何らかの「補償」が行われねばならないとする考え方が提出されるようになった[13]。この考え方は，近年の日本の学校制度では，たとえば，高等教育を受けようとする場合，入学試験の準備という段階で不利な立場にある社会人に対しては，その勤労経験を評価し論文審査のみで入学を決定するというような「社会人入学制度」に典型的にみられるものである。

### 3. 脱学校論の警告

以上のような「教育の機会の平等」という理念に対する疑義に加え，1970年代に入ってからは，学校は社会を発展させるどころか，社会を破壊する癌であるとする主張が現れるようになった。イリイチ (Ivan Illich, 1926-2002) らによる脱学校論がそれである。これらの論者たちは，まず，制度（学校）の拡大は必然的に価値（教育）の実現につながるという考え方は誤っており，さらに，学校は人々の意思に反してでも，人々に消費させたり参加させたりする操作的制度であり，これによって人々は制度の世話になることに中毒してしまい，ついには自らが能動的に何かをなし遂げる能力を失い，専門家による操作を受ける存在になってしまうなどの点を批判し，学校を全廃し，これに代わる人々の自由な意思に基づく学習網（ラーニング・ウエッブ）の創設を主張した[14]。

## 第5節　21世紀の教育

### 1. 学校方式による教育の見直し

すでに何度も述べたように，教育は，人間をよりよくしてゆこうとする働きかけであり，歴史的には，時代が下るにつれ，とりわけ現代になってからは，この「人間」が一部の社会的特権階級だけでなく社会的弱者をも，そして男性だけではなく女性をも，というようにその理解が格段に広く深くなってきたのである。そして，これらの人々の教育に絶大な影響を及ぼすようになったのが学校であった。学校がこれほどまでに発展したがゆえに，これらの多様で，大量の人々の教育が可能になったともいえよう。

しかしながら、学校は、そもそも、教育という目的の1つの手段であったはずである。それが、学校のほうが目的になってしまうと、教育にはさまざまな歪みが生じることになる。教育を、時間的にも空間的にも集約・独占しようとする学校方式による教育——すなわち、6歳から20歳前後までという人生の期間に、学校という特定の場所で教育を行うという方式——は負の側面が伴っていたのであり、今やそれが無視できぬほど、私たちの目の前に顕わになってきているのである。

第一に、学校が教育を独占するようになると、脱学校論者もいうように、社会的資格付与との関連で、学校外での学習はその価値を貶められ、ひいては学校以外の教育の機会がきわめて乏しくなる。第二に、およそ人間一人ひとりは顔つきや性格がちがうように、自らの人間形成の過程で、何を、どのようにして学ぶのがよいのかは同じでないはずである。ところが、学校で行われる学習においては、学習者の側は、学習の目的・手段の双方に対してほとんどコントロールができない。第三に、学校は人類が継承すべき「知」の一部を、いわば「学校知」として抽出し、それを学習すべきものとして学習者の前に提示できたわけであるが、そのようにして切り取られてきた「知」だけが継承すべきものではないはずである。すなわち、人間にとって、自らが生活し経験するなかで獲得し使用するところの「生活知」とでも呼ぶべきものがあるはずである。このようにして、現在では、教育の大部分を学校に委託するという学校方式による教育——それはすでにみたように、コメニウスに理念的端緒を求めることができる考え方であり、近代以降、国家によって積極的に進められてきた大量生産方式の教育である——は、制度の巨大化とともに、むしろ人間疎外を引き起こす元凶になってきており、従来の学校信仰に対するきわめて懐疑的・悲観的な見方すら提出されるようになり、人間のための新たな学校が模索されているのである。

## 2. 近代学校の歴史的使命の終焉と新たな学校構想

1970年代初頭に脱学校論者たちが構想した、全世界を覆い尽くす学習網は、

現在，インターネットによって現実のものとなりつつある。「学習の機会」それだけをとってみるならば，このような機会は学校以外にも，いやむしろ学校以外にこそ豊富に存在するわけである。この意味では，近代以降，国家によって積極的に進められてきた大量生産方式の教育である近代学校という制度は，もはやその歴史的使命を終えつつあるといってもよかろう。

　今日，教育にたずさわる多くの人たちが学校と家庭と地域社会の連携という改革案を支持しているようであるが，なぜそれが必要なのであろうか。学級崩壊や不登校を防ぐために必要なのであろうか。学級崩壊や不登校という問題の根底にあるもっと重要な問題は，子どもたちにとって学校で学ぶことの意味が失われつつあるということである。「なぜ（学校で）学ばなければならないのか」「理解したからといってそれがどうなるのか」という子どもたちの問いかけに対して，教師も含めおとなたちはどのように答えるのか。「よい学校（あるいは企業や官庁）に入るため」という答えは，もはや子どもたちにとってだけでなくおとなたちにとっても，ほとんど説得力をもちえないものになってしまった。

　デューイは，学習は生活することを通して，また，生活することとの関連において行われなければならないとした（本書第3章参照）。それは単に「学習の機会」が豊富に存在することだけをもって足りるものではない。そこは，子どもたちが生活する場でなければならない――この意味ではデューイがいうように，学校は「小型の社会，萌芽期の社会」でなければならないのである。

　しかし，子どもたちにとって「生活していることの意味が実感できる」ような学習経験とはどのようなものであるのか。「生きることを学ぶ」とは「自分とは異なるさまざまな人々と一緒に生きることを学ぶ」ことであるはずである。そのためにはまず，他者へ関心をもち共感する力，他者に配慮する力という，人間として基本的に備えるべき社会的能力が必要であろう。かつてデューイが自分の教育改革構想を提示した際に，彼は見落としてしまっていたのであるが，家庭から外へ出てしまったのは，それを手伝うことで子どもたちが「観察力・考察力・構成的な想像力・論理的思考力」を養われてきた仕事だけではなかったのである。仕事とともに，仕事をする人々――男性そして女性も――また外

へ働きに出てしまったのである。おとなたちが外へ出てしまったあと、家庭のなかに残された子どもたちはどうなったのか。上で指摘した、他者へ関心をもち共感する力、他者に配慮する力は、最も理想的な意味での家庭的な環境と雰囲気のなかで、子どもたちが身につけてきたものではなかったのか。温かな雰囲気、自分が皆にとってなくてはならない一員であるという帰属感と一体感、他の成員への愛情や思いやり、ともに分かち合う喜びと悲しみなどを実感することによってこそ、子どもたちはこのような力を育んできたのである。そして学校での教育は、このような力を子どもたちが家庭で身につけていたうえに初めて、成立するものであったのである。学校と家庭とのこのような目には見えないが決定的に重要な分業体制が崩壊しつつあること——これが問題なのである[15]。

　この問題は、いわゆる家庭教育の重要性を指摘するだけでは解決しない。ましてや女性が家庭のなかで育児を専業とするようなかつての家庭の復活を望むことは幻想というべきであろう。学校も、新たな構想のもと、再編されねばならないのである。学校が子どもたちにとって、「自分とは異なるさまざまな人々と一緒に生きることを学ぶ」場であると同時に、そのために必要な、人間として基本的に備えるべき力をも学ぶ場にならねばならないのである。

## 第6節　「法律に定める学校」とその他の教育機関

　わが国の学校制度という場合、小学校・中学校などの「法律に定める学校」のことであるが、実際は、法令に定められているその他の教育機関のことも含めて広く「学校制度」などといわれることも多い。本節では、正確な理解のために、「法律に定める学校」とその他の教育機関について、法令の定めを中心に解説する。

### 1.「法律に定める学校」

　教育基本法が「法律に定める学校は、公の性質を有するものであって、国、地方公共団体及び法律に定める法人のみが、これを設置することができる」(第

6条第1項）と定めている。具体的には，学校教育法第1条で，「この法律で，学校とは，幼稚園，小学校，中学校，義務教育学校，高等学校，中等教育学校，特別支援学校，大学及び高等専門学校とする」と定められている。参考までに，教育・学術界では，"正規の学校""正系の学校""1条学校"と通称されることが多い。

　幼稚園は学校であるが，保育園（保育所）は児童福祉施設である（児童福祉法第7条参照）。

　義務教育学校は，2015年学校教育法改正により創設され，2016年度から施行された。いわゆる小中一貫教育を行う学校（国公私立）である。

　中等教育学校は，前期課程3年（中学校に相当する義務教育課程）と後期課程3年（高等学校に相当する）からなる6年間の**中高一貫教育**を行う学校である。

　特別支援学校には，幼稚部，小学部，中学部，高等部がある。

　大学には，短期大学，大学院，別科，研究所，農場などの研究施設，大学病院などが含まれる。

## 2．その他の教育機関

　「法律に定める学校」（教育基本法第6条第1項），具体的には学校教育法第1条で定められている学校のほかに，学校教育法やほかの法令により定められている学校および地域社会の生活場面などでいわれる"学校"などのことを，ここでは「その他の教育機関」として扱うことにする。以下に，順次掲げる。

　■**専修学校**　「職業若しくは実際生活に必要な能力を育成し，又は教養の向上を図ること」（学校教育法第124条）を目的とする教育機関である。これは3種類の学校がある（同法第11章参照）。

　①専門学校…高等学校等の卒業・修了資格以上を有する者が入学できる。大

---

用語チェック　**中高一貫教育を行う学校**　いわゆる中高一貫教育を行う学校には，中等教育学校のほか，併設型中学校・高等学校，連携型中学校・高等学校がある。併設型とは，設置者が同じ学校について，連携型とは設置者が異なる学校についていう（前者の定め：学校教育法第71条，学校教育法施行規則第26条第3項・第87条第1項，後者の定め：学校教育法施行規則第75条・第87条）。

学（短期大学を含む），高等専門学校（4〜5年次課程）に相当する，いわゆる高等教育機関である。
②高等専修学校…中学校等の卒業・修了以上を有する者が入学できる。修了者には大学入学資格が1986年度から認められている。
③専修学校…学歴等に関係なく，専門学校・高等専修学校の課程以外の教育を受けることができる者であれば，入学できる。

■各種学校　「学校教育に類する教育を行うもの」（学校教育法第134条）である。これには，朝鮮高級学校やアメリカン・スクールなどの民族学校，外国人学校，インターナショナル・スクールといわれるものも含まれる。

■大学校　省庁などの国家機関が設ける人材養成のための教育機関である。具体的には，防衛大学校・防衛医科大学校（防衛省設置法），航空大学校（国土交通省設置法），水産大学校（農林水産省設置法），国土交通大学校（国土交通省組織令），気象大学校（気象庁設置法），自治大学校（総務省設置法），海上保安大学校（国土交通省組織令），税務大学校（財務省設置法）などである。

一部の大学校には授業料無償，手当支給（俗にいえば"給与"）があり，さらに国家公務員への就職に有利な条件などが配慮されている。

■児童福祉施設　児童福祉法に定められている厚生労働省所管の施設である。法令上は教育機関ではないが，機能的には教育的機能がある点，学校教育と密接な関係性がある点で，ここでは広義の教育機関として扱うことにする。具体的な児童福祉施設は，次のとおりである（児童福祉法第7条）。

助産施設，乳児院，母子生活支援施設，保育所（＝保育園），児童厚生施設（＝児童館，児童遊園），児童養護施設，障害児入所施設，児童発達支援センター，情緒障害児短期治療施設，児童自立支援施設，児童家庭支援センター

■矯正教育施設　「矯正教育」の用語は，少年院法第1条に定められている。すなわち，「少年院は，家庭裁判所から保護処分として送致された者及び少年法（昭和23年法律第168号）第56条第3項の規定により少年院において刑の執

行を受ける者（以下，少年院収容受刑者）を収容し，これに矯正教育を授ける施設とする」とされている。

　少年院の種類は，2014年の少年院法改正により，初等少年院・中等少年院が統合されて第1種少年院に，特別少年院が第2種少年院に，医療少年院が第3種少年院に改称された（2015年6月1日施行）。改称の背景には，地域社会における偏見，差別などの解消のためと説明されている（法務省ホームページ参照）。

　なお，少年院に関係する施設に，法務省所管の保護観察所，少年鑑別所がある。また参考までに，学説・論説によっては，厚生労働省所管の児童自立支援施設を矯正教育施設（機関）に含めるものがある。

　■社会教育施設　　教育基本法に，「図書館，博物館，公民館その他の社会教育施設」（第12条第2項）と定められているように，国民・住民の自主的主体的な教育・学習活動を支援する施設が社会教育施設である（社会教育法，博物館法，図書館法なども参照のこと）。博物館には，美術館，資料館，水族館，動物園，植物園，民俗館，科学館などが含まれる。そのほかの社会教育施設には，青年の家，少年自然の家，婦人教育会館，公文書館，視聴覚ライブラリー，スポーツ諸施設がある。

　■日本人学校　　海外在住中の日本人の子どもたちが通う，当該国において設置されている義務教育段階の学校である（なお，法令に定められた学校ではない）。世界各国に存在する。設置者は，当該地の日本人会や一部の日本の私立学校である。前者による日本人学校の教員は，日本の文部科学省によって公立学校の教員から派遣されるものと，財団法人海外子女教育振興財団による派遣事業によって派遣されるものなどがある（例外的に個別の派遣採用のケースがある）。

　■学習塾その他教室など　　法令に定められていない民間の教育・学習施設である。近年ではフリー・スクールなどが不登校の子どもたちを教育し，注目されているが，従来から地域社会にあって利用されてきたものに，珠算塾，書道塾，茶道教室，華道教室，舞踊教室，スイミング・スクール，スポーツ・ジム，学習塾，予備校，会話教室などがある。

注）
1）Ronald S. Anderson. *Education in Japan: A Century of Modern Development* U. S. Office of Education, Washington, D. C, 1975, 341.
2）村井実『教育改革の思想』国土社，1987年，100-101頁。
3）村井実『原典による教育学の歩み』講談社，1974年，358-360頁。
4）J. A. コメニウス／鈴木秀夫訳『大教授学』明治図書，1969年，第2巻，13頁。
5）舟山俊明「近代の教育思想」田中克佳編『教育史』川島書店，1987年，88-96頁。
6）熊谷一乗『現代教育制度論』学文社，1996年，78-91頁。なお，「教育の義務制」「教育の無償性」「教育の中立性」の3つが揃って初めて公教育の成立と認められる，という理解は正しくない。実際にはどの国でも，これら3つは，その意味する内実が時代によって異なっていたのであり，むしろ，それが何を意味するのかが不断に問われ続けてきたといってよい。一例をあげれば，「無償」というのは，最初は，「授業料を徴収しない」という意味に理解されたが，すぐに，これだけで「就学に必要とされる費用」が賄われるわけではないことが自明となり，真正の意味で「無償」にするには，どのような措置を行えばよいのか——たとえば，教科書を無償配布するなど——が問われたわけである。
7）米山光儀「近代公教育制度の成立と展開」田中編，前掲書，138-139頁。
8）なお当時の小学校は課程主義をとっていたから，この6年間の課程を修了したものが上級学校に進学したわけであり，必ずしも12歳で卒業するとは限らなかった。
9）1940（昭和15）年の時点で，中等教育への進学率がわずか25.0％（男28.0％，女22.0％），高等教育在籍者にいたっては該当年齢人口の5％程度というありさまであった。
10）以下の論点は主に W. F. Connell. *A History of Education in the Twentieth Century World*, Teachers College Press, 1980, 3-16. に拠る。
11）この問題は，古くは中央教育審議会による1966年の「後期中等教育の拡充整備について」の答申をはじめとして，同審議会による1971年の答申「今後における学校教育の総合的な拡充整備のための基本的施策について」でも中心テーマの一つになったものであり，さらには1984〜87年にかけての臨時教育審議会の答申（とくに第二次答申）においても議論されているものであり，現在に至るまでも最も解決困難な教育問題の1つとなっているのである。
12）村井『教育改革の思想』105-106頁。
13）この論点は Nicholas C. Burbules and Ann L. Sherman. "Equal Educational Opportunity: Ideal or Ideology?" *Philosophy of Education 1979: Proceedings of the Annual Meeting of the Philosophy of Education Society, 1980*, 105-114. を参照。
14）I. イリイチ／東洋・小津周三訳『脱学校の社会』創元社，1977年。
15）この論点は，Jane Roland Martin. *The Schoolhome: Rethinking Schools for Changing Families*, Harvard University Press, 1992. に拠っている。

# 第3章　ヨーロッパ・アメリカ教育思想史

　本章では，古代から現代にいたるまでのヨーロッパ・アメリカ教育思想史を，それぞれの時代の何人かの代表的な思想家を取り上げることでたどっていく。この場合，私たちの関心は，すでに本書第1章で確認した，教育を人間主義の視点に立って考える場合，当然，問題にすべき次の2点が中心となるはずである。

① 働きかける人間，とりわけ，子どもをどのような存在としてみるのか。
② 人間，とりわけ，子どもを「よりよくする」という場合，「よくする」とはどのような意味においてなのか。

　これらの問題を，それぞれの時代状況において，各思想家たちはどのように考えたのであろうか。

## 第1節　教育への自覚的問い

　ヨーロッパ・アメリカ教育史は，紀元前5世紀のギリシアに始まる。なぜ，この時代が歴史の起点となるのか。
　紀元前5世紀のギリシアの時代とは，ヨーロッパにおいて人間が，最初に，1つの文化的な絶頂を極めた時代であった。哲学や歴史，さらには演劇——これらはすべて，ギリシア人たちが創り出したものであった[1]。
　だが，ギリシア人たちが創り出したのはこれらにとどまらなかった。これらの人々は，「教育」をも創り出したのである。
　それはどのような意味か。
　本書の「まえがき」でも指摘されているように，教育は人類が地球上に存在

して以来,人々とともにあったといってよかろう。どのような原始社会であろうと,人々は,子どもが誕生すると,その子どもを教育していった。親たちは子どもに働きかけて,原始社会が必要としたさまざまな知識・技術を教えていった。「子どもをどのように教育するか」について,親をはじめ人々はそれなりの工夫を重ねていったことであろう。

　しかしながら,やがて人類は,教育について,「どのように教育するか」とは明らかに異なった問いかけを必要とするようになる。その問いかけとは,「教育とは何であるのか」という,教育の意味そのものを問うものであった。この2つの問いは,問いのレベルが異なっている。すなわち,「どのように教育するか」では,「教育」について,それが何か,一応はわかっているものとしたうえで,その目的・内容・方法について,子どもへの働きかけとしてどのようにしていけばよいのか,これを問うている。しかし,「教育とは何であるのか」では,「そもそも私たちは教育について本当に知っていたのであろうか」という,より一段と高いレベルからの問いかけなのである。

　このように,教育の意味そのものを問うことを人類が最初に開始したのは,歴史上,西洋・東洋ともに,紀元前5～4世紀のことであった。文献上,知られているかぎり,それは,西洋では紀元前5世紀のギリシア,東洋では紀元前4世紀の中国の古典のなかに見いだすことができる。洋の東西を問わず,人々は「そもそも私たちは教育について本当に知っていたのであろうか」と問うた結果,本章でのちにみるように,「教育」を意味する新しいことばを創り出しさえしたのである[2]。これこそが,ヨーロッパ・アメリカ教育史は,紀元前5世紀のギリシアに始まる理由である。

　それではなぜ,人々は,「教育とは何であるのか」を問わねばならなかったのであろうか。それは,一言でいえば,「教育危機の時代」であったからということができよう。ヨーロッパ史でみれば,紀元前5世紀のアテナイは,長年にわたったペルシア戦争への最終的な勝利によって,エーゲ海に存在した一群の都市国家(ポリス)の盟主として,空前の国家的繁栄を経験した時代であった。しかしながら,戦時体制から平和と繁栄の時代へという時代の激変は,当然,

教育の目的や内容はもちろん,教育についての基本的な考え方そのものを大きく変容せざるをえなかった。すなわち,戦争遂行のため,国家に滅私奉仕する教育はもはや時代遅れとなった。戦後のアテナイは,歴史上最初の民主制(ただし,市民のほかに奴隷が存在した)を実現したが,そこでは,国家ではなくむしろ個人が優先し,言論によって人々を説得し人を動かすための知識・技術が求められたのである。このような要求に応じて出現したのが,歴史上最初の職業的教師とされるソフィストと呼ばれる人々であった。ソフィストたちは多くが外国人で,高い報酬との引き換えに,海外の最新情報や技術――やがてはローマの時代にまで引き継がれるようになる,弁論の技法やその基盤をなす言語に関する知識――をアテナイの社会にもたらし,教育活動を行っていた[3]。このような教育活動は,一方では時代の要求に応えるものと歓迎されたが,他方で,アテナイの社会を混乱させるものとして批判された。こうして,新旧双方の教育についての理想の対立――これは,親の世代の教育と子どもの世代の教育の対立とみることもできる[4]――は,まさに「教育危機の時代」の象徴であった。

## 第2節 教育の人間主義の誕生

「そもそも私たちは教育について本当に知っていたのであろうか」という,より一段と高いレベルからの問いかけによって,人々は,改めて教育とは何であるのかをお互いに確認した結果,ただ単に「育てる」でもなければ「教える」でもない,これらの営為を含みつつも,それだけには還元できない営みを新たなことばで「パイデイア($παιδεια$)」と呼ぶようになった。このパイデイアということばはもともと,「子どもを〜する」という意味であった。

「そもそも私たちは教育について本当に知っていたのであろうか」という問いを最も深く問うた歴史上最初の人物がソクラテス(B. C. 407?-B. C. 399)であった。彼は,紀元前5世紀のアテナイに生まれ,ソクラテス・メソッド(質疑応答に基づいた対話法)と呼ばれる独特の教育活動を行った。この教育活動を支えたのが,「人は誰でも,よりよく生きようとしている」という人間観,さら

には,「何が本当によいのか,実は誰も確信をもっていくことができないのであり,人はこのことを心得ておくべきである」ということ——彼はこれを,「無知の知」の自覚と呼んだ。

「人は誰でも,よりよく生きようとしている」とは人間が生来,道徳的に「よい」ということ(いわゆる性善説)を意味するものではない。人間は,知識・技術・芸術・道徳・習俗・法律・制度など,およそ人間が生きていくうえで必要なあらゆるものについて,「これでよいのか」を不断に問いながら,つねに「よりよい」知識・技術・芸術・道徳・習俗・法律・制度などを追求して生きようとしているということ,つまり,人間の内部に,「よさ」を求める働きを認める,という意味である。したがって,ソクラテスにとって,パイデイアとは,「子どもをよりよくする」働きかけということになる[5]。

「無知の知」の自覚を受け入れた場合,教育についての基本的な考え方がそれまでとは大きく異なることになる。親にせよ教師にせよ,子どもたちをよりよくしようと思うけれども,ではいったい何がほんとうに「よい」のかということになれば,誰もそれは確信をもっていうことができない。しかもなお,人々は子どもたちをよりよくしたいと思わないではいられない。そうだとすれば,「そうした人間にとっての唯一のふさわしい道は,子どもたち自身が『よさ』についての自分の無知を自覚して,しかもどこまでも『よく』生きることを追求するように」働きかけることなのである[6]。

すべての人間のなかに「よく生きよう」とする力を認め,それがより活発になるように働きかけることを教育とする考え方は,教育の人間主義と呼ぶことができよう。これに対して,ソクラテスが生きていた時代に——さらにはそれ以前の時代から——ごく一般的であった教育についての人々の考え方は,教育の現実主義と呼ぶことができよう。この考え方においても,教育は「子どもをよりよくする」ための働きかけなのであるが,この場合,何が「よい」のかは,自明のものとされる。つまり,現実の社会のなかで「よい」とされる知識・技術あるいは性格特性などが「よいもの」であるから,それを子どもたちが身につけるよう働きかければよいとするのである。戦時中であれば,戦争遂行の知

識や技術，国家に滅私奉公するような性格特性が「よい」ものということになり，ソフィストたちが出現するようになった平和の時代では，弁論の技法や個人的成功のための知識が「よい」ものとなるわけである。

## 第3節　プラトンと教育の理想主義

　ソクラテスは，教育の人間主義という考え方を残した。その弟子のプラトンはむしろ，ほんとうに「よい」とはどのようなことなのかに関心を寄せ，イデア論と呼ばれる斬新な考え方を提起した。

　イデアとは，「よさそのもの」ということである。すなわち，知識にせよ技術にせよ，「よい知識」「よい技術」をよいものとしている「根源，究極のよさ」をイデアとしたのである。

　ソクラテスに従ってプラトンもまた，現実の社会のなかで「よい」とされる知識・技術などはきわめて変わりやすいものであり，「よい」ものがまったくないとはいえないが，「よさそのもの」とすることはできない，とした。たとえてみれば，地上に燃える火であり，これに対して，太陽こそが「よさそのもの」である。プラトンによれば，「目にみえる世界におけるいっさいを管轄するものであり，(中略)すべてのものに対しても，ある仕方でその原因となっているもの」[7]こそが，太陽にたとえられる「よさそのもの」としてのイデアなのである。

　ここで展開されるイデア論によれば，人間の感覚の世界を越えたところに「よさそのもの」という絶対で普遍の性質があって，現実の「よい」とされるものは，その純粋な性質を何かの仕方でいわば分与されることによって「よさ」を獲得していると考えるのである。そして，この「よさそのもの」は，人間の感覚（肉眼）ではなく理性（魂の眼）によってのみみることが可能であり，しかも，生まれつき素質や能力のある限られた人々のみ，それが可能であるとした。

　プラトンのこの考え方は，教育の理想主義と呼ぶことができる。すなわち，「よさ」を子どもの外部に，しかも，現実の社会にある「よさ」ではなく，理想として掲げて，「子どもはそれに近づくという仕方で成長すると考え，その成長

を促すところに教育の本質を見ようとする思想」[8]である。

　以上，ギリシア時代にあらわれた，教育の現実主義，教育の人間主義，教育の理想主義は，以降の歴史のなかで，その基本的な考え方を継承しつつ，その時代の社会に対応して，異なった装いをみせることになる。

## 第4節　ローマ時代と教育の制度化の展開

　21世紀の初頭である今日，私たちは，ヨーロッパの統合をめざすヨーロッパ連合（EU）という地域共同体をもつにいたっている。「統合されたヨーロッパ」は，歴史上，多くの人々を魅了してきた1つの理想であった。その版図としての原型は，古代ローマ帝国の成立に求めることができる。ローマは，もともと，前8世紀ごろ，現在のイタリア中部の一都市国家ラティウムにすぎなかったが，次々とほかの都市国家を侵略し，ついにはギリシア人たちを征服するにいたった。しかしながら，「征服されたギリシア人がその粗野な征服者を虜にし，無知なラティウムに学芸をもたらした」[9]といわれるように，学問や芸術といった面では，とうていギリシア人に及ぶことはなかった。ローマ人たちがすぐれていたのは，むしろ，ギリシアから引き継いだ理念や思想を現実化すること，すなわち，制度として残すことであったといってよい。

　ローマ人たちが残した制度の1つに学校があった。今日の私たちは，初等・中等・高等という三段階の学校制度をもっているが，この原型はすでにローマ時代に創られている。すなわち，当時のルードゥスが初等教育を担当し，その上に，文法学校（中等教育）が，さらには，高等教育機関としての修辞学校が創られたのである。さらには，その後，近代にいたるまで，中等，高等の学校で使用されるようになるテキストとしての原典――キケロを初めとするローマの偉大な文人たちの散文や詩――，さらには，のちに教養教育（liberal education）として知られるようになる教育理念もまた，この時代の産物であった[10]。

　それでは，ローマの教育思想とはどのようなものであったのか。ローマは先史時代から王政期ののち，共和政（B. C. 509-B. C. 27）に移行する。さらには，帝政（B. C. 24-394）に移行し，いわゆる五賢帝時代に最盛期を迎える。その後，

東西に分裂し，西ローマ帝国が成立するが，それは長く続かず，476年には長きにわたってヨーロッパを支配した大帝国は滅亡する。この長い時代を通して，一貫して支持されたのが，「よい人（vir bonus）」という理念であり，これは，とくに共和制の時代に，カトー（前234-前149）からキケロ（B. C. 106-B. C. 43）を経て，帝政期のクインティリアヌス（35ころ-95ころ）へと受け継がれていった。

ここで注意すべきことは，この「よい人（vir bonus）」という理念は，教育の人間主義でもなければ理想主義でもなく，むしろ教育の現実主義の系譜に属するものであったことである。「よい人（vir bonus）」とは現実のローマの社会のなかでは，「まず，自分自身の考えを十分に吟味し，人々の考えを十分に理解し，自然や人間や社会についての十分な知識をもち，それを慎重に整えて人々に訴える」[11]ことができる人である。『弁論家の教育』を著したクインティリアヌスはいう。弁論家とは，カトーの定義どおり「説得に長じたよい人」でなければならない。しかし，カトーがより重視したのは，「よい人」のほうである。「弁論家になろうとするものは，よい人でなければならない，というだけではなく，よい人でなければ，およそ弁論家になどなれっこない」[12]と。

ここでは，教育の人間主義においては，さらに深く追求されるべき「よいひと」という理想像が，明確な社会的ないし国家的関心から具体的なイメージとしての弁論家に置き換えられており，それが教育の目標として掲げられているのである。

## 第5節　キリスト教の成立

19世紀に活躍した英国の文明評論家，アーノルド（Matthew Arnold, 1822-1888）は，ヨーロッパの二大知的源流として，ヘレニズム（ヘレネス「ギリシア人」の思想と文化）とヘブライズムをあげた[13]。すなわち，ヨーロッパを知的な意味で創り上げていったのは，古代ギリシアの文化・思想とキリスト教であるとしたのである。

すでに述べたように，古代ギリシアの文化・思想はローマのなかに滔々と流

れ込み，ついには，ローマを完全に支配することになる。政治的にはローマ帝国は，1世紀末から2世紀後期にかけて，5人の皇帝の覇権による空前の繁栄と平和の時代を迎え，約200年間にわたるパクス・ロマーナ（ローマの平和）を謳歌することになった。しかしながら，2世紀末ころから政治的動乱を迎え，395年には，ローマを首都とする西ローマ帝国とコンスタンティノープルを首都とする東ローマ帝国とに分裂し，前者は476年にゲルマン民族によるいわゆる民族大移動，すなわちゲルマン人の侵略によって，後者は1453年にオスマン＝トルコの侵略によって滅亡することになる。ローマ帝国の分裂を決定的にしたのが，ローマにおけるキリスト教の拡大であった。それは，キリスト教が，最初，一地方，民族の宗教であったユダヤ教から始まり，やがて世界宗教としてのキリスト教の基盤が築かれ，幾多の迫害に耐え，ローマ帝国の事実上の国教としての地位を確保し（392年，テオドシウス帝の勅令による），さらに，全ヨーロッパを支配する1つの権力——もう1つの権力は，皇帝——となり，ついには，すべての人々の教導者として君臨するようになる過程であった。

　キリスト教は，イエス（前7?-後30?）によって広められた宗教であるが，もともとは，イエス自身が，ユダヤ教徒の家庭出身であることからもわかるように，一地域，部族の宗教であったユダヤ教と密接な関連をもっている。

　イエスが説いたのは福音，すなわち神のことばであった。この世の悪が滅ぼされ，この世を創造した全能の神が支配する世界，すなわち，神の国が到来する——この思想は，当時，被支配者として苦渋の生活を余儀なくされていたユダヤ教徒たちが待望したものであったが，イエスはそこに，愛の思想を説いた。「心を尽くし，精神を尽くし，思いを尽くして，あなたの神である主を愛しなさい。これが最も重要な第一の掟である。第二も，これと同じように重要である。隣人を自分のように愛しなさい」[14]と。このことばは現在では，キリスト教信仰者だけでなく，広く世界に膾炙した箴言であるが，イエスの教えの中心をなす思想である。

　イエスの死によって，キリスト教は大きな転換を迎えるにいたった。すなわち，「甦りの信仰（イエスが，死後，甦ることによって，自らが神の子であることを

示したと信じること)」を確信した使徒たちは，イエスこそ全人類の救主(キリスト)であるという信仰をえるにいたった。ここにおいて，一地域，部族の宗教であったユダヤ教は，世界宗教としての性格を獲得した。とりわけ，イエスの直弟子であったペテロ(?-67?)，ヨハネ(6?-100)，ヤコブ(?-62)をはじめとする十二使徒と呼ばれる人々は，この新しい信仰をもって布教に立ち上がったが，それは既存の宗教(ユダヤ教)と同時に，ローマ帝国という政治権力をも敵に回すことになり，布教の過程で次々と殉教者を出すことになった。この過程はまた，キリスト教が，神学として，その教義的な基盤を整えていった時代であり，この，キリスト教発展の基盤づくりに最大の貢献を行ったのがパウロ(5?〜64?)であった。「ただ信仰によってのみ義とせられる(人が救われるのは，ユダヤ教のように厳格な律法を遵守するのではなく，ただキリストを信じていっさいをゆだねることである)」という思想は，教義という点で，キリスト教をユダヤ教から解放しただけでなく，以降の多くの思想家に決定的な影響を与えた。

## 第6節　キリスト教の教育思想

　すでに確認したように，「子どもたちをよくしたい」というのが人々の願いであり，教育は，よく生きようとする人——とりわけ子ども——が，さらによく生きられるように働きかけることであるならば，その「よさ」をどのようにとらえるのかによって，古代ギリシア，ローマの時代に，教育の人間主義，理想主義，現実主義という3つの教育思想が形成された。では，キリスト教は，これにどのような影響をあたえたのか。

　中世というキリスト教が支配する時代においては，基本的に，「よさ」は「神」としてとらえられ，教育のあり方は，「よさ」である「神」と人間とのかかわりをどう考えるかという問題として考えられるようになったのである。

　「よさ」は「神」であるから，その「神」に向かって人間を形成することが教育であるとする考え方は，プラトンが提起した教育の理想主義と似ている。すなわち，人間の感覚の世界を越えたところに「よさそのもの」としてのイデアという絶対で普遍の性質の実在があるという考え方である。キリスト教的プ

ラトン主義と呼ばれるゆえんである。

　しかしながら，「神」は，「人間に対して進んで意思し，要求し，命令すらする性質の実在，つまり人格的な実在である」[15]という点で，イデアとは決定的に異なる。村井によれば，「『神』に向かって人間を形成するということは，同時に，『神』の代理人としてのだれか，たとえば教会が，『神』による命令や要求をもとに人間の日常生活を導くということにならないではいない。だが，これは，人間の現実生活を導くという点では，思想上の現実主義に似てくる。ただ，その現実を導くものが『神』とされる点で，同時に理想主義の性格をも帯びる」[16]のである。教会すなわち聖職者が指導する神の教えに従う訓練によって来世の至福を願うことが，人々にとって理想の生活となったのである。こうして，教会による教義の教授と儀式の訓練のために，教会による学校づくりが進められていく。

　では，中世における教育の人間主義はどうか。キリスト教史上，最大の思想家であるアウグスティヌス（354-430）はいう。「教え給うのは，われわれが指導を仰ぐあのかた，すなわちキリストなのであって，彼は人間の内面に住み給うもの，変わることなき神の力，また永遠の知恵であり給うかた」[17]であると。すなわち，キリストである神が，心の内面で教え給うのであり，親であれ教師であれ，また書物であれ，それらは，外から気づかせるものにすぎないのである。再び，村井によれば，「『神』が，そうした人や物やできごとを通して，子どもたちの中から，子どもたちへの恵みとして，それらを教えていると受けとられる」[18]のである。私たちはここに，人間の内部に，「よさ」を求める働きを認めたソクラテスによる教育の人間主義を——ただしここでは，「よさ」が「神」に置き換わっている——認めることができるのである。

## 第7節　ルネサンスから宗教改革へ

　ルネサンスから宗教改革への時代を教育思想史からみると，そこには，どのような特徴があるのか。私たちはそこに，「神中心」の思想と生活の統一性が崩れていく過程を認めることができよう[19]。それはまた，教育を考える際に，

「神」である以上に，人間への関心が復活していくことを意味した。すなわち，長きにわたる教会の支配のなかで抑圧されてきた「人間的なるもの」の希求であった。しかしながら，それは，教育における人間主義の全面的な復興を意味するものではなかった。

西ローマ帝国の崩壊（476年）によって，帝国が支えていた古典文化は急速に消滅し，以降，約1000年の長きにわたって忘却されていた。もっとも，帝国の故地であるイタリアには，(廃墟となった) 建造物をはじめとして，古典籍など古代ローマを想起させるものが多く残存していた。ここにおいて，一部の知識人たちが，古代ギリシア・ローマの文献の読解をとおしての古代文化の再現が企図される。彼らがめざしたものは，ギリシア・ローマの古典のなかに見いだされる「人間的なるもの」であった。それは，人間的価値を中心に，現世的・世俗的志向を示しており，キリスト教の神を中心にした，信仰と従順を特質とする中世的な人間観とは対照的であった。そこでは，古典文芸の教養，美的情操の教養，身体の強健と鍛練というような，それまでには考えられなかったより豊かな教育内容――いずれも，ギリシア・ローマの時代にあっては，理想的人間像に欠かせないもの――が，「人間的」として強調され受容されたのである[20]。ヴェルジェリオ（1349-1420），エラスムス（1466-1536），トマス・モーア（1478-1535）などの人文主義者たちがその担い手であった。

しかしながら，この「人間への関心の復活」は，人間のなかにある「よく生きよう」とする働きを認め，人間の一人ひとりが，その「よい」生き方を探究できるように働きかけるという意味での教育の人間主義とは明らかに異なっていた。むしろ，「中世の『神』中心の理想主義に対抗する，古典文芸的人間像を中心とする新しい理想主義の出現」[21]ということができるのである。

他方で，宗教改革では，それまでの教会が，さらには聖職者たちが教える神の原理に従った教育ではなく，「聖書に啓示された神」の原理に従った教育がめざされたのである。すなわち，教会によって独占されていた「よさ」としての神を教会から解放して，聖書を通しての人間との直接の関係におこうとしたのが，ルター（1483-1546）やカルヴァン（1509-1564）といった宗教改革者たち

であった。その結果，教育の目的は，まずは，すべての子どもが聖書を読むことができること——それによって，聖書のなかに神の声を直接聞くことができるようになること——という，いちじるしく世俗的現実的なところにおかれることになった。ルターはいう。すべての子どもたちを学校で教育すべきであり，そのため，親たちは子どもを学校に通わせる義務を，そしてすべての都市は学校設置の義務を負うべきであると[22]。この考え方は，「学校の思想」と呼ぶべきであり，それは，近代以降の公教育の思想と類似してはいたが，子どもへの教育の目的はあくまでも宣教のためであった（本書第2章参照）。

## 第8節　教育史における近代

　ヨーロッパは，16世紀後半から18世紀にかけて，徐々に近代と呼ばれる時代へと移行していく。その大きな契機となったのは三十年戦争（1618-1648）である。「ヨーロッパで最大かつ最後の宗教戦争」と定義される三十年戦争は，宗教が支配する時代が終わりつつあったことを象徴しているわけである。政治体制という点では，いわゆる絶対主義と呼ばれる体制が，ヨーロッパを諸々の国民国家へ分化させていく時代でもあった。

　この，近代という時代の特徴について，トインビー（Arnold Joseph Toynbee, 1889-1975）は，以下のように説明している。ルネサンスも宗教改革も，ヨーロッパ人の精神を外的権威に対する中世的な屈従から解放してはいなかった。なぜならば，ルネサンスは，キリスト教の知的権威を廃棄したが，これに替わって，ギリシア語とラテン語の古典が権威の座に坐ることになったからである。宗教改革は，カトリック教会の権威に代えて，聖書のテキストと地方的世俗的な政府の政権を権威の座に据えることになった。これに対して，「恐らく，17世紀のヨーロッパの革命の最も基本的で革命的な特色は，今や初めて，ヨーロッパ人の精神が，敢えて意識的意図的に独力で考えるようになったことであった」[23]。この，「敢えて意識的意図的に独力で考える」ことを可能にしたのは，究極的には教育の力によってであったといってよかろう。そしてそれはまた，人々の教育についての考え方そのものをも大きく変貌させたといってよい。す

なわち，近代における３つの革命——科学革命，政治革命，そして，経済革命（産業革命）——は，「人間，とりわけ，子どもをよりよくするための働きかけ」としての教育について，「よさ」についても「子ども」（あるいは「人間」）についても，新しい思想が加わることになったのである。

　近代はまた，私たちにとってきわめて身近な，学校という制度が普及し，さらには普遍化していく時代でもあった。すでに本書第２章でも確認したように，出身や性別を問わず，すべての子どもを「学校で」教育するという，いわば「学校の思想」は，宗教改革の時代に構想されたものであったが，それは，コメニウス（1592-1670）によって，より具体的なイメージとして描かれることになったのである。

## 第９節　ルソーと「子どもの発見」

　ヨーロッパの近代教育史のなかで，ルソー（1712-1778）の占める位置は特別な意味をもっている。何よりも彼は，それまでの教育のあり方に対して，これを根本から否定する革命的な宣言を行い，同時に，「子どもの発見」を行ったからである。

　彼は，近代市民革命のなかで最大のものとなったフランス革命の前夜ともいうべき時代に生きた思想家であった。やがては旧体制（アンシアン・レジーム）と呼ばれるようになるブルボン王朝と，貴族，聖職者を中心とした支配体制は，いまだ健在のようにみえたが，他方で，第三身分と呼ばれるようになる国民の大多数は，ルソーも提唱者の一人である啓蒙主義思想を背景に，着実にその力を蓄えていった。革命によって打倒されることになるルイ16世（1754-1793，その王妃はマリー・アントワネット）が即位したのは，ルソーが亡くなる少し前のことであった。

　ルソーの著書『エミール』は，次のことばで始まる。「創造主の手から出る時には，すべてよいものであるが，人間の手にかかるとそれらがみな例外なく悪いものになってゆく」[24]。ルソーのこの主張は，「自然」を重んじて，その「自然」のままに子どもを育てることを強調することによって，教育上でのあらゆ

る人為的な「よさ」による子どもへの働きかけを否定することを意味する。「植物は栽培によって，人間は教育によってつくられる」[25]とルソーがいうように，ここには，「植物モデル」の子ども観と「農耕モデル」の教育観が採用されている[26]。村井も指摘するように，ルソーは，当時のフランスにおいて支持されていた教育における「よさ」を否定しただけでなく，中世以来の「神」としての「よさ」についても，さらにそれ以前の時代の「よさ」のイメージについても否定し，それらがすべて，子どもを本当には「よくする」ことにはなっていない，としたのである。これらすべてに替えてルソーが主張したのは，子どもの生まれついての「自然」が「よい」のであり，したがって本当に「よく」するとは，その「自然」に従うことだ，としたのである[27]。

ルソーによれば，教育は，人間の器官と能力の内的発展を妨げることなく注意深く見守ること（ルソーはこれを「自然の教育」と呼んだ），「経験による学習（「事物の教育」）」と「人間の働きかけによる作用（「人間の教育」）」の三者が，「自然の教育」を中核としたうえで協力・調和することで行われるとしたのである。子どもが生まれながらにもっている自然の善性を，社会の制度や習慣によって墜落させることなしに守り育てていくことこそ教育の課題であるとされたのである。この思想は，教育についての人々の考え方の根本的な転換を要求するものであった。

それでは，ルソーが子どもを発見したとはどのような意味であったのか。

現在の私たちは，「幼児期」「少女の時代」あるいは「子ども時代」といったことばを当たり前のように使っている。これは，人間の一生のなかで，おとな（成人）とははっきりと区別される，特別な時期があるという認識を前提としている。独自なものの見方や感じ方をする存在としての子ども――ルソーほど，おとなとは区別される独自の存在としての子どもの価値と固有性を明確に述べた思想家はいなかった[28]。ルソーは子ども期を，「感覚的生の時期（生後12歳まで）」「事物の効用性を行為判断の基準とする時期（12〜15歳まで）」「道徳的生の段階すなわち理性に目覚める時期」の３期に分けた。この区分は奇しくも，現代日本の学校制度上の区分と一致するが，「時をかせぐのではなく，時を失

えという原則」[29]が,すなわち,無理に働きかけて成長を急がせるのではなく,それぞれの時期にそれぞれの固有な完成と成熟をみる「自然の教育」が必要であるとした。

　ルソーの教育思想は,教育の人間主義,理想主義,現実主義のどれにあてはまるのか。人間(とりわけ子ども)の善性を認め,親や教師による無理な働きかけを排して,人間の器官と能力の内的発展を育むという点では,明らかに教育の現実主義ではない。むしろその「自然」は,既存の社会や文化の人為性から自由な,いわば「反文化の理想」としての「自然」である。この点で,ルソーの教育思想は,教育の理想主義の流れに属するものとみることができよう。しかしながら,この,ルソーによる教育の理想主義において,「自然」に従うということは,反文化をめざすことであるから,まったく教育をしないか,さもなければ,すべてを子どもの自由に任せるかというジレンマに陥ることになる[30]。実際,その後の教育史において,一般的に「子ども中心主義」とされる教育思想への批判において,しばしばその思想の創始者としてルソーの名前が引き合いに出されることになるのである。

## 第10節　ペスタロッチと「よさを意欲する」子ども

　ペスタロッチ(1746-1827)は,日本において,第二次世界大戦以前の時代,師範教育のなかでただ一人,「教聖(教育の聖者)」と呼ばれていた[31]。ペスタロッチの生きた18世紀後半から19世紀初頭の時代,ヨーロッパは,政治的・経済的に激動の時代であり,一方では,フランス革命からナポレオンの台頭と失脚,他方では,イギリスで開始された産業革命が全ヨーロッパに波及し,ペスタロッチの故国スイスでも,その影響を受けるようになっていく。このような急激かつ大規模な社会変動に翻弄される民衆の救済を模索したペスタロッチは,いくどかの人生の転機を経て,最終的には「教育による社会改革」を志すようになる。「シュタンツでは孤児の父,ブルクドルフとミュンヒェンブーフゼーでは新しい小学校の基礎をつくり,イヴェルドンでは人類の教育者になった」とは,ペスタロッチの墓碑銘に刻まれた一節であるが,その在命中からヨ

ーロッパさらにはアメリカ合衆国にまで名前を知られた不世出の教育実践家であった。シュタンツは，1799年，ペスタロッチの最初の教育事業となった孤児院（おもに，ナポレオン戦争によって孤児となった子どもたちを収容した）が設立された地であるが，そのとき彼はすでに50代初めに達していた。それから82歳で亡くなるまで，ペスタロッチはスイスの各地を転々としながら，教育事業に身を捧げることになる。

ペスタロッチの教育思想はルソーの強い影響のもとで成立した。しかし，その人間，とりわけ子どものとらえ方において，ルソーとは決定的に異なる。ペスタロッチはいう。

> 人間は善であり，善を求めています。人間が善を行うときには，ひたすら，幸福をも求めているのです。そして，もし彼が悪であるならば，それは人々が善に志す彼の途を塞いでしまったからなのです[32]。

ルソーとの決定的なちがいは，人間は「生れもってよい」というのではなく，むしろ，「よさを求めている（will das Gute）」というところである。ペスタロッチはこれをさらに，「よさへの意欲（Wollen），知欲（Kennen），能力（Können）」ということばで説明する。人間はもともと，心（意欲）も頭（知欲）も手足（能力）も，よさに向けての独自の発達への衝動と発達の法則が備わっている。これら3つを，人間に内在する法則に従って合自然的に発達させ調和へと形成すること，これが教育――ペスタロッチは教育ということばを使わず，基礎陶冶（Elementarbildung）と呼んだ――なのである[33]。「人間に内在する高貴な素質を純粋に刺激し発達させたいという彼の願い，そのために素直な心情から知恵にいたる道を，家庭の居間での母と子の安らぎと親しみから求めるべきだという主張，それが『自然』に従う，もっとも優れた教育にほかならない」[34]――これが，ペスタロッチが到達した信念であり，それに基づいて，彼は，数々のすぐれた教育実践を行っていったのである。ペスタロッチの後世への思想的な影響は広範囲にわたるが，なかでもフレーベル（1782-1852，ドイツの教

育改革者で幼稚園（kindergarten）を創設），さらにはヘルバルト（1776-1841，ドイツの哲学者・教育学者。史上最初に科学的教育学の構想を公表）をあげることができよう。

　ペスタロッチの教育思想は，教育の人間主義の久々の全面的展開を示すものと評価しうる。何よりも，子どものなかに「よく生きよう」とする力を認め，その力を信じることを教育的な働きかけの前提としているからである。

　ただし，ペスタロッチによる教育の人間主義の思想は，その後の時代に必ずしも正統に継承されたとはいいがたい。19世紀の初頭，ヨーロッパではとくにドイツを中心に，近代学校制度が徐々にかたちを整えられていく時代であり，そこでは，教育は何よりも学校教育として，「すべての子どもたちに，決められた知識・技術を教えていく」ことがめざされた。ペスタロッチは，基礎陶冶あるいは直観教授という教授法を開発した人物として評価されることになり，そこでは，すでにみた「よさへの意欲，知欲，能力」をもつ子どもという，彼のすぐれた人間洞察が欠落させられていったのである[35]。

## 第11節　デューイと経験主義の教育

　デューイ（1859-1952）は，19世紀半ばから20世紀の半ばまで生きた思想家である。約100年にも及ぶこの期間に，彼の故国であるアメリカ合衆国をも含め，世界の教育は，今日の私たちが知っているような，学校化された教育の時代（第2章参照）を迎える。教育思想史の流れからは，デューイは，ペスタロッチの，あるいはヘルバルトの構想を受け継ぎつつ，かつ，アメリカ合衆国というヨーロッパとは異なる歴史・文化の土壌のなかで，独自の教育思想を構築していったのである[36]。

　デューイは，19世紀から20世紀への世紀転換期に，彼がいうところの「新教育」，すなわち20世紀の教育を，それまでの19世紀的な「旧教育」と対比させた。それが，彼の初期の著作『学校と社会』（1899年）であった。旧教育は，子どもではなく教師と教科書などに力点がおかれたものであり，そのカリキュラムは静的で変化がなく子ども自身の本能や活動を無視したものであった。こ

れに対して「新教育」は,「子どもが太陽となり, その周囲を教育の諸々のいとなみが回転する」。デューイはこれを,「教育上のコペルニクス的転回」であると, 誇らしげに宣言したのである[37]。

　デューイは, 当時のアメリカ社会が農業社会から工業社会へと変貌を遂げつつあるなかで, 家庭と地域社会がもっていた伝統的な教育の機能が破壊されてしまったことを指摘する。すなわち, 産業革命以前の時代, 子どもたちは,「家庭内の糸紡ぎや機織り, 製材所・製粉所・桶屋の仕事場」などとじかに接触することで「観察力・考察力・構成的な想像力・論理的思考力」を養われてきたのである。デューイは, この失われた教育の機能を学校が果たさねばならないと説いたのである。デューイがいう「観察力・考察力・構成的な想像力・論理的思考力」は, むろん, 学校教育が, 子どもたちに身につけさせようとするものである。この場合, それらは, 各専門教科をとおして, より効率的に——一例をあげれば, 理科ではとくに観察力を, といったように——身につくものとされているわけである。だが, デューイはそこに重要な見落としがあると考えたのである。産業革命以前の時代, 糸は店で購入するのではなく家庭内で製作されていた。綿花からとりだされた綿(わた)を綿打ちし, それを糸車にかけることで, 綿の繊維が撚り合わされて糸となるわけで, これを糸紡ぎといったのである。この一連の化学的・物理的過程——たとえば, 綿そのものは簡単にちぎれるものであるが, 撚り合わされて糸となることで切れなくなる——を, 子どもたちは, 家庭内でつぶさに観察し, かつ, それを手伝っていた。手伝う過程で, 子どもたちは, 親や兄弟姉妹と1つの仕事を完成させるためには何が必要なのか——たとえば, 協調の精神や思いやりなど——をも学んでいた。このように行われる学習と, 学校で, 理科や社会, あるいは道徳といったように各教科に分かれて行われる学習との決定的なちがいとは何か。それこそが, 学習が,「生活での経験を通して, また, 生活での経験との関連において行われる」ということであった。

　デューイは, この,「子どもの生活での経験」と教育との関係を,『民主主義と教育』においてさらに理論的に進化させた。デューイは, ルソーがそうであ

ったように，教育についての私たちのそれまでの考え方を根本的に否定した。すなわち，「教育の固定した目的を認めない」というものであった。デューイによれば，教育は成長することとまったく一体のものであって，それ自体を越えるどのような目的ももっていない——成長がめざすのはより以上の成長である——と主張する。そのうえで，教育の過程は，「経験が，連続的に再編成，改造，変形されていく過程である」としたのである[38]。

では，すべての人々が，「経験を，連続的に再編成，改造，変形することが可能なる」，すなわち，つねに，より以上の成長が可能になるのは，どのような社会なのか。デューイはそれを民主主義としたのである。「民主主義は単なる政治形態でなく，それ以上のものである。つまり，それは，まず第一に，共同生活の一様式，連帯的な共同経験の一様式なのである」[39]。すなわち，まずは子どもたちに，このような「連帯的な共同経験」を保証すれば，それは子どもたちをして，不断の成長を可能にするのであるから，今度はその子どもたちが，すべての人々のさらなる成長を可能にするような社会体制（民主主義）を創り上げていくことになるわけである[40]。ここでは，国家や社会にとっての「よさ」をあらかじめ決定されたものとして掲げないという，「かつてソクラテスによって身をもって生きられた教育上の人間主義の思想が，こうして，今や教育上の現実主義や理想主義を克服する意図をもって，しかも社会のあり方との新しい関連をもって，ひさしぶりにはっきりした主張として出現している」[41]のである。

## 注）

1 ) Alan Bullock. *The Humanist Tradition in the West.* (Norton, 1985).
2 ) 中国語の「教育」ということばもまた，歴史的には紀元前4世紀後半に，『孟子』のなかで初めて出現することばであった。
3 )「ソフィスト」には詭弁家という意味があることからもわかるように，これらの史上最初の教師たちは，人を説得するためのレトリックという説得の技法 (art) を教えていた——それが時には，黒を白と言いくるめる詭弁術になった——というのが通説であったが，これはむしろ，プラトンの対話編に出てくるソクラテスの論敵としてのソフィストの描き方であり，近年の研究は，新たなソフィスト像を提示しようとしている。たとえば，Andrew Ford. "Sophists without Rhetoric: The Arts of Speech in Fifth-Century

Athens," Yun Lee Too (Ed.). *Education In Greek And Roman Antiquity*. (Brill, 2001), 85-109.
4) アリストパネス (B. C. 446?-B. C. 385?) の『雲』(B. C. 423) は，劇の形を借りながら，父（旧教育世代）と子（新教育世代）の対立を描いている。アリストパネース／高津春繁訳『雲』岩波書店，1977 年。
5) 村井実『教育思想（上）発生とその展開』東洋館出版社，1993 年，18-19 頁。
6) 同上，43 頁。
7) プラトン『国家』516b-c（村井実『原典による教育学の歩み』講談社，1974 年，140-141 頁）。
8) 村井，前掲，49 頁。
9) このことばは，ローマの詩人ホラティウス (B. C. 65-B. C. 8) の『書簡詩』のなかにある。"Graecia capta ferum victorem cepit et artis intulit agresti Latio. Horace, *Epistles* 2.1.156. A. G. Woodhead. *The Greeks in the West* (Praeger, 1962), 161.
10) W. Martin Bloomer. *The School of Rome: Latin Studies and the Origins of Liberal Education* (University of California Press, 2011), 161-172.
11) 村井『原典』53-54 頁。
12) クインティリアヌス，『弁論家の教育』（村井『原典』59 頁）Bloomer, *The School of Rome*, 65.
13) Matthew Arnold. *Culture and Anarchy* (Cambridge University Press, 1932), Chapter IV. アーノルドのことばでは，「ヘブライズムとヘレニズム——これらふたつの影響力の間を，私たちの（ヨーロッパという——引用者注）世界は動いている」としている。Arnold. *Culture and Anarchy*, 130.
14) マタイによる福音書 22 章 37-39 節。ここでは共同訳に従う。
15) 村井『教育思想（上）』90 頁。
16) 同上。
17) アウグスティヌス／石井次郎・三上茂訳『アウグスティヌス教師論』明治図書出版，1981 年，76 頁。
18) 村井『教育思想（上）』88 頁。
19) 田中克佳編『教育史』川島書店，1987 年，68 頁。
20) 村井『教育思想（上）』113 頁。
21) 同上，113-114 頁。
22) 『ドイツ国の全都市の市参事会員に対するキリスト教学校の設立維持に関する勧告』1524 年。
23) Arnold J. Toynbee. *A Study of History Vol XII: Reconsiderations* (Oxford University Press, 1961), 530.
24) ルソー『エミール』第 1 編（村井『原典』243 頁）。
25) 同上（村井『原典』244 頁）。
26) 村井『教育思想（下）近代からの歩み』28-29 頁。
27) 同上，27 頁。
28) アリエスは 1960 年に発表した『アンシャンレジーム期の子供と家族生活』において，ヨーロッパの歴史において，人々がこのような認識を共有するようになるのは 16 世紀

以降，近代になってからであり，それ以前は，「子ども」ではなく，いわば「小型のおとな」が存在したとした。この見解は，多くの歴史家に決定的な影響を与えたが，現在ではこれを修正する多くの業績があらわれている。その一人の研究者は，アリエスが言うような「子ども期（childhood）」のモデルが，「ただ一つしかなかったということはない」のであり，経済や人口動態，階級やジェンダーが大きな影響をあたえ，それぞれの子ども期をつくり出したのである。Joanne M. Ferraro. "Childhood in Medieval and Early Modern Times," Paula S. Fass (Ed). *The Routledge History of Childhood in the Western World* (Routledge, 2013), 99-120. さらには，クラッセンが指摘するように，アリエス以降の，比較・学際的アプローチによって生み出された研究成果は，「たとえ大多数とは言えないにせよ多くの親たちは，子どもたちを多大な愛情を持って眺めており，たとえば子どもたちと死別しなければならなかった場合，深い悲しみを表明していたことを示していた」。クラッセンは，「アリエスが彼の著名な『アンシャンレジーム期の子供と家族生活』研究で確立し，広く知られるようになったパラダイムは，今や棄却できる」とした。Albrecht Classen. "Philippe Aries and the Consequences: History of Childhood, Family Relations, and Personal Emotions: Where do we stand today?" Albrecht Classen (Ed.). *Childhood in the Middle Ages and the Renaissance: The Results of a Paradigm Shift in the History of Mentality* (Walter de Gruyter, 2005), 46-47.

29) ルソー，前掲（村井『原典』251 頁）。
30) 村井『教育思想（下）』108-109 頁。
31) 高野兼吉『西洋教育史』創価大学出版会，1984 年。しかしながら，このことは，戦前の日本の師範教育が，ペスタロッチの教育思想を具現化したものであることを意味しない。本節でも明らかにするように，ペスタロッチの教育思想を教育の人間主義であるととらえた場合，師範教育とは，（個々の教師たちの願望や努力にもかかわらず）教育の現実主義に貫かれていたわけであり，とくに日本のそれは，教育の国家主義と呼ぶべき思想に染められていたのであるから，事実は，ペスタロッチの思想とは似ても似つかぬものであったと言ってよい。第二次世界大戦前のヨーロッパ，アメリカ合衆国の師範教育についても，基本的には同様ということができよう。Daniel Tröhler. *Pestalozzi and the Educationalization of the World* (Palgrave Macmillan, 2013), 2-4.
32) *Wie Gertrud ihre Kinder lehrt* Kapitel 10. Projekt Gutenberg. http://gutenberg.spiegel.de/buch/wie-gertrud-ihre-kinder-lehrt-504/10. (Accessed November 23, 2015).
33) 舟山俊明「近代の教育思想」田中編『教育史』105-106 頁。
34) 村井『教育思想（下）』86 頁。
35) 19 世紀後半になって近代学校制度をつくり上げていった日本でも，明治初期の師範学校においてペスタロッチ主義に基づく教育が行われていった。
36) Jay Martin. *Education of John Dewey: A Biography* (Columbia University Press, 2002) 68-73. 本書はデューイの最新のバイオグラフィであるが，マーティンは，デューイが，哲学的に何をヨーロッパから受け継いだのか——とくに，ヘーゲル哲学がどのようにデューイに継承されたのか——を明らかにしている。
37) デューイ／市村尚久訳『学校と社会・子どもとカリキュラム』講談社，1998 年。
38) デューイ／松野安雄訳『民主主義と教育』岩波書店，1975 年。
39) 同上。

40) なお，以上の説明では，子どもを主語にしているが，デューイの議論は，当然のことながら，子どもだけでなく社会のすべての人々（おとな）をも対象にしている。彼はいう。「正常な成人も，同様に成長しつつあるのである。両者の間の相違は，成長と不成長の相違ではなくて，異なった条件に適した成長の様式の相違なのである。特殊な科学上，経済上の，問題の処理に向けられた能力の発達に関しては，子どもは成人のように成長しつづけるべきだ，といってよいだろう。また，共感的な好奇心や，偏見のない感じやすさや，心の素直に関しては，成人は子どものように成長しつづけるべきだ，といってよいだろう。どちらの主張も同様に正しいのである」と。同上，135頁。
41) 村井『教育思想（下）』155頁。

# 第4章　戦後日本の教育改革概略史

　私たち国民・住民がわが国の教育の実情をさまざまに知り，今後の教育のあるべき姿を考えるとき，必須の前提作業になるのが歴史的経緯の習得である。現在は，単なる時間的経過で存在するものではなく，その時々の事情が積み重ねられながら構成されてきているからである。ただし，本章は，「戦後日本の教育改革」の「概略史」に限って，構成するものである。

　ここで，「戦後」とは，第二次世界大戦後のことをいう。具体的には，1945（昭和20）年8月14日ポツダム宣言の受諾，翌15日終戦から，現在までである。「教育改革」の内容については，教育行政機関としての内閣・文部科学省（旧文部省を含む）・地方公共団体（＝地方自治体。教育委員会を含む）が，政治状況，経済・産業界の要望，マスコミ報道などの動向を参考にしつつ作成してきた教育に関する施策（教育政策・教育計画・教育法制化などを含む）とその実施状況のことである。

## 第1節　戦後占領下における教育改革

### 1.「ポツダム宣言」の受諾

　連合国軍の「ポツダム宣言」(1945年7月26日)を日本国政府は1945年8月14日に受諾し，翌15日に天皇陛下の玉音放送により，終戦を迎えた。これにより，連合国軍占領の下での教育改革が始まった。「ポツダム宣言」は，日本国への戦後処理方針と日本国軍隊の無条件降伏を定めたもので，占領施策の最高規範であった。とりわけ注目すべきは，教育施策における次の2点である[1]。

　① 軍国主義の否定・排除（全13か条のうちの第6か条目など）
　②「日本国政府ハ日本国国民ノ間ニ於ケル民主主義的傾向ノ復活強化ニ対スル

一切ノ障礙ヲ除去スヘシ言論，宗教及思想ノ自由並ニ基本的人権ノ尊重ハ確立セラルヘシ」(第10か条目の後半部分)

これらが占領下の教育施策の基本として実施されていった。

ここで，とくに注目すべき点を示す。占領下おける具体的な教育施策は，GHQ(連合国軍総司令部)の施策と日本国政府の施策が展開，実施されていったが，大事な注目点は，上掲②の，「日本国国民ノ間ニ於ケル民主主義的傾向ノ復活強化」(the revival and strengthening of democratic tendencies among the Japanese people[2])における「復活」という指摘である。つまり，ポツダム宣言は，具体的には，戦前のわが国においても「民主主義的傾向」が存在していたことを前提にしているのである。このことは，その後の教育改革を理解していくうえで注目すべき視点である。

参考までに，言及された戦前における「民主主義的傾向」の教育に関するもので直接関係すると思われる事例を列挙する(あくまでも参考例である)。

福澤諭吉の思想と実践，自由民権運動，八大教育主張，沢柳政太郎の活動，北方性教育運動，郷土科教育運動，生活綴方運動，牧口常三郎の創価教育学説と実践など

以上からの教訓として，戦前に対する事柄をすべて否定する("全否定する")のではなく，客観的中立的に認識することが根本であることが結論できる。

## 2．GHQの教育施策(1945年8月～1946年4月)

文部省は，1945年8月から9月にかけて，学校教練・戦時体練・学校防空関係・学徒動員の廃止を指示するとともに，授業再開，超国家主義・軍国主義・国家神道を内容に掲げていた教科書の墨塗りなどによる使用制限を指示していった。9月15日には，前田多門文部大臣は「新日本建設ノ教育方針」を発表し，「平和国家ノ建設ヲ目途」としていることを明らかにした。しかし，

この平和国家建設の内容は,「今後ノ教育ハ益々国体ノ護持ニ努ムルト共ニ」とされていたように,超国家主義・軍国主義の徹底した払拭とはならなかった。GHQは,日本側のこのような終戦処理や再建のための教育施策を監視しながらも,国体護持の方針や改革の遅れに対して,ポツダム宣言の趣旨を徹底すべく,いわゆる四大指令を矢継ぎ早に発令していった。

　これらは,文部省などを介して徹底化が図られた。しかし,否定的・禁止的措置であったため,GHQは,積極的・具体的な教育施策づくりのため,アメリカ本国に教育使節団の派遣を要請することになった。教育関係者合計27名からなる使節団が,1946年3月初めに訪日し,各種の調査・検討を経て,3月末にマッカーサーGHQ最高司令官に「米国教育使節団報告書」を提出した。4月7日公表され,日本側の戦後教育改革の基本的総合的な施策として採用され,実施が図られることになった。この報告書は,その後の日本の教育施策において決定的な影響を与えることになる。報告書の細かな内容は省略するが,その基本的原理は,自由と民主主義を基調にした教育の推進であった。アメリカの教育・行政制度,J. デューイの経験主義教育論などが反映された。これを受けて,内閣に教育刷新委員会が設置(1946年8月10日)され,ここを中心に,具体的な教育施策が作成されていくようになる。

## 3. 戦後教育制度の基本が確立(1947年～1949年)

　教育刷新委員会の教育改革施策づくりの結果は,教育基本法の公布・施行(1947年3月31日)をはじめ,学校教育法(同年3月31日公布・4月1日施行。「法律に定める学校」の具体的定義など),教育委員会法(1948年旧法。公選制教育委

---

**用語チェック**　GHQの四大指令　①10月22日「日本教育制度ニ対スル管理政策ニ関スル件」(＝ポツダム宣言の主旨の教育における方針),②10月30日「教員及ビ教育関係官ノ調査,除外,認可ニ関スル件」(＝適格審査の方法などを指示),③12月15日「国家神道,神社神道ニ対スル政府ノ保証,支援,保全,監督並ニ弘布ノ廃止ニ関スル件」(＝国家神道の公教育からの排除といわゆる政教分離の指令),④12月31日「修身,日本歴史及ビ地理停止ニ関スル件」(＝危険な,または好ましくない思想・内容を有していた3教科の停止措置)であった。

員会のことを規定），教育公務員特例法（1949年），社会教育法（1949年），私立学校法（1949年）など法制化されることによって具体化された。なお，この間，法律などの整備とともに，1947年学習指導要領の文部省発行（法的拘束力のない指導書的なもの）を参考にしながら，学校現場では"新教育"実践が盛んに行われていった。いわゆる子ども中心の教育活動（＝学習指導）である。

## 第2節　朝鮮戦争の勃発と教育再編の動向

　1950（昭和25）年6月25日，朝鮮戦争勃発に伴ういわゆる"戦争特需"，産業・経済界の復興が軌道に乗り出し，以後，教育界への人材要請とそれに見合う学制再編・教育再編の要望が相次いで出されていった。折しも，第二次の米国教育使節団が来日し（8月27日），占領下教育改革の進展状況をチェックするとともに，高等教育の質の向上，道徳教育の振興などの新たな課題を提起した（9月22日報告書をGHQに提出）。なかでも，世間を驚愕させたのは，「極東において共産主義に対抗する最大の武器の一つは，日本の啓発された選挙民である」（「社会教育」の節）の文章である。このような国内外の情勢のなか，教育施策の特徴として次の2点を示すことができる。

　① 第一には，産業・経済界に役立つ人材の輩出，そのために労働能力の育成，具体的には学力と資質・適性の向上，② 第二には，共産主義・社会主義教育・活動に対する取り締まり・警戒，教育の中立性の確保（たとえば，1953年山口県小学生・中学生日記文集事件などを契機に，翌年6月3日の国会で，義務教育諸学校における教育の政治的中立の確保に関する臨時措置法の制定，教育公務員特例法の一部改正が成立）をめざすようになった。

　①は，他面からみれば，概論的であるが，旧教育の復活ともいえる。つまり，教師中心主義，"教科書を教える授業"である。戦後新教育の子ども中心主義・"教科書で教える授業"（1947年学習指導要領に典型）の後退である。教育・学術界の一部からは，"教育の反動化"と呼ばれた。ただし，学習指導要領をみるかぎり，1951年学習指導要領においてはそれほど明確ではなく，明確になるのは**1958年小学校学習指導要領**・中学校学習指導要領，1960年高等学校学

習指導要領からである。
　②の背景になったのは，1949年10月1日，中華人民共和国の成立，いわゆる中国における共産主義革命の成功に対しての米国や日本政府の懸念の現れであり，そのうえでの朝鮮戦争であった。米国や日本政府からすれば，日本の教育界の一部にみられる共産主義・社会主義的傾向（組合活動や学術界の状況）を危うく考えたのである。

## 第3節　国民所得倍増計画と"人づくり"施策

　1950年代後半になると，産業教育振興法（1951年6月11日公布。中学校～大学対象），理科教育振興法（1953年8月8日公布。小学校～高等学校対象）に象徴されるように，産業・経済界に貢献できる人材の輩出が学校教育に求められていった。すなわち，この2つの法律は，学校における産業や科学技術にかかわる授業などにおける教育費用を国が補助するというものである。たとえば，職業技術に要する施設・設備・機械・工具類，理科教育で使う施設・設備・薬品・器具類などに対して，申請に応じて国から補助金が学校に給付されるというものである（国公私立学校が対象。両法とも現在も存続している）。
　このような産業・経済界における社会的背景を受け，教育界にとって決定的な影響を受けるようになるのが次の政治的施策であった。
　1960年，池田勇人内閣による「国民所得倍増計画」（11月1日，内閣・経済審議会の答申）が打ち出され，それに見合う"人づくり"施策が教育計画の名の下で国と地方とで推進されていった。とくに，科学技術者の育成を旗印に，全国一斉学力調査（通称"学力テスト"）の実施（1961年度から），教育投資論（教育を投資の視点から考える理論）と"マンパワー・ポリシー"（1963年1月14日，内閣・経済審議会の答申「経済発展における人的能力開発の課題と対策」）によって，

> 用語チェック　**1958年学習指導要領**　ここからいわゆる法的拘束力が付与されて現在に及んでいる。1958年，「教育課程の基準として文部大臣が別に公示する小学校学習指導要領によるものとする」ことが学校教育法施行規則に法定化された（中学校等に準用）。同時に，教育課程の1領域として独立した特設「道徳」が小学校学習指導要領・中学校学習指導要領の発行に合わせて，学校教育法施行規則の改正により導入された。

能力主義，科学技術教育の推進，高等学校カリキュラムの多様化（理数系の充実），高等専門学校の創設（1963 年度），大学における理数系学部・学科の増設などが図られた。

　他方，教育界自体にも大きな変化があった。1957 年の"スプートニク・ショック"による教育改革の進展である。こういう事情である。1957 年 10 月 4 日，旧ソ連が世界で初めて人工衛星「スプートニク1号」の打ち上げに成功したことが，自由主義国家群にとって大変な衝撃（ショック）を与えたのである。というのは，それまでは，旧ソ連などの社会主義国家群よりもアメリカを代表に自由主義国家群のほうが科学技術レベルがすぐれていると思われていたこととまったく反対に，旧ソ連のほうがすぐれていたということが厳然と示されたかたちになったのである。参考までに，約2カ月後の米国の人工衛星打ち上げは失敗している。

　このショックを受け，アメリカは，国家の威信をかけて科学技術教育のレベル・アップに乗り出した。いわゆる"ソ連に追いつき，追い越せ"（マスコミ用語）である。教育界では，ブルーナー（J.S.Bruner）の学説に代表される学問中心的教育課程の創出である。それまでの経験主義的・子ども中心主義的な教育ではなく，系統的構造的な知識・文化を重視する系統教授法に基礎をおく教育である。とくに，強調され再編されていったのが，理科，数学などの科学技術を中心とした教育であった。

　この影響としてわが国にも及んだのが，いわゆる科学技術教育の推進である。小学校において九九の算を3年次からでなく2年次3学期から教える，高等数学（順列・組み合わせ，確率など）の基礎を教える，物理・化学の重視などの教育内容が 1967 年版小学校学習指導要領，1968 年版中学校学習指導要領，1969 年版高等学校学習指導要領に反映された。

　しかし，このような産業・経済優先の教育改革やそのための科学技術教育中心の教育改革に対する反省・批判が 1960 年代に入ると，同時進行的に起きていった。

## 第4節　人間性の回復をめざす教育施策

　国民所得倍増計画に伴う種々の教育改革の推進は成功を収めたかにみえたが，実際は種々の弊害・問題が生じてきた。すなわち，1960年代初めから，大学紛争（1970年ごろにほぼ終結），受験競争の激化，"落ちこぼれ"現象（系統教授法に伴う高度な教育内容などを習得できない"七・五・三教育"と呼ばれた児童・生徒の続出。小学校で3割，中学校で5割，高等学校で7割の子どもが落ちこぼれているというマスコミ情報），青少年犯罪の低年齢化，"校内暴力"の激化（これは1970年代後半から1980年代半ばにおいて全国の中学校・高等学校において生起した）などの教育問題が種々に指摘され，人間性を大事にする教育の大切さが徐々に主張されるようになっていった。その一例が，文部省・中央教育審議会の中間答申「期待される人間像」（1966年）である。しかし，その内容があまりにも徳育的な強調や象徴天皇制の強調だとしてマスコミ界・教育界などから強い批判が示され，結果的には最終答申（1971年6月）には盛られなかった。

　ほかの例としては，生涯教育論を基調にした教育施策の登場である。「生涯教育」は，1965年ユネスコの第3回成人教育推進国際委員会において，フランスのポール・ラングラン（Paul Lengrand）が初めて提唱したものである。これを原理的にふまえようとした文部省・社会教育審議会（当時）の答申「急激な社会構造の変化に対処する社会教育のあり方について」（1971年4月），文部省・中央教育審議会の答申「今後における学校教育の総合的な拡充整備のための基本的施策について」（1971年6月）が注目された。しかし，一般論的になるが，その生涯教育施策の具体化は部分的な状況であった。

　このため文部省は，1977年小学校学習指導要領・中学校学習指導要領の発行を機に学校教育法施行規則を改正して，1週間に1単位時間（小学校では45分間，中学校では50分間）の学校裁量時間（いわゆる"ゆとり"の時間）を導入するとともに，各教科内容の精選，授業時数の削減などを行った。しかし，現実の種々の教育問題に十分に対処しきれていない状況のなかで，"臨教審路線"の教育施策が出されたのである。

## 第5節 "臨教審路線"の策定

　中曽根康弘自民党内閣の発足（1982年11月27日）後，かねてからの構想であった教育改革の着手にあたって，中曽根総理は，文化と教育に関する懇談会（1983年6月～1984年3月）を設置し，その改革基本理念の作成を求めた。そのメンバーは，井深大（座長：ソニー名誉会長）・松下幸之助（松下電器産業創業者）・中内㓛（ダイエー会長）・梅原猛（京都芸術大学総長）・山本七平（作家・評論家）らである。この懇談会の「提言」（1984年3月22日）を参考にしながらつくられたのが，臨時教育審議会（1984年8月～1987年8月）における施策，いわゆる"臨教審路線"である。

　具体的には，第4次最終答申（1987年8月）で示された21世紀のための改革の柱として，① 個性重視の原則，② 生涯学習体系への移行，③ 変化への対応（国際社会への貢献・情報化への対応）が示された。具体的な施策は，共通テストの創設，高等専修学校修了者への大学入学資格付与，6年制中等学校・単位制高等学校の創設，小学校低学年教科の統合（「生活科」），高等学校家庭科の男女共修化，初任者研修の創設，教育職員免許の改正（専修・一種・二種免許状へ）など数々のものがあった。

　臨教審が打ち出した21世紀のための教育改革の柱は，その後の内閣総理大臣の諮問機関に受け継がれていった。

---

**用語チェック　臨教審以後の内閣総理大臣の諮問機関**　① 教育改革国民会議（2000～2001年，小渕恵三内閣・森喜朗内閣）。2000年12月答申「教育を変える17の提案」（教育基本法の「見直し」＝いわゆる改正等を提言した）。② 教育再生会議（2006～2008年，安倍晋三内閣・福田康夫内閣）。ゆとり教育の見直し，徳育の教科化などを提言した。③ 教育再生懇談会（2008～2009年，麻生太郎内閣）。小・中学生の携帯電話は原則学校に持込み禁止，小学校英語の必修化，教科書のページ数の増加，などを提言した。④ 教育再生実行会議（2013～2018年現在，安倍晋三内閣）。道徳の教科化，いじめ防止対策法制化，教育委員会改革，小中一貫教育の推進，幼児教育の無償化，「チーム学校」づくりなどを提言した。

## 第6節　教育基本法の改正

　戦後の教育の根本原理・理念は，日本国憲法と教育基本法によって示されてきた。しかし，戦後改革から50年を迎えるころになって，その歴史的経過や社会状況・教育界の大きな変化を経るなかで，一気に教育基本法改正の必要を主張する中曽根内閣の方針が出てきた。中曽根総理は，臨時教育審議会（前掲）を設置して，諸々の教育施策を審議してもらうことを構想したのであるが，その1つとして教育基本法の改正を企図していた。しかし，当時の野党（社会党・公明党・共産党など）の反対のため議論すること自体ができなかった（臨時教育審議会設置法案の国会審議における野党の反対により，臨時教育審議会設置法案に「教育基本法改正」に関することを盛り込むことが否定されたのである）。

　じつは，教育基本法改正の提議については，旧教育基本法（1947年3月31日）の規定内容の不備や欠点などを指摘し，改正すべきであるという議論が，すでに1950年代半ばから，それも文部大臣から表明されてきていた（1956年清瀬一郎文部大臣，1960年荒木萬壽男文部大臣など）のである。共通している論調は，教育基本法の規定内容は，わが国の歴史的文化・伝統の尊重，公共心の育成，宗教心の涵養などが十分に規定されているとは限らないというものであった。しかし，その時々において，教員組合，学術界，マスコミ・世論からの批判があって教育基本法改正は具体化されることがなかった。

　その後の内閣において具体的に議論され提案されたのが，前掲の教育改革国民会議において（2000年）である。その後，国会における勢力などの政治的背景のなかで，2006年12月15日，臨時国会・安倍晋三内閣時において教育基本法の改正が成立した（公布・施行は同月22日）。改正の主な特徴は，次のとおりである。

①旧教育基本法の基本原理は，継承された。
②「教育の目標」（第2条）を新設し，"愛国心"（「我が国と郷土を愛する」）規定などが採り入れられた。

③「生涯学習の理念」「大学」「私立学校」「家庭教育」「幼児期の教育」「学校,家庭及び地域住民等の相互の連携協力」「教育振興基本計画」の条項が新たに加えられた。
④「公共の精神」の尊重が規定された(前文と第2条)。旧法でもこの理念がなかったわけではないが,直接的表現がなかったため,明確にされた。
⑤「伝統」の継承・尊重が規定された(前文と第2条)。旧法の原案(1947年2月まで)には「伝統」の尊重が入っていたが,3月31日成立の直前1か月前になって,GHQの指導で削除されたといういきさつがあり(理由は,戦前からの悪い面のつながりが払拭されず,民主化等の教育改革が不十分になるという懸念があるということであった)[3]。「伝統」の尊重を前面に示すべきであるという戦後教育改革以降の根強い意見が教育界・政治世界に存在していた結果である。
⑥「教養」「情操」「道徳心」「自律」「規律」「(学習への)意欲」「自立心」等の"心の教育"の面が明確に規定された(第2条・第10条・第15条)。
⑦「生命」「自然」「環境」への態度の育成が規定された(第2条)。
⑧教員は「(国民)全体の奉仕者」であるとの表現が消え,「研究と修養」(=「研修」)に励むこと,および「養成と研修の充実」が規定された(第9条)。なお,内容上は,教員の「全体の奉仕者」性は継承されている。
⑨「父母その他の保護者は,子の教育について**第一義的責任**を有する」(第10条)として,わが国の法令上,公法としての教育基本法に"親の教育権"ともいえる規定が登場した。
⑩宗教教育は,戦前の超国家主義・国家神道に対する反省に立って,改めて中立的客観的な教育をめざす宗教教育の意義が旧法で規定されていた。しかし,戦後の歴史的展開のなかで,宗教教育の大切さが主張・容認され,教育基本法改正の宗教教育についての条文に「宗教に関する一般的な教養」が加わった(第15条)。自民党の改正案には,「宗教心の涵養」などというような,表現や解釈によってはある特定の宗教イデオロギーの再現などになりかねない面があるとして,公明党などの申し入れにより,中立的客観的な宗教教育の必要性が規定された。
⑪教育振興のための基本計画の策定を政府に義務づけるとともに,地方公共団体はそれを「参酌」し,基本計画を策定するよう努めることが規定された(第17条)。

このような改正内容を基本にしつつ,翌2007年通常国会,およびその後の国会や内閣・文部科学省において,学校教育法などの法律や関連法令の改正が行われていった。

## 第7節　近年の教育改革動向

### 1. 特殊教育から特別支援教育へ

　学校教育法の改正（2007年4月）により，「特殊教育」が「特別支援教育」に，「盲・聾・養護学校」が「特別支援学校」に，「特殊学級」が「特別支援学級」に変更になった。

　さらに，学校教育法施行令の一部改正が公布され（2013年8月26日），視覚障がい（教育基本法をはじめ法令上は「害」の字を使用しているが，本書では「がい」と表記する）などを有する障がい者が義務就学する学校の決定のしくみが変更になった。直接の契機になったのは，2012年7月中央教育審議会報告による，「共生社会」における「インクルーシブ教育」の提起である。これを受けて，従来，視覚障がい等の障がいを有する者の義務就学学校は，障がいの程度に応じて，特別支援学校への就学を原則とするとしていた制度を改め，市町村の教育委員会が，その障がいの程度・種々の状況などをふまえ，総合的な観点から就学すべき学校を決定するという制度に変えたのである。

　参考までに，これにより，小学校・中学校・義務教育学校（2016年度発足）・中等教育学校（前期課程）の各学年の1つの通常学級（「普通学級」とも呼ばれる）において，軽度の障がいを有する児童・生徒が，ほんの若干名であるが在籍しているという実情である（2015年度現在）。

---

**用語チェック　親の「第一義的責任」**　親（保護者）の子に対する教育の「第一義的責任」は，世界人権宣言（第26条第3項），児童の権利に関する条約（第18条第1項。わが国は1994年批准）の規定のように，国際法における基本的な原理である。わが国では，これに関して注目すべきことがある。すなわち，すでに，私法としての民法に，「親権を行う者は，子の利益のために子の監護及び教育をする権利を有し，義務を負う。」（第820条）と親が子に対する監護・教育権を規定していることである。

　ところで，現在，新たな課題が出てきている。公法としての教育基本法が規定する親の「第一義的責任」の規定を根拠に，公法上営まれる学校教育のことに対して，親は私法としての民法で保障される親の監護・教育権による権利主張が法的に可能かどうか，という点である。いわゆる親の"クレーム"（要求・請求），"モンスター・ペアレント"の問題（ここでは法的に限る）状況である。

## 2. 教員免許更新制の新設

　教育職員免許法が改正され（2007年6月。施行は2009年度から），教員免許状の有効期間は10年間とされ，そのため，その失効以前に免許更新をすることが義務づけられた（大学等の機関で講習30時間＝必修12時間，選択18時間以上）。なお，失効後，教職に就くなどの必要性が出てきた場合は，免許更新講習を受ければ効力が復元する。

　この制度新設の背景になったのは，いわゆる国内外が大きく変化している社会にあって，絶えず学び，向上しつづける教員像が求められるということである。直接の主な契機になったのは，2000年ごろから，マス・メディアによって，子どもたちの"学力低下"（後掲の"学力向上路線"を参照）や教員の教育力の低下・信用失墜行為などの指摘が相次いだことである。安倍晋三内閣の諮問機関「教育再生会議」（2006～2008年）が免許更新制を提言し，2007年の教育職員免許法の改正となった。なお，この制度は，「不適格教員を排除することを目的としたものではありません」と文部科学省が解説している[4]。

## 3. 学習指導要領の改訂

　2006年教育基本法改正に伴い，教育課程の基本的事項が改正されつつあるなかで，学習指導要領の改訂も必然であった。具体的には，2008年3月幼稚園教育要領，小学校学習指導要領，中学校学習指導要領が改訂になった。翌年には，高等学校学習指導要領，特別支援学校の幼稚部教育要領，小学部・中学部学習指導要領，高等部学習指導要領が改訂になった。

　これらの改訂の背景には，前述のように，教育基本法改正における教育目標（第2条）の規定，それに伴う学校教育法における各学校における教育目標の規定を受けて，各学習指導要領の各章：総則・各教科・道徳・総合的な学習の時間・特別活動（幼稚園・小学校など各学校種別において章の構成内容は異なる）において，具体的に教育課程の基準を示す必要があるからである（参考までに，学習指導要領は，1947年初めての発行以来，ほぼ10年ごとに改訂されることが恒例になっている）。

この 2008 年，2009 年の改訂の特徴として，一般的になるが，次の諸点を示すことができる。

① 1977 年版小学校学習指導要領，中学校学習指導要領，1978 年版高等学校学習指導要領の特徴として続いてきていた"ゆとり教育"を理念上は前面に出さなくした。参考までに，具体的には，学校教育法施行規則の改正により「総合的な学習の時間」の年間授業時数を縮減させるなどした。マスコミ報道によれば，"脱ゆとり"である。
②「生きる力」の育成をめざすために，基礎的・基本的知識および技能の確実な習得，思考力・判断力・表現力その他の能力の育成，主体的に学習に取り組む態度の育成，個性を生かす教育の充実が求められること（そのために，小学校～高等学校において年間授業時数を増加した。学校教育法施行規則の改正）。
③ 小学校高学年に「第4章 外国語活動」を導入したこと（教育課程の領域として学校教育法施行規則に規定された）。

つぎに，2008 年，2009 年改訂の特徴として，その背景になったマスコミ報道や教育界・学術界が指摘してきた"学力向上路線"のことを取り上げる。

### 4. 学力低下論争と"学力向上路線"

2000 年前後に学力低下を懸念する声や論争がマス・メディアを中心に注目されるようになった。1つのきっかけになったのが，1998～1999 年に日本数学学会が実施した大学生を対象に行った小中学校レベルの算数・数学のテスト結果が"惨憺たるものだった"とマスコミ報道され，「分数ができない大学生」「小数ができない大学生」などが注目された[5]。

さらに，進学塾がキャンペーンを展開し，"ゆとり"教育による進学学校への悪い影響を保護者らに印象づけたこと，中高生の学習時間の減少傾向を指摘する調査結果報道，文部科学省の緊急アピール「確かな学力の向上のためのアピール―学びのすすめ」（2002 年1月17日）の発表などにより，一気に"学力向上路線"に進むことになった。その後，OECD の学習到達度調査（PISA）に

おいて，2003年，2006年ともにやや学力低下現象としての報道が注目された（2007年には上昇している）。国際数学・理科教育調査（TIMSS）においても，2003年にやや学力低下現象としての報道が注目された（2007年には下げどまっている）。

1998・1999年版学習指導要領が公示されたのであるが，その施行（2002年4月1日）前に文部科学省からの学力向上アピール（前述），さらに，施行後の2003年12月には学習指導要領の一部改訂があり，学習指導要領で示される教育課程の内容は最低基準であること，発展的な学習があり得ることが示された。一般論的にいえば，学校現場において，ゆとり教育の実践が乏しくなり，学力向上のための教育実践が行われるようになっていった。

"学力向上路線"は，以上のような背景をもって進行中である。

## 5．安全・防災教育の徹底化

2000年以降においても，学校への不審者侵入・殺害事件，学校事故（天窓からの墜落死傷，理科・家庭科・職業技術・体育などの授業中の事故，引率中の交通事故，部活動中の事故など），台風・地震などの自然災害などの教訓から，学校保健法が学校保健安全法と改称されるとともに，学校安全管理と安全教育の推進規定がさらに整備された（2008年）。具体的には，学校保健安全法において，各学校に「学校保健計画」「学校安全計画」「危険等発生時対処要領」の策定が義務づけられた。

ところで，このような法制度上の基本的な施策に留まらず，教育現場におけるすばらしい教育実践とその効果の事例を次に1つ紹介する。

わが国の自然災害としては歴史上まれなる甚大な被害と犠牲者を出した東日本大震災（2011年3月11日）の教訓は，学校教育に対してもさまざまな課題を与えている。そのなかで，非常に有効的な事例となっているのが，"釜石の奇跡"である。それまで安全・防災教育を積極的に推進していた岩手県釜石市立の小学校・中学校においては，当日登校していた小学生・中学生全員が自主的に判断し自主的に避難して，全員が助かったのである。しかも，避難途中に町

の人々にも声かけしながらの避難であった[6]）。

　現在，予想される南海トラフによる巨大地震・津波に対する対策が全国的に求められているが，併せて日常の学校教育活動における安全対策・管理，安全・防災教育の大切さがこれまで以上に注目されてきている。

## 6．食育の推進

　21世紀に入ってからの国における食育施策の動向を基本の法制度において概説する。が，その前に，その背景となった社会状況を概説する。それを端的に示しているのが，中央教育審議会（文部科学大臣の諮問機関）の次の答申内容である（「食に関する指導体制の整備について」2004年1月20日）。

　　第1章　基本的な考え方
　　1　食に関する指導の充実の必要性
　　　（前略），近年，食生活を取り巻く社会環境の変化などに伴い，偏った栄養摂取などの食生活の乱れや，肥満傾向の増大，過度の瘦（そう）身などが見られるところであり，また，増大しつつある生活習慣病と食生活の関係も指摘されている。このように，望ましい食習慣の形成は，今や国民的課題になっているともいえる。
　　　特に，成長期にある児童生徒にとって，健全な食生活は健康な心身を育（はぐく）むために欠かせないものであると同時に，将来の食習慣の形成に大きな影響を及ぼすものであり，極めて重要である。しかし近年，子どもの食生活の乱れも顕著になってきており，例えば，平成9年の国民栄養調査によれば，20歳代の朝食欠食者のうち66.6％が高校卒業のころまでに朝食欠食が習慣化していることが明らかになっている。
　　　（中略）
　　　また，中央教育審議会答申「子どもの体力向上のための総合的な方策について」（平成14年9月30日。以下「平成14年答申」という。）において指摘したように，子どもの体力は低下現象が続いており，体力の向上のためには，適切な運動と十分な休養・睡眠に，調和のとれた食事という，健康3原則の徹底による生活習慣の改善が不可欠である。
　　　加えて，外食や調理済み食品の利用の増大により，栄養や食事のとり方などについて，正しい基礎知識に基づいて自ら判断し，食をコントロールしていく，言わば食の自己管理能力が必要となっている。特に，食品の安全性に

対する信頼が揺らいでいる中，食品の品質や安全性についても，正しい知識・情報に基づいて自ら判断できる能力が必要となってきている。

子どもの食生活についての問題状況と課題が指摘されている。

参考までに，すでに，1997年9月22日保健体育審議会（当時・文部大臣の諮問機関）答申「生涯にわたる心身の健康の保持増進のための今後の健康に関する教育及びスポーツの振興の在り方について」，1998年6月30日中教審答申「『新しい時代を拓く心を育てるために』―次世代を育てる心を失う危機―」」において，食に関する指導とその制度整備の大切さが指摘されていた。

21世紀に入ってからの具体的な主な施策は，次のとおりである。

① 中央教育審議会の答申「食に関する指導体制の整備について」(2004年1月20日）＝学校において児童生徒等に食に関する専門的な指導を行う「栄養教諭」の新設をはじめ，学校や地域社会における食に関する指導体制の整備基本施策を提言した。
② 学校教育法等の改正（2004年5月14日）＝「栄養教諭」設置のための法制化。
③ 食育基本法の制定（2005年6月17日）第16条＝国を挙げての食育推進の法制化。
④ 政府による食育推進基本計画の作成（2006年3月31日）＝食育基本法第9条，第16条による。
⑤ 教育基本法の改正（2006年12月15日）＝旧法（1947年3月31日）と同じく第1条（教育の目的）に「心身ともに健康な国民の育成」（第1条）が内容に入った。その上で，次のように各条文中の語句表現に食育重視の方針が反映された。「生命を尊び，自然を大切にし，環境の保全に寄与する態度を養うこと。」（第2条第四号），「父母その他の保護者は，子の教育について第一義的責任を有するものであって，生活のために必要な習慣を身に付けさせるとともに，自立心を育成し，心身の調和のとれた発達を図るよう努めるものとする。」（第10条第1項），「国及び地方公共団体は，幼児の健やかな成長に資する良好な環境の整備その他適当な方法によって，その振興に努めなければならない。」（第11条）
⑥ 学校教育法等の改正（2007年6月27日）＝教育基本法の改正に伴う関連法令の改正のうち，特に学校教育法の改正においては，義務教育として行われる普通教育の目標として規定された第一号〜第十号のうち，第四号において「食

育」に関わる理念が反映された。すなわち,「家族と家庭の役割,生活に必要な衣,食,住,情報,産業その他の事項について基礎的な理解と技能を養うこと。」

さらに,法制度に直接かかわる事柄でなくても,教育活動の現場で食に関する指導について,国(具体的には主に文部科学省)は,たとえば,「学校給食における食物アレルギーへの対応について」などを学校現場に「通知」している。

### 7. "朝ごはん条例"の制定

学校給食についての施策と関係するが,食育の推進施策において地方自治体の動向に注目すると,いわゆる"朝ごはん条例"の制定とそれによる食育推進会議の設置,食育推進運動の全国的展開がある。
青森県鶴田町の「鶴田町朝ごはん条例」(2004年3月22日公布,4月1日施行)がわが国で初めての"朝ごはん条例"である[7]。この条例は,"早寝,早起き,朝ごはん"をキーワードに,次の6つの基本方針を掲げ,「町長は,(略) 町民,関係機関及び関係団体と一体となって朝ごはん運動を推進するものとする」と定めている(第2条)。

① ごはんを中心とした食生活の改善,② 早寝,早起き運動の推進,③ 安全及び安心な農産物の供給,④ 鶴田町において生産された農産物の当該地域内における消費(以下,地産地消)の推進,⑤ 食育推進の強化,⑥ 米文化の継承。

その成果として,鶴田町は,「朝ごはん条例を制定後,現在では,欠食児童生徒数,肥満児割合,塩分摂取量,野菜摂取量等が改善され,成果が見られています」と公表している[8]。
翌2005年,石川県押水町が「押水町朝ごはん条例」を制定(3月1日公布・施行。なお,翌年3月宝達町と合併したため「宝達志水町朝ごはん条例」と改称している)した。その後,全国的に「朝ごはん条例」という直接的に表現した名

称の条例はないが，「食育推進会議条例」「食育推進条例」「健康まちづくり食育推進会議」「食と農のまちづくり条例」などの名称で，朝ごはんの推奨を含む食育推進運動が行われている[9]。

## 8. 高等学校等の授業料無償化および就学支援金の推進

21世紀に入ってからマスコミ界や教育・学術界において，"経済格差が教育格差を生む"，およびその"負のスパイラル（悪循環）"のことが顕著に指摘されるようになった。

なお，このような状況は，すでに公教育が導入された明治5年「学制」に始まる学校教育の導入以来指摘されてきたことである（ただし，戦前においては，一般論的になるが，戦後のような基本的人権の視点からの問題指摘は部分的であった）。また，戦後においても，同じような問題はくり返し指摘されてきた。しかし，ここではとくに21世紀に入ってからの問題状況に注目する。

すなわち，2008年アメリカにおける"リーマン・ショック"による経済産業界の影響からわが国の国民経済生活，教育に限れば就学状況に厳しい影響が出てきた事例である。事業の倒産，労働解雇，給与の削減，就職難などが影響してきた教育問題である。とくに，家庭から支出される教育費の格差問題，具体的には，子どもが学習塾・予備校・お稽古塾などにどこまで通えるか，高等学校・大学などにどこまで進学できるかなどの問題である。

このような歴史的社会的背景から，2010年3月，「公立高等学校に係る授業料の不徴収及び高等学校等就学支援金の支給に関する法律」が成立した。公立の高等学校（中等教育学校後期課程，特別支援学校高等部を含む）の授業料については，不徴収（＝無償）とするとともに，私立高等学校などに在籍する生徒の

> **用語チェック　就学支援金支給額**　支給額は，在籍する学校等により，次のようになっている。国立の高等学校・中等教育学校後期課程＝月額9600円，公立の高等学校定時制・中等教育学校後期課程定時制＝月額2700円，公立の高等学校通信制・中等教育学校後期課程通信制＝月額520円，国立・公立の特別支援学校高等部＝月額400円，上記以外の支給対象高等学校等＝月額9900円。なお，単位制の高等学校・中等教育学校後期課程，専修学校においては，履修単位数に応じた支給となる。

属する世帯の年収（350万円未満程度）に応じて，一定程度の就学支援金を高等学校などの在籍該当者に支給するというものであった（いわば高等学校等における給付型奨学金といってよい。年額支給額は，およそ17万8200～23万7600円）。「私立高等学校等」とは，国立・私立の高等学校，国立・私立の，中等教育学校後期課程・特別支援学校高等部・高等専門学校第1～3学年・高等専修学校・各種学校に在籍する該当年齢者（民族学校，インターナショナル・スクールである。なお，朝鮮高級学校在籍者は認められていない）である。

その後，公立高等学校と国立・私立高等学校の差による不公平感，貧富の差による不公平感などの反省的思考がマスコミや教育界などに出てきたために，2013年11月，同法改正があり，法律の名称が「高等学校等就学支援金の支給に関する法律」に変わるとともに，内容が次のように変わった。

① 公立の高等学校・中等教育学校後期課程・特別支援学校高等部の授業料不徴収を廃止する。
② 国公私立を問わず，高等学校等に通う一定の収入額未満（市町村民税所得割合が30万4200円（モデル世帯で年収910万円未満）の世帯の生徒に対して就学支援金が支給される。なお，およそ年収910万円以上の世帯の生徒に対しては支給がないということである。
③ 加算支給の制度が導入された。すなわち，私立の高等学校・中等教育学校後期課程・特別支援学校高等部，国公私立の高等専門学校，公立・私立の専修学校，私立の各種学校について，世帯の年収（およそ590万円未満の世帯を対象）に応じて，月額9900円を1.5～2.5倍した額を支給する。

旧日本育英会法の下では，ごく限られた数の高等学校生徒（成績優秀で低所得の世帯）でしか奨学金が受けられなかった。2003年に改正された独立行政法人日本学生支援機構法では，高等学校生徒に対する奨学金（正確には「学資」）の制度は定められなかった。しかし，上掲の2010年高等学校等無償化法，その後の改正による2013年度からの現行制度は，高等学校生徒をはじめ同年齢の該当生徒が在籍する学校などの教育機関に広く対象を広げて，"給付型奨学金"ともいうべき就学支援金制度を現実の実態にできるだけ応じて制度化した

すばらしい制度となっている。もとより，幾多の課題はある。

## 9．教育に対する首長の権限強化

2014年6月20日，地方教育行政の組織及び運営に関する法律（国立学校・私立学校・民間の教育関係機関を除き，都道府県・市区町村における公立学校と社会教育に関する法律である）が改正され，首長（都道府県知事・市区町村長）の教育行政権限が強化されるとともに，教育委員会における事務責任が明確化された（2015年4月1日から施行）。改正された主な内容は，具体的には次の3点である。

① 首長は，国の教育振興基本計画（教育基本法第17条第1項）を「参酌し，その地域の実情に応じ，当該地方公共団体の教育，学術及び文化の振興に関する総合的な施策の大綱（以下，大綱）を定めるものとする。」（第1条の3第1項）ということになった。

　従来までは，地方公共団体における教育振興基本計画を作成する（教育基本法第17条第2項。ただし，努力義務規定。実際は，ほぼすべての全国の都道府県・市区町村で作成されている）との法規定により，各都道府県・市区町村の教育委員会が教育振興基本計画を作成している。しかし，2014年改正により，首長による総合的な施策「大綱」の策定と「総合教育会議」の主宰・開設（次の②参照）が創設されたため，首長の考えが地域社会における教育のあり方に直接反映することが可能になった。教育学的視点から，注目すべき改革である。

② 首長は，当該地方公共団体の大綱策定についての協議，重点的施策，児童等の生命・身体に関する被害防止などの緊急措置，および事務調整を行うために「総合教育会議」を主宰，開設する。構成員は，首長，教育長，教育委員である（第1条の4）。

③ 首長が教育委員会の教育長を任命する（第4条第1項。ただし，当該地方議会の同意が必要である）。旧法下では，教育委員会が教育長を任命していた。また，旧法下では，教育委員会を代表する教育委員長（教育委員会の会議にて選出）の制度であったが，法改正により，教育委員長の制度がなくなり，教育長が教育委員会を代表するものとなった（第13条第1項）。

　教育長は，教員委員とちがってプロフェッショナルな教育行政官ともいうべき者で，教育委員会の事務局にあっては，事務局長の存在でもある。教員採用試験の実施権者であること，その合格予定者の名簿搭載を教育委員会の会議に提出すること，教員の服務管理，教員の人事異動についての提案（教

育委員会の会議で決定する）などの権限がある。併せて、法改正により教育長が教育委員会を代表するものとなり、首長が教育長を任命できるようになったことで、首長の教育行政に対する権限が強化された。

　このような法改正の背景になったのは、いじめによる自殺事件などに対する**教育委員会**の対処の仕方があいまいであったことなどに起因する法制度への注目であった。しかし、法改正に際しては、種々の懸念がマスコミや教育界から指摘された。すなわち、簡潔に示せば、"政治権力を有する首長が教育のあり方に干渉することは問題である" "（戦後導入の）教育委員会制度の趣旨に反するのではないか" ということであった。今後のあり様が注目される。具体的には、首長の教育施策、教育委員会、そのなかでとくに教育長の教育施策、当該地方議会の教育施策も注目される。

## 10. 義務教育学校の新設

　2015年6月17日学校教育法等の改正により、「義務教育学校」が新設された（学校教育法第1条等。施行は2016年度）。これまで、小中一貫教育を行う学校制度は教育行政の実際において認められてきたが、その本格化ともいうべき法制度化である。その概略は、次のとおりである。

① 設置者は、国立、公立、私立とする（第2条）。
② 教育課程は、前期課程6年、後期課程3年とし、それぞれ小学校学習指導要領、

---

**用語チェック　教育委員会**　教育委員会は、地域社会における公立の学校教育と社会教育の施策をつくり、執行する行政機関である。戦後改革時にアメリカのBoard of Educationを参考に、一般行政から独立した教育行政機関として、1948年、教育委員会法（旧法）によって創設された。教育委員を住民投票によって選ぶ公選制教育委員会であった。レイマン・コントロール（layman control, 素人支配）、ポピュラー・コントロール（popular control, 民衆統制）の原理が特徴とされた。しかし、投票率の低下現象、選ばれた教育委員が地主などの名望家や特定政党人などであるため民意の反映が不十分だとの批判、一般行政と教育行政との対立（主に教育財源の逼迫等による予算関係の対立）などの理由で、1956年、地方教育行政法の制定へと全面改正された。いわゆる任命制教育委員会になり、現在に至っている。

中学校学習指導要領を準用する（第49条の4，第49条の5）。
③ 教員は，小学校の教員免許状と中学校の教員免許状の2つの所持者とする。しかし，当分の間は，どちらか1つの免許状所持者でも可とする（教育職員免許法第3条，附則第20項）。

　この制度により，実際の義務教育学校には，5・4制（＝5学年制＋4学年制），4・3・2制（＝4学年制＋3学年制＋2学年制）などの工夫が可能になる[10]。
　この制度化の背景には，中央教育審議会が端的に課題を取り上げた次の事情があった。

「義務教育をする学校種間の連携・接続の在り方に大きな課題があることがかねてから指摘されている。また，義務教育に関する意識調査では，学校の楽しさや教科の好き嫌いなどについて，従来から言われている中学校1年生時点のほかに，小学校5年生時点で変化が見られ，小学校の4〜5年生で発達上の段差があることがうかがわれる。研究開発学校や構造改革特別区域などにおける小中一貫教育などの取組の成果を踏まえつつ，例えば，設置者の判断で9年制の義務教育学校を設置することの可能性やカリキュラム区分の弾力化など，学校種間の連携・接続を改善するための仕組みについて種々の観点に配慮しつつ十分に検討する必要がある。」[11]

　教育改革は，絶えず進展中である。具体的には，内閣総理大臣の諮問機関「教育再生実行会議」の第8次提言「教育立国実現のための教育投資・教育財源の在り方について」（2015年7月8日）によれば，「新しい知」「価値の創造」ができる，子どもを中心に高齢者などのすべての国民の育成をめざすこと，併せて，学校が地域社会における国民・住民の生活や行政・産業経済などの核となる役割を果たすことが求められるとの施策の発表をしている。このように，今後は，いわゆる"臨教審路線"を基本にしつつ，現代的な教育根本方針（具体的には，「生きる力」の育成を目標とすることを根本とすること）の進展が見込まれる。

注）
1）「ポツダム宣言」外務省編『日本外交年表並主要文献』下巻，1966年。
2）Proclamation Defining Terms for Japanese Surrender Issued, at Potsdam, July 26, 1945〈The Constitution and Other Documents〉(http://www.ndl.go.jp/constitution/e/etc/c06.html)．
3）杉原誠四郎『教育基本法—その制定過程と解釈—』協同出版，1972年／増補版，文化書房博文社，2002年。
4）「教員免許更新制の目的」（文部科学省初等中等教育局教職員課，2011年2月），文部科学省公式サイトにて検索（2015年10月25日）。
5）岡部恒治・西村和雄・戸瀬信之編著『分数ができない大学生—21世紀の日本が危ない—』（東洋経済新報社，1999年），岡部・西村・戸瀬編著『小数ができない大学生—国公立大学も学力崩壊—』（東洋経済新報社，2000年）などをはじめ，マス・メディアによる報道が注目された。
6）"釜石の奇跡"については，NHK・ETV「シンサイミライ学校」のタイトル名でそのドキュメントが放送された（2012年3月11日）。その後も防災教育について新たな取り組みが製作・放送され，ライブラリーとして提供されている。DVDの学校への無料貸出しシステムなど，「NHKティーチャーズ・ライブラリー」を参照されたい。
7）内閣府「都道府県・市町村の条例に基づく食育推進会議（条例の名称）」（2014年3月現在），http://www8.cao.go.jp/syokuiku/work/kaigi.html，を参照した（2015年10月23日検索）。
8）鶴田町観光ウェブマガジン，メデタイ・ツルタ「鶴田町朝ごはん条例」www.medetai-tsuruta.jp/about/breakfast_ordinance.html（2015年10月23日検索）。
9）参考までに，食育推進にかかわる「食育推進会議」を条例で定めている地方自治体の設置状況は，都道府県（47）のうち14（29.8％），市町村（1742）のうち133（7.6％）である（2014年3月現在，内閣府調べ，「都道府県・市町村の条例に基づく食育推進会議の設置状況」http://www8.cao.go.jp/syokuiku/work/kaigi.html（2015年10月23日検索））。
10）文部科学省通知「小中一貫教育制度の導入に係る学校教育法等の一部を改正する法律について」（2015年7月30日）における，「第一　学校教育法の一部改正（改正法第1条）」の「2　留意事項」のうち，「(4)義務教育学校の修業年限並びに前期課程及び後期課程の区分」の説明部分を参照。
11）中央教育審議会答申「新しい時代の義務教育を創造する」（2005年10月26日）における，第1章のうち，「(3)義務教育に関する制度の見直し」より引用。

# 第5章　カリキュラム

## 第1節　教育内容の力

### 1．プラトン『プロタゴラス』のワンシーン

『プロタゴラス』には若きソクラテスと老獪なソフィストの大立者プロタゴラスとの間で交わされた「徳(アレテー)とは何か」をめぐる議論が描かれている。プラトンによるこの初期作品は，プロタゴラスのアテネへの来訪を聞きつけた青年ヒポクラテスが，大賢者への弟子入りの意思をソクラテスに告白する場面からはじまる。賢者にしてくれるのなら，授業料をいくらつぎ込んでもかまわないというこの青年とそれに懐疑的な哲学者との問答には，教育内容が有する絶大な力が予定されている。ソクラテスは身体を養う食べ物と心を養う知識とを類比して次のように述べている[1]。

> じっさい，食べ物を買うときよりも，知識を買うときのほうが，はるかに危険が大きいのだよ。というのも，小売商人や貿易商人から買った食べ物や飲み物は［持参した］別の容器に入れて持ち帰ることができる。だから，飲んだり食べたりして体のなかに取り入れてしまうまえに，それらを家に置いておき，専門家を呼んできて相談することができるのだ。……だから，こうしたものを買うときには，危険はそれほど大きくないわけだ。／ところがこれに対して，知識は別の容器に入れて持ち帰ることができない。いったん代金を払うと，きみはその知識をただちに心のなかに取り入れて，学んでしまってから帰らねばならない。そしてそのとき，きみはすでに損害を受けているか，利益を手にしているかのいずれかなのだ。

摂取した食物は身体の血肉になり，学習した知識は精神を形成する。なるほど，食べ物はそれを購入してもすぐに口に入れなくてもよいが，しかし知識は

学習するとすぐ心のなかに取り入れられる。ソクラテスは警告を発する。「どれがよくてどれが悪いのかを知っているのであれば，プロタゴラスから知識を買おうが，他の誰かから買おうが，きみは安全だ。だがね，いいかい，もし知らないのであれば気をつけるのだ。一番大切なものを賭けて，危険な目にあわないように」と[2]。

　ソクラテスからの警告は私たちにも向けられている。それを受け止めるならば，教える側にも学ぶ側にもなりうる私たちにとって大切なのは，教育内容の価値に自覚的になることである。言い換えれば，教授することや学習することについて，その内容は本当に価値あることなのかを反省しうるかどうかが問われている。

　■軍国少年の思い出　　教育内容の力とその十全な発揮がもたらした帰結の事例を，ある教育社会学者の告白から取り上げることができる。太平洋戦争後に大学で教育学を専攻した熊谷一乗は，教育内容には「恐るべき人間形成力」があると述べる。そのように語る理由には，軍国少年だった自分自身に対する悔恨の情があったからである。彼は次のように告白している[3]。

　　わたしは，戦況がきびしさをます学校で，きわめて国家主義的で軍国主義的な教育内容を絶対的なものとして教え込まれました。……威厳を持って教師が教える内容を正しいものとして，そのまま受け入れ，信じ込み，教科書に書かれているとおりの日本男子にならなければならないと決意を固めました。こうしてわたしは，学校で教師が熱心に教えてくれた国家主義的軍国主義的な教育内容を精神発達の栄養分として真面目に吸収することをとおして，いつのまにか，軍国少年に成長していたしだいです。

　当時の国家主義的な教育内容が精神の栄養分として提供され，熊谷少年はそれを真面目に吸収することで軍国少年に成長していった。これは一人の少年の事例にとどまらなかった。彼が述べるように，程度の差こそあれ，この時代の少年の多くが軍国主義的な思想に染まっていったとされるからである[4]。国民全体に戦争を肯定する価値が植えつけられていく教育内容の働きのなかに，彼

は「恐るべき人間形成力」ばかりでなく，さらに「個人の精神を作ることをとおしてのその『恐るべき社会形成力』」[5]をもみている。

　再び『プロタゴラス』を想起してみよう。青年ヒポクラテスは問う。「ソクラテス，心は何によって養われるのでしょうか」と。ソクラテスは「もちろん，[学んで身につけられる]知識によってだよ」と答える。そして彼は続けてこう言う。「友よ，ソフィストが……ぼくたちをだますことのないように気をつけようではないか」[6]。繰り返されるソクラテスからのこの警告は，教えるものや学ぶものばかりに当てはまるわけではない。それは，教育内容には「恐るべき人間形成力」を超えて「恐るべき社会形成力」があるがゆえに，私たちの社会にも向けられている。社会それ自体も，そのコミュニケーションのなかで教育内容の価値に自覚的になること，つまりその価値を反省的に問題化することが求められている。

## 2. イデオロギー批判としてのカリキュラム研究

　カリキュラム研究の柱の1つは，ソクラテスからの警告にしたがって，教育内容のイデオロギー批判に取り組むことにある。「知識≒教育内容」を売る「ソフィストが……ぼくたちをだますことのないよう」にするために，ソクラテスはプロタゴラスとの対話に挑んだ。その様子を目の当たりにしたヒポクラテスはそれによってはじめて自ら判断することができる。プロタゴラスが「売る知識≒教育内容」を「買う≒学ぶ」べきかどうかを。これと同じようにカリキュラム研究も教育内容の提供者に批判的に対峙して，その姿をはっきりと認識しなければならない。そうしてはじめて教育者も子どもも，そして社会それ自体もその教育内容を教授すべきか，あるいは学習すべきかの判断の手がかりを得ることができるからである。

■**非中立的かつ主観的という教育内容の性質**　教育内容の姿の生々しい輪郭は，それが中立的でも客観的でもないということをもって描かれる。プロタゴラスが「商品≒知識」を「客に売る≒弟子に教える」ように，教育内容も誰かによって選択され，子どもに提供されるからである。選択される以上，教育内

容には選択者の価値が埋め込まれている。その限りで，教育内容はいつも非中立的かつ主観的でしかありえない。この章の内容も筆者が書いているのだから，私の価値に染められている。それをさも客観的であるかのようにうそぶくことなどできないだろう。この事実を端的に表明するのは，「教育は決して中立的な営みではない」[7]と主張したアップル（Apple, M. W. 1942-）である。彼は学校教育の内容を念頭にして，次のように述べている[8]。

> 中立性の要求は，現在，学校にとりいれられている知識が，それよりはるかに広範な社会的知識・原理の中から選別されたものである，という点を無視している。学校で行われている知識は，……この社会の有力な部分の世界観・信念を反映している文化資本の一形態である。……〈公式の学校知識体系〉にはすでに［一定の］社会的・経済的価値が刻印されているのである。そしてこれらの価値はしばしば無意識のうちにわれわれ［教育者］を媒介にしている。したがって，問題は，いかにして先の知識の選別を［中立的に］超越し得るかという点にはなく，むしろ個々の教育者が最終的にいかなる価値を選ぶかという点にある。

教育内容に「恐るべき人間形成力」と「恐るべき社会形成力」があるとするとき，カリキュラム研究の大切な任務は，教育内容に関する中立性言説の張りぼてを引き剥がし，そこにある価値の刻印を浮かび上がらせることでもって，アップルが述べたように，「個々の教育者が最終的にいかなる価値を選ぶか」について，それらの判断を促す材料を提供することにある。ただしアップルによる「個々の教育者が最終的にいかなる価値を選ぶか」との命題は補完されなければならない。なぜなら，「最終的にいかなる価値を選ぶか」は教育者ばかりでなく，子どもにも，そして広くは社会それ自体にも当てはまるからである。

■**価値に無自覚な教育者**　熊谷少年を軍国少年に育て上げた教師は，威厳をもって熱心に当時の教育内容を教えていたとされた。しかし，この威厳と熱心の源泉がその教師自らによる価値選択にあったのかと問われるならば，それは非常に疑わしいと言わざるを得ない。歴史社会学者の小熊英二は，戦後日本を視察したマーク・ゲインが1945年にある中学校の校長と会話した際のエピ

ソードを紹介している[9]。その学校で勤務する 25 名の教師が日本軍部の賛同の下に任命されていたという事実確認のあとに，校長は「この軍によって選ばれた人たちが民主主義の観念を日本の青年に教えることができると考えているか」とゲインから問われている。それにこの校長は次のように答えたとされている。「もちろん。東京からの命令の来次第――」だと。

　ここにあるのはソクラテスの警告の忘却である。そしてそれがもたらした悲劇を，もはやここで語る必要もないであろう。

## 第2節　教育内容の無力

### 1. 人心は草木の如く，教育は肥料の如し

　熊谷少年の事例を参照するかぎり，教育内容は絶大な力を有している，との命題が立てられることになる。なるほど，これは決して誤りではないにしても，しかしこれとは正反対の見方もとることができるし，実際のところとられてもきた。それはすなわち，教育内容はそれほどの力は有してはいない，との命題である。福澤諭吉（1835-1901）は「徳育如何」（1882 年）のなかで，人心を草木に，教育を肥料にたとえて次のように述べている[10]。

　　また，草木は肥料によりて大いに長茂すといえども，ただその長茂を助くるのみにして，その生々の根本を資（と）るところは，空気と太陽の光熱と土壌津液（しんえき）とにあり。空気，乾湿の度を失い，太陽の光熱，物にさえぎられ，地性，痩せて津液足らざる者へは，たとい肥料を施すも功を奏すること少なきのみならず，まったく無効なるものあり。／教育もまたかくの如し。／学育もとより軽々看過すべからずといえども，古今の教育家が漫（みだり）に多を予期して，あるいは人の子を学校に入れてこれを育すれば，自由自在に期するところの人物を陶冶し出だすべしと思うが如きは，妄想のはなはだしきものにして，その妄漫（もうまん）なるは，空気・太陽・土壌の如何を問わず，ただ肥料の一品に依頼して草木の長茂を期するに等しきのみ。

　空気が淀み，太陽が遮られ，そして土壌が痩せているところでどれだけ肥料をやっても，植物は生い茂ることはない。肥料をやらなくても，空気が澄み，

太陽の光が降り注ぎ，そして土壌が肥沃なところでは，植物はたくましく成長する。肥料には植物を生い茂らせるほんのわずかの力しかない。上の引用文で福澤が伝えたいことは，教育内容も精神形成の一肥料に過ぎないのであって，それどころか，精神形成の決定的な力を有するのは教育内容ではなく，社会の「公議輿論」そのものだということであった。彼は「社会はあたかも智徳の大教場というも可なり」といい，続けて「この教場の中にありて区々の学校を見れば，如何なる学制あるも，如何なる教則あるも，その教育は，ただわずかに人心の一部分を左右するに足るべし」として，学校における教育内容の限定的な力を強調している[11]。

■**教育内容の意図と無意図**　プロタゴラスが売ろうとし，ヒポクラテスが買おうとした教育内容は，彼らが売ろう・買おうとしているがゆえに，意図的と形容されうる。熊谷少年が学習した教育内容も，学校教育のなかで意図的に教えられていた。「肥料≒教育内容」もやられるのであるから，やはり意図的である。これに対して空気，太陽，そして土壌はただそこにあるのであって（そこに神の意志があるかどうかを問題にできる力を筆者は有しない），意図は介在しない（はずである）。福澤が「言うも可なり」とした「社会はあたかも知徳の大教場」の大教場には，人々の知徳をどうにかしたいとする意図は込められてはいない。そうではなく，人々が不思議と勝手に社会の思潮に準拠して形成されていくこと，すなわち社会における無意図的な精神形成の絶大な働きが含意されている。「武家の子を商人の家に貰うて養えば，おのずから町人根性となり，商家の子を文人の家に養えば，おのずから文を志す」との彼の言葉には，環境のなかで知らず知らずに子どもへと及んでいく社会規範の浸透作用がわかりやすく例示されている。

■**隠れた共教育者**　社会それ自体が人々に及ぼす無意図的な精神形成の働きを「隠れた共教育者（verborgene Miterzieher）」と呼称したのが，ヘルバルト学派のヴァイツ（Waitz, Th. 1821-1864）である[12]。彼によると，環境は教育の手段ではなく，そこから教育力が流れ出る主体であるという。そして生活そのものの教育力はどのような方法でも左右しえない教育の限界だと考えられてい

る。隠れた共教育者の概念でもって,彼は意図的な教育内容が決して万能ではあり得ないことを指摘したのであった。環境が教育力の主体だとの表現は,ここで誤解がないように補足しておくと,この主体に意思や意図があることを含意してはいない。そうではなく,環境が意図的にあれこれ構成されてしつらえられる教育内容のなかにではなく,人々が生きる場それ自体のなかに,主たる精神形成の力があることが意味されている。

## 2. 隠れたカリキュラムの研究

ヴァイツによる隠れた共教育者という言葉は教育学の議論のなかでほとんど参照されることはなかった。しかし,この意味内容そのものは1960年代半ば以降,カリキュラム研究の柱の1つとして大切な位置を占めている。それが隠れたカリキュラム (hidden curriculum) の研究である。

顕在的カリキュラム (official curriculum) が意図的,計画的,そして組織的な教育内容だとすると,隠れた(潜在的とも形容される)カリキュラムはこれとはまったくの正反対になる。すなわち,それは意図的でもなく,計画的でもなく,そして組織的でもない精神形成の内容をさしている。隠れたカリキュラムという言葉をはじめて使用したのはジャクソン (Jackson, P. W.) である。彼は学校での長期的な参与観察の結果を次のように披露している[13]。

> 学級生活に特定の雰囲気を与えている集団性,評価の存在,および権力関係は全体として一つの隠れたカリキュラムを形成している。そして個々の生徒は(教師もまた)学校のなかでうまくやって行こうと思ったら,その隠れたカリキュラムをマスターしなければならない。学級生活の特徴によってつくられる要求は勉強上の要求と対照的である。それは顕在的カリキュラムといわれるが,教育者は伝統的にこれにほとんどの注意を向けてきた。

子どもは,学級のなかで「生きることを学習している」[14]。子どもは集団の共通利害のなかで自己の行為を抑制することを,自分が評価し評価されることを,そして権力を有する教師との付き合い方を,すべてがすべてうまくできる

わけではないにしても，学級という場で生きるために自然に身につけている。しかし，この意図されざる働きが見過ごされてきた。ここにジャクソンが指摘したかったことがあった。

■うまく生き延びる方略の事例　　学校という場が子どもに浸透する内容の総体を，認知心理学者の佐伯胖はジャクソンを参照しながら象徴的に特徴づけた。彼はそれを「うまく生き延びる方略」と呼んでいる[15]。国語の授業場面と「ごまかし勉強」を事例にして，これを説明してみよう。

　国語の物語文を子どもに読ませたあとで，ある登場人物の気持ちをワークシートに記入するように教師が指示をする。ある子どもは熱心に自分の解釈を書き込む。別の子どもは考える素振りをして空欄のままにしておく。教師が登場人物の気持ちを子どもに発表させながら，気持ちの正解らしきものを拾い上げ板書しはじめる。そうすると，一方の子どもは自分の解釈を消しゴムで削り，同じ箇所に教師の解釈を写そうとする。もう一方の子どもは，教師が板書をはじめるやいなや，それを記入欄に書きはじめる。前者は独自の解釈よりも教師の正しい解釈を当てることの大切さを学習している。後者はすでにその大切さをわかったうえで，できるだけ無駄な振る舞いをしないことを学習している。たとえこの教師が子どもに自分で考えることの大切さをいつも力説していたとしても，その意図とは別のところで，子どもは勝手に「うまく生き延びる方略」を学習している。

　学校において子どもに染みつく学習のあり方を教育心理学者の藤澤伸介は「ごまかし勉強」と呼称した[16]。それは与えられた要素を，外的な基準で選別し，主として機械的暗記，機械的訓練という作業を行うことによって，目先の点検時に結果を出そうとする学習法のことをさしている。中間試験や定期試験の繰り返しのなかで，子どもは学校においてごまかし勉強をすることが学習をすることだということを学習している。たとえ教師が学習とは自分自身を豊かにするものだと，ことあるごとに強調していたとしても，子どもはこのごまかしという「うまく生き延びる方略」を身につけている。

　両方の事例において，子どもは決して悪ふざけをしているわけではない。そ

れどころか必死にそう振る舞っている。彼らは学校という環境が有する構造に埋め込まれているがゆえに，それに合わせて自らの行為を調整しているにすぎない。福澤が使った比喩にこの事例を結びつけるならば，学校にある空気，太陽，そして土壌が子どもの学習を規定しているのであって，教師の力説や強調は一肥料にすぎない，ということになる。

■見えているのに気がつかない　こうした隠れたカリキュラムは，社会学者の竹内洋が述べているように[17]，どこか目に見えないところに隠されているというわけではない。それは誰もが見えているのにもかかわらず，まったく意図されていないがゆえに気がつくことができていない，その意味において隠れたと形容されるカリキュラムのことである。私たちの死角に入り込んでいる働き，それが隠れたカリキュラムである。

私たちは教育者の教育実践については多弁であるが，子どもの実践について語る言葉は少ない。隠れたカリキュラムの遍在が示唆しているのは，子どもが学校のなかでどう生きているのか，つまりは子どもの実践に目を向けることの大切さである[18]。教育内容のイデオロギー批判と並ぶカリキュラム研究のもう1つの柱は，この見えているのに気がつかない作用をあぶり出すことにある。それは，意図されざる副作用の潜伏を意識して，これを絶えず教育者，子ども，そして社会それ自体の議論のコミュニケーションのなかで問題化することを試みることにある。

## 第3節　世界の構成としてのカリキュラム研究

### 1. 陶冶可能性（Bildsamkeit）

第1節から導かれる命題は「教育内容は絶大な力を有している」とまとめられうる。これを全面的に承認するとき，その先で私たちを待ち構えるのは教育内容の万能論である。教育内容を教授し学習させることで，子どもをいかようにでもつくり上げられることになるからである。ひるがえって，第2節から帰結しうるのは「教育内容は無力である」との命題である。こちらの命題を全面的に承認するとき，その先で待ち構えるのは環境決定論である。子どもの成長

は，彼らが過ごす時間と空間に決定的に左右されることになるからである。なるほど一見すると，教育内容の「有力＝万能論」と「無力＝環境決定論」はまったく水と油の関係ではある。しかしながら，これらは実際のところ次の点で共通している。すなわち，子どもはいつも子ども以外の何かによってつくられているかぎりにおいて他者決定的な存在である，という点である。

　万能論と環境決定論は，どのような教育内容をどのように構成するのかというカリキュラム研究に妥当な支柱を与えることはない。なぜなら，一方は単なる他者支配に供する研究にすぎなくなるからである。もう一方では，環境の見えざる手が子どもをかたちづくるのであれば，そもそも誰も教育内容の構成に突き動かされることもないからである。それゆえ大切なのは，他者支配でも諦念でもない，内容の構成の妥当な根拠を求めることにある。

　近代教育学はこの柱を子どもの陶冶可能性に求めてきた[19]。これはルソー（Rousseau, J. J. 1712-1778）が呈示した「自己改善能力」と同義だとされている[20]。すなわちそれは「人間にはみずからを改善していく能力がそなわっているということである。これは環境の力を借りて，次々とあらゆる能力を発展させていく力」[21]をさしている。

　人間に陶冶可能性があるとするとき，私たちは決して万能論や環境決定論から帰結する他者決定的な存在ではありえない。それどころかその正反対であって，私たちは自己決定的な存在としてとらえられることになる。ここで大事なことは，この自己決定はいつも「環境の力を借りて」なされることにある。私たちは環境とのかかわりのなかで自分自身を自分自身で形成する。この働きが「人間と世界との自由な相互作用としての陶冶（Bildung）」である[22]。この概念については，デューイ（Dewey, J. 1859-1952）でいうところの「経験（experience）から学ぶ」ということの内実をもって，はっきりととらえることができる。

■**能動性と受動性**　デューイによると，経験の本質は能動性と受動性の関係にあるといわれる。彼は次のように述べている[23]。

　　経験というものの本質は，特殊な結びつき方をしている能動的要素と受動的

要素を経験が含んでいることによく注意するとき，はじめて理解することができる。能動的な面では，経験とは試みること……である。受動的な面では，それは被ることである。／「経験から学ぶ」ということは，われわれが事物に対してなしたことと，結果としてわれわれが事物から受けて楽しんだり苦しんだりしたこととの間の前後の関連をつけることである。

誕生日のお祝いで食べるホールケーキを箱から取り出そうとする子どもの事例から，これを具体的に説明してみよう。ケーキを食べたい強い衝動に突き動かされて，子どもは箱を強引に開けようとする（能動的要素）。その強引さのせいで，箱の内側の側面にケーキが触れてしまい，その形が崩れてしまう（受動的要素）。自分の性急さがケーキばかりでなく，誕生日のお祝いそのものを台無しにしてしまうことを認識した子ども（前後の関連をつける＝経験から学ぶ）は，いかに形を壊すことなくケーキを箱から取り出すか，との目的を強く意識するようになる。直前の失敗を想起し，落ち着いて箱の構造を観察しながら，子どもはケーキの取り出し方を構想する（能動的要素）とともに，それに基づく行為がどのような結果をもたらすか（受動的要素）を予期する。そうした構想と結果の間の予期を繰り返す「反省（reflection）」を媒介にして，子どもは再び実際に箱を開ける行為に取り組む。こうして子どもはケーキを無事に取り出すことができた。

この事例から読み取られうることは，子どもの気まぐれな行動が思慮深い行為に変化していることである。思慮深い行為の下では「行うことは，試みることになる。つまり，世界はどんなものかを明らかにするために行う，世界についての実験になるのであり，被ることは，教訓——事物の関連の発見——になる」[24]。気まぐれな行動には，現在の行動が未来の結果を左右する（ケーキの形が崩れ，誕生日会も台無しになる），という責任の意識はないが，思慮深い行為にはこの責任の意識が伴われている。子どもは箱をうまく開ける力ばかりでなく，実際にはそこに見いだされうる意味を認識しているし，さらには社会的な責任意識にも目覚めている。

この事例は日常の些細なものであるが，試みること，被ること，そしてそれ

らの前後の関連を豊かにする反省という絶えざる循環のなかで，私たちは，箱を開ける能力に限らず，再び先ほどのルソーの言葉で表現すれば，「次々とあらゆる能力を発展させていく」。

## 2. 陶冶と教育

　子どもも大人も生命ある限り「経験から学ぶ」。それゆえ，私たちは無意識的にも意識的にもいつも陶冶の途上にある。近代教育学は，陶冶（本書第1章第1節を参照し表現すれば，「人間は誰でも，よりよく生きようとしている」こと）の承認のなかで教育（Erziehung）を構想してきた。これをわが国においてはっきりと宣言した教育学者の一人が乙竹岩造（1875-1953）である。彼は陶冶と教育をそれぞれ馬と鞍にたとえて，それらを次のように関係づけている[25]。

　　教育という作用は，陶冶という活動があるから，できるのであって，教育がおこなわれるから，陶冶が始めて起こるのではないのである。……さて教育の内面に立ち入って，その作用を深くつきとめようとするに當（あた）っては，陶冶という活動は，教育という作用に先行しなければならない。……人はウマを得てから後に，鞍を求めるべきであって，鞍を買ってから後，それに當てはまるようなウマを探すという手はないはずである。

「馬≒陶冶」に適切な「鞍≒教育」は，陶冶が「経験から学ぶ」ことであるがゆえに，またそれが生命あるかぎりいつも途上にあって究極の起点や終点をもち得ないがゆえに，「経験から学ぶ」ことそれ自体をいっそう豊かに促す働きかけのことだ，ととらえることができる。彼の言葉で表現すれば，「教育は，……陶冶が最も適切有効に行われるようにするため，十分に陶冶の條件を究明し，かつ，遺憾なくこれを運用すべく，全力を込めなければならないものである」[26]ということになる。

　■支配者であり，かつ被支配者であること　　先ほどの事例に大人の働きかけを加えながら，この理由について考えてみよう。たとえば，ある大人はホールケーキを箱から取り出し，子どもに切り分けるかもしれない。その人はそれが

子どもへの思いやりだと考えている。しかし，それではいつまでたってもこの子どもは自分で箱からケーキを取り出すことはできないだろう。乱暴に箱を開けてケーキをグチャグチャにする子どもを，それが子どもらしさだと微笑ましく見守る大人がいるとする。その人はそれが子どもへの愛情だと信じているのかもしれない。しかし，ここでも子どもは箱から自分でケーキを取り出す力を身につけることはできない。結局のところ，子どもが汚した床も机も，彼が食べるケーキも，大人が世話を焼くことになるだろう。

　実際のところ，この両方の対応の仕方のなかでは，大人も子どもも主人（支配者）でもあり奴隷（被支配者）でもある。なぜなら，子どもが大人に世話をさせるかぎりで，子どもは大人の主人であり，大人は子どもの奴隷であるが，しかし大人の世話がなくては何もできない意味においては，子どもは大人の奴隷でもあり，大人は子どもの主人でもあるからである。

　子どもも大人もこの奴隷と主人の関係を抜け出すことを願うとするとき，教育がすべきことは，子どもが自分自身にとっての主人でもありかつ自分自身にとっての奴隷でもある道へと，歩み出る手助けをする以外にはない。すなわち，ケーキの箱を開けることを実際に試みながら，この力を身につけられるように，それを通して「経験から学ぶ」ように，子どもを促していくことである。このときはじめて，子どもは大人に世話をさせる主人でも，世話をしてもらう奴隷でもない，自分自身の世話をして同時に自分自身によって世話される人間への変化の可能性を有することになる。ペスタロッチ（Pestalozzi, J. H. 1746-1827）が教育を「自助への助成（Hilfe zur Selbsthilfe）」というのは，この陶冶を促す働きかけという意味においてとらえることができる[27]。

■世界の構成としてのカリキュラム研究　　上記のように人間の陶冶可能性を承認して，そこから教育を，陶冶を促す働きかけとして構想するとき（本書第1章第1節の「『よく生きようとしている』子どもがさらによく生きるため」の働きかけ），以下の2つの課題が導き出されることになる。1つは，陶冶をどのように促すのか，という働きかけの方法についての問いを究明することである（第6章教授-学習の過程を参照）。陶冶は真空のなかではなく，すでに述べたように，

世界に対して試みることとその結果として世界から被ることとの関係のなかで展開するがゆえに，そこからもう1つの課題を取り出すことができる。それは，どのような世界との対峙を促すのか，という世界の意図的な構成という課題である。

## 第4節 カリキュラム構成における2つの極

### 1．カリキュラムの意味と問題

カリキュラム (curriculum) は，ラテン語のクレレ (crerre，走る) を語源としている。そこからカリキュラムの意味は，倉澤剛 (1903-1986) によると，次の2つに用いられるという[28]。1つは「走路」である。マラソン走者が決まったコースを疾走するように，子どもの学習にも決まった走路がある。この学習のコースがカリキュラムだといわれる。実際にカリキュラムは Course of Study (教育課程) とも呼称されている。もう1つは「競走そのもの」である。倉澤は「競走そのもの」を「学習そのもの」に重ねて，「学習の内容」をカリキュラムだととらえる。この2つ目の解釈に対して筆者は異論をもたないが，ただしこれに加えて「競走そのもの」を「競争そのもの」ととらえる。近代学校教育を念頭にして考えると，そこで子どもは決まった学習内容のコースを歩み，そのなかで成果について競争している (本書第2章における学校の選抜的機能を想起してほしい)。

マラソンの走路が主催者によって事前決定されるように，カリキュラムもあらかじめその構成者によって規定される。なるほど，マラソンの走路決定のプロセスのなかで競技者への配慮が議論されて，過度な負担を避けるコース取りが選ばれることもある。それと同じように，カリキュラムも子どもの発達段階や特性に配慮して組まれることもあるかもしれないし，実際にそうされてもいる。しかしそれでも，子どもは基本的には自分自身によってではなく，他者の事前制御下にある時間と空間を歩まなければならない。その限りで，とくに近代学校教育のカリキュラムは，陶冶における能動性と受動性を想起してみると，子どもの受動性の側面の拡大を暗黙のうちに了解することで成り立っている。

■**子どもに求めるもの**　陶冶の一方の極にある受動性が能動性から切り離され，受動性が極大化されると，子どもは世界をもっぱら受容する，そして世界によって規定される存在として見なされることになる。この視野狭窄の内にあると，教育は，受容させるべき価値あるとされる内容を世界の膨大な対象から選び出してそれを子どもに一方的に提供する，いわゆる詰め込む働きかけに矮小化される。内容の選択の準拠先は，現実の社会で必要だと自明視されていることであったり，既存の学問の系統性であったり，あるいはときに特定の世界観だったりする場合もありうる。いずれにしても，子どもに求めるものにまなざしが向けられ，子どもが求めるものは死角に入り込むことになる。

■**モニトリアル・システム（monitorial system，助教法）**　カリキュラムの歴史を紐解けば，この一面性の典型をイギリス18世紀後半から19世紀に開発され普及したモニトリアル・システムによる学校実践のなかにみることができる[29]。

当時のイギリスでは産業革命が進展していた。都市部に乱立する工場は賃金労働者を求め，それが農村から都市部へと人口が流入するきっかけになったとされる。そこでは親が仕事に出たあとで置き去りにされる子どもの不良化が，さらに子ども自身の労働搾取が社会的な問題となっていたという。そうした子どもたちを野放しにせずに，学校に通わせ教化することは，不良化を防止する観点でも，労働搾取に対抗する観点でも，あるいは将来の工場労働者を準備する観点でも，問題解決の有効な手段であったと思われる。しかしそれには，経済的に安上がりでなければならない，という重要な条件があった。

モニトリアル・システムを開発したのはベル（Bell, A. 1753-1832），またはランカスター（Lancaster, J. 1778-1836）であった（それゆえ，ベル・ランカスター法とも呼ばれる）。それは「1000人の子どもをたった一人の教師が教える」仕組みであり，安価で済ませるとの条件を満たしたがゆえに，上記の問題解決の手段として採用され普及したとみられる。

■**システムを支えるカリキュラム**　この安く上げるシステムの根幹には，教授し学習すべき内容を簡単なものから複雑なものへと順序よく配列したカリ

キュラムがあった。この内容配列に等級度学級が組み合わされ，そしてあらかじめ教師によって教授され，すでにそれを学習した子どもたち（助教）がそれぞれの学級の担当となって，受けもち学級に所属する子どもたちを管理しつつ教授したからである（それゆえ，このシステムは助教法とも呼ばれる）。競争の奨励もカリキュラムに準拠していた。子どもはよい成績をあげると上級に進めたが，悪い成績の場合には下級に落とされたからである。このシステムは，先ほどあげたカリキュラムの意味を余すところなく満たしている。子どもは「決まった学習内容のコースを歩み，そのなかで成果について競争している」からである。

　モニトリアル・システムは，コメニウス（Comenius, J. A. 1592-1670）が「あらゆる人々にあらゆる事柄を教授する」[30]との願いから生み出した学校構想を，はじめて実践的に具現化したといわれる[31]。これが近代学校教育の成立の呼び水となったととらえるならば，その歴史的な意義は決して見過ごされてはならない。しかしそうだとしても，このシステムには子どもに求めるものの肥大化をみることができる。いつ，どこで，誰が，何を，そしてどのような方法で教え学ぶのかは，システム基幹部のカリキュラムのなかで事前に制御され，しかもその制御系そのものに子どもが関与できる余地はないからである。

　この子どもに求めるものの一面的な強調は，近代学校教育の一定の広がりののちに，それとは正反対の強調への転回がみられるようになる。

　■**子どもが求めるもの**　　この転回は，先ほど子どもに求めるものについて説明した内容をちょうど逆さにすることによって描くことができる。陶冶のもう一方の極にある能動性が受動性から切り離され，この能動性が極大化されると，もっぱら子どもは世界を規定する存在として見なされることになる。この視野狭窄の内に入り込むとき，教育は，子どもの願いや思い，そこから発露する行動こそが価値ある内容だととらえられて，これを旺盛にする，いわゆる（誤った意味での）子ども中心主義の働きかけに矮小化される。内容の選択の準拠先は，現実の社会で必要だと自明視されていることでも，既存の学問の系統性でも，そして特定の世界観でもなく，象徴的には子どもの興味にあると考えら

れる。いずれにしても，子どもが求めるものにまなざしが向けられ，子どもに求めるものは死角に入り込むことになる。

■**分類と枠づけの強さ**　こちら側の一面性を厳密に貫徹した学校実践を筆者は知らない。なぜなら，もしこれがあるとすれば，そこではカリキュラムそのものが不要になっているはずだからである。

バーンスティン（Bernstein, B. 1924-2000）によると，カリキュラムの特性は「分類（classification）」と「枠づけ（framing）」をもってとらえることができるという[32]。分類とは教授し学習すべきことの区分を意味し，具体的には国語，算数，理科，社会などの教科区分のことである。枠づけは内容の運用に対する教師や子どもの自由裁量をさしている。いつ，何を，どのように教授し学習するかについての規制のことである。分類と枠づけにはそれぞれ強さと弱さという程度が組み合わされる。先ほどのモニトリアル・システムは分類も枠づけも強い。読み，書き，算術という明確な区分があり，その行程が厳密に計画されているからである。近代学校教育のカリキュラムも基本的にこれらの強さを有している。こうした伝統的学校を批判した改革学校は，きわめて大ざっぱにいえば，それとは反対のベクトル，すなわち分類と枠づけの弱さを志向してきた。

しかし，（誤った意味での）子ども中心主義が貫徹した働きかけは，分類と枠づけの弱さを志向するまでもなく，そもそもそれら自体が必要とされない。分類や枠づけを規定する専門性や論理性は忌避されるべきものであって，大切なのはもっぱら極端に美化された子どもの自然本性への，そこから発露する行動への，そしてそれらの無謬的な善性への信仰だととらえられるからである。デューイもこうした子ども中心主義は「本当に愚かしい」と考えていたといわれている[33]。

## 2. 子どもが求めるものと子どもに求めるもの

なるほど，子どもが求めるものの肥大化は「本当に愚かしい」ことである。なぜなら，そのとき教育は子どものエゴイズムを増長させ，子どもを世界の主人（支配者）にする働きかけに矮小化されるからである。しかしだからといって，

再び子どもに求めるものの肥大化へと逆戻りすることもまた「本当に愚かしい」。なぜなら、そのとき教育は理性の名の下に子どもを奴隷（被支配者）にする働きかけに矮小化されるからである。それゆえ、カリキュラム研究の中心的な課題は、子どもが求めるものと子どもに求めるものとを統一することにある[34]。子どもは世界によって規定されるとともに世界を規定している。これが陶冶であった。この能動性と受動性との間の振り子運動の振り子をそれぞれの極に停滞させるのではなく、それを運動のままに促すことである。そしてこれは「が」と「に」の統一があってはじめて動きはじめることができる。

■**インターフェイスの充実**　そのためには両方を統一する媒体（メディア）が不可欠である。教育哲学者の田中智志によると、たしかにカリキュラムは子どもの生と対立関係にあるが、しかしこの対立を過大に問題とする必要はないという。彼がデューイを参照しながら主張するのは、カリキュラムと子どもの生とを結ぶインターフェイス（橋渡し）を充実させることである[35]。デューイの目的的活動の概念でもって、これを詳細にとらえることができる[36]。

> 人がタイプライターを「学ぶ」のは、それを利用していろいろな結果を生み出す作業の一部としてであるが、いかなる事実または真理もちょうどそれと同じように学ばれるのである。それが学習の対象になるのは——すなわち、探究と熟慮の対象になるのは——、人がある事件に関係し、またその結果の影響を被るとき、その事件の経過が出来上って行く経過の、考慮に入れるべき要因として、それが現れるときなのである。……生徒に学習すべき学課（ここでは算数——引用者による補足）をただ提示するだけでは、それだけ学習また研究という行為は不自然のものになり、効果のないものになる、ということを意味する。自分が関与している活動を結実させて行く過程で、自分が扱っている数的真理が占める地位を、生徒がよく理解するならば、それだけ学業は有効なのである。

計算の仕方が教授し学習すべき内容としてカリキュラムのなかに事前に盛り込まれる。なるほど、これは教師にとっては教授する理由になるのかもしれない。彼にはそれが生活の糧を得る仕事だからである。ここでの仕事という言葉は、理由をよく問わずに理由をつける決まり文句にすぎない。しかし子どもに

は，計算の仕方がカリキュラムに盛り込まれているという事実は，それを学習する理由になるわけではない．それでも，理由のない学習を要求されつづける時間・空間のなかで，彼らは理由を問うことをあきらめるようになる．そうして彼らも，勉強は子どもの仕事である，という理由なき理由づけをするようになる．

　大切なのは，計算の仕方を学習することが，子ども自身の目的的活動の達成プロセスのなかで生きて働くことである．たとえば，ある子どもが限られた予算のなかで夕食の準備をしたい，あるいは準備をしなければならないとする．この目的的活動の達成のプロセスには，予算との関係で献立を決め，実際に買い物に行って支払いを済ませ，そして残金を確定することが伴われる．そこでは計算することは，あるいはそれが苦手なのであれば，計算することを学習することは不自然ではなく，それどころか不可欠ですらある．そしてそのときすでに，子どもが求めるものと子どもに求めるものは目的的活動を媒介にして統一され，子どもの陶冶（「経験から学ぶ」こと）は旺盛に動き出している．こうした活動がデューイのいうところの「仕事（occupation）」である．

　■**教育のパラドックス**　これらの媒介のためには，教育する側は子どもが目的を有するように働きかけなければならないことになる．ここに不可避的に教育のパラドックスが立ちあらわれる．子どもが自分で自分自身に目的をつくり出すことを，教育という他者からの働きかけを通してつくり出すというパラドックスである．村井実は目標という言葉を使い，次のように述べている[37]．

> 　教育においてたいせつであることは，その目標というものは，けっして他から押しつけられた目標ではなく，あくまで児童自身のなかから生じた目標でなければならず，その目標の生産と実現にむかってはたらきかけることが教育活動の本質であるということである．……外からのはたらきかけによって内からの目標を生産させ，外からの目標を排除する人間をつくりだす．これが教育のパラドックスであり，このパラドックスが解けなければ，私たちは教育を放棄する方がいさぎよいにちがいないのである．

教育のパラドックスの解消を，村井はソクラテス的な友愛関係に求めている。子どもと同じ探究者としての教師が，一歩進んだ立場から模範，説明，そして手引きを示し，その下で子どもはその態度や技術を自然の内に学習する。「こうして学習者の内部に，外部からの刺激によって独自の目標像が育つ」[38]とされる。村井はこうした子どもとの友愛関係のなかに教育のパラドックスの「事実上の解消」をみている。

　しかしながら，事実上の解消は，理論上かつ実践上の解消を意味するわけではない。教育が外からの働きかけであるかぎり，そしてその働きかけによって生み出すのは子ども自身の目標であるかぎり，パラドックスはパラドックスのままでありつづける。しかし，それが事実上の解消という進路へと舵が切られるかどうかは，村井の言葉で表現すれば，教育する側に教育のパラドックスを「あえて引き受けようという意欲」[39]があるかどうかに左右される。

## 第5節　社会の像としてのカリキュラム

### 1. 流れにしたがいて水を治(おさ)むるが如く

　第2節において登場した福澤諭吉は，意図的な教育内容の限定的な力を語ってくれた。彼が「徳育如何」を公にした理由は，明治初期にはじまる西洋開明の国政指針が復古主義に回帰することへの危惧にあった。彼によると，公議輿論はすでに自主独立の大きな流れのなかにあるとみられる。それゆえ，学校教育が意図的に復古主義を教化しても，この流れを変えることはできないと語られている。意図的な教育内容の限定的な効果を説きながら，彼は「学校の教育をして順に帰せしむること，流れにしたがいて水を治るが如くせん」[40]と述べる。すなわち，自主独立の流れに棹(さお)さす学校教育のカリキュラムが福澤によって求められていた。

　しかし結局のところ，この回帰はいわゆる教育勅語体制を準備した。それにならって学校教育にも修身科を筆頭科目に位置づけたカリキュラムが与えられた。それゆえ，彼が述べたように，「天下の風潮は，つとに開進の一方に向いて」[41]いたかどうかについては議論の余地が残っている。それどころか正反対

にも，当時の社会に根づいていたのは，近代的な合理主義ではなく，前近代的な復古主義だったのかもしれない（福澤はそれをわかっていたからこそ「徳育如何」の筆をとったと筆者には思われる）。そのように仮定すると，当時の学校教育のカリキュラムが棹さしたのは，自主独立の思潮にではなく，強制隷属の思潮にだったととらえることもできる。

■教育とは，社会の反映に過ぎない　　自主独立であれ強制隷属であれ，社会の流れに棹さす学校教育のカリキュラムという考え方は，フランスの社会学者であるデュルケーム (Durkheim, É. 1858-1917) が「教育とは，社会を映す像であり，またその反映に過ぎない」と述べたことをさしている。学校教育が自殺に歯止めをかける最良の手段であると考え，学校教育に過度な期待を寄せる人々に対して，彼は次のように批判している[42]。

　教育は社会を模倣し，それを縮図的に再現しているのであって，社会を創造するものではない。国民自身が健全な状態にあるとき，はじめて教育も健全なものとなるが，それはまた国民とともに腐敗もするのであって，自力で変化することはできないのである。……それゆえ社会じたいが改革されないかぎり，教育の改革も行われえないのである。

デュルケームによると，社会が教育を規定しているのであって，社会の流れに抗う力など教育にはないのだという。なるほど，反論もできないことはない。たとえば，第1節で登場した熊谷少年は学校教育のなかで熱心に教育内容を吸収し，立派な軍国少年に成長し，社会全体も軍国主義に傾いていたではないか，と。しかし，これに対しデュルケームならばこう回答するだろう。すでに軍国主義社会の流れがあって，カリキュラムがその流れに棹さしたがゆえに，そこに絶大な力が働いていただけだ，と[43]。

## 2. 迂回路としてのカリキュラム

社会の流れに棹さしているのが学校教育のカリキュラムである，とのデュルケームの命題は，事実認識としては承認すべき説得性を有している。戦時中の

総動員体制下のカリキュラムも，戦後の民主化政策下のカリキュラムも，そこには当時の社会の像が映し出されているからである。なるほど，この事実認識を受け止めることに，カリキュラムの諦念を感じないわけにはいかない。しかし，学校教育のカリキュラムが社会変革を生み出せるという見方に潜む危うさも，同時に直視しなければならない。教育を通した社会変革の願いは社会を思いどおりにしたい欲望といつも隣り合わせである。そこにあるのはカリキュラムの過信である。この諦念と過信は，なるほど対称をなしてはいる。しかし，子どもが手段であるという点においては，両者はまったく同じである。いずれの場合においても，子どもは現存する社会の手段に，あるいは来るべき社会の手段にすぎないからである。

　本章において教育は陶冶を促す働きかけとしてとらえられた。そして陶冶とは「人間と世界との自由な相互作用」を意味した。これを想起しこれに準拠するとき，カリキュラムに期待すべきことは，社会の流れに棹さすことでもなく，この流れに抗って未だ現存しない社会変革を準備することでもない。そうではなくて，子どもが目的的活動を通し世界と対峙するなかで，社会や自然を反省的に問題化し，それをもって自己自身や自身を含む人々の進むべき方向について，子どもによる自己決定を促すことである。

　陶冶という迂回路の先に社会のよりよい変化を見通し，それを期待することはカリキュラム研究に残されている。


注）
1）プラトン／中澤務訳『プロタゴラス』光文社，2010 年，35-36 頁。
2）同上，35 頁。
3）熊谷一乗「学習指導書」『教育内容論』創価大学通信教育部，2002 年，7 頁。
4）戦時中の子どもの学校生活の様子については，たとえば以下を参照してほしい。山中恒『子どもたちの太平洋戦争』岩波書店，1986 年。絵本作家の田畑精一は玉音放送を聞いた 1945 年 8 月 15 日の自分の振る舞いを回想している。彼はたんすからボロ刀を持ち出して，気が狂ったように振り回し，柱やふすまを切りつけて泣いたという。彼は日本が必ず勝つと信じていたからである。猛烈に悔しくて敗戦を受け入れられなかった 14 歳の田畑少年にとって，あの戦争は聖戦でしかあり得なかった。朝日新聞朝刊（2015 年 11 月 16 日付 31 面）を参照。

5）熊谷，8頁。
6）プラトン，34頁。
7）マイケル・W・アップル／門倉正美・宮崎充保・植村高久訳『学校幻想とカリキュラム』日本エディタースクール出版部，1986年，1頁。
8）同上，15-16頁。
9）小熊英二『民主と愛国』新曜社，2002年，62頁。マーク・ゲイン／井本威夫訳『ニッポン日記』筑摩書房，1963年，63-64頁。
10）福沢諭吉「徳育如何」山住正己編『福沢諭吉教育論集』岩波書店，1991年，70-71頁。
11）同上，72-73頁。
12）Willmann, O. (Hrsg.): Theodor Waitz' allgemeine Pädagogik und kleinere pädagogische Schriften. Mit einer Einleitung über Waitz' praktische Philosophie. Braunschweig 1883, S. 45-65. 篠原助市『欧洲教育思想史（上）（下）』玉川大学出版部，1972年，上巻568-572頁，下巻366-379頁。
13）P. W. Jackson, *Life in Classrooms*. Holt, Rinehart and Winston 1968, pp. 33-34.
14）ibid. p. 36.
15）佐伯胖「学びの転換―教育改革の原点」佐伯胖・黒崎勲・佐藤学・田中孝彦・藤田英典編『岩波講座 現代の教育 授業と学習の転換（第3巻）』岩波書店，1998年，14-17頁。佐伯はこの文脈で「『学習』を学習者自身にとって『よく生きる』ための行動様式の獲得とみなすと，そこには顕在カリキュラム／潜在カリキュラムの二分法は意味をなさなくなる」(16-17頁) としているが，これには議論の余地がある。
16）藤澤伸介『ごまかし勉強（上）』新曜社，2002年，109頁。
17）竹内洋『社会学の名著30』筑摩書房，2008年，189頁。
18）ルーマン／村上淳一訳『社会の教育システム』東京大学出版会，2004年，99頁。浜田寿美男・佐々木賢・小沢牧子『学校という場で人はどう生きているのか』北大路書房，2003年，1-8頁。
19）ヘルバルト／是常正美訳『教育学講義綱要』協同出版，1974年，3頁。
20）ベンナー／牛田伸一訳『一般教育学―教育的思考と行為の基礎構造に関する体系的・問題史的な研究』協同出版，2014年，105-117頁。
21）ルソー／中山元訳『人間不平等起源論』光文社，2008年，74-75頁。
22）ベンナー／牛田訳，235頁。
23）デューイ／松野安男訳『民主主義と教育』岩波書店，1975年，222-223頁。
24）同上，223頁。
25）乙竹岩造『教育學』培風館，1949年，121-122頁。
26）同上，137頁。
27）ペスタロッチ／長田新訳『隠者の夕暮・シュタンツだより』岩波書店，1993年，69頁。
28）倉澤剛『近代カリキュラム』誠文堂新光社，1948年，1頁。
29）梅根悟『世界教育史』新評論，1967年，286-293頁。モニトリアル・システムの詳細については，以下の文献を参照してほしい。柳治男『〈学級〉の歴史学』講談社，2005年。
30）コメニウス／鈴木秀勇訳『大教授学』明治図書，1962年。
31）長谷川榮『教育方法学』協同出版，2008年，248-254頁。長谷川は，コメニウスの一斉指導の理論の実践的普及をモニトリアル・システムにみている。

32) バーンスティン／久冨善之・長谷川裕・山崎鎮魂・小玉重夫・小澤浩明訳『〈教育〉の社会学理論』法政大学出版局，2000 年，41-54 頁。本田伊克「学校で〈教える〉とは，どのようなことか」久冨善之（他編）『教育社会学』学文社，2008 年。
33) 田中智志「第 14 講 デューイと新教育」今井康雄（編）『教育思想史』有斐閣，2009 年，270-271 頁。
34) 長谷川榮「研究余滴 教育方法の両極性」『学校教育研究（第 17 号）』日本学校教育学会，2002 年，224-227 頁。
35) 田中智志「カリキュラム——どのように構成するべきか」田中智志・今井康雄（編著）『キーワード現代教育学』東京大学出版会，2009 年，50-52 頁。
36) デューイ／松野訳，216-217 頁。
37) 村井実『道徳は教えられるか』国土社，1967 年，194-195 頁。
38) 同上，199-200 頁。
39) 村井実『もうひとつの教育—世界にさぐる旅』小学館，1984 年，72 頁。
40) 福沢，85 頁。
41) 同上。
42) デュルケーム／宮島喬訳『自殺論』中央公論社，1985 年，475-477 頁。
43) これはデュルケームが保守主義者だったことを意味はしない。彼のメリオニズムについては，以下を参照してほしい。田中智志「第 13 講 デュルケームと教育科学」今井康雄編『教育思想史』有斐閣，2009 年，262-264 頁。

# 第6章　教授－学習の過程

## 第1節　教えることと学習すること

### 1.「私は教えることができた」の意味

「私は教えた」と教師が語る場合には，そこでは何が意味されているのだろうか。これを詮索すると，学習することとの関係において，およそ2通りの意味を考えることができるだろう。1つは，教えることで予期していた学習を引き起こした，という意味の「私は教えた」である。しかし，予期していた学習が引き起こされなかったならば，教えたことにならないとすると，引き起こしえなかったときの教師の行為は何だったのだろうか。ここに「私は教えた」のもう1つの意味が呈示される理由がある。それは，予期した学習を引き起こすことができたかどうかにかかわらず，その努力は試みられた，という意味の「私は教えた」である。一方の意味を教育哲学者の宮寺晃夫は「教えの包含テーゼ」とし，もう一方の意味を「教えの非包含テーゼ」と呼んだ[1]。

繰り返すことになるが，両方を区別するのは，教えたという場合に，教えられた人が予期されたとおりに学習した，ということが含まれるか，あるいは含まれないかにある。「教授－学習の過程」を話題にする本章がとるのは，それらのいずれか一方の立場ではない。それどころか，実際のところ筆者には両方の立場をとることが妥当だと思われる。しかしながら，それが承認されるためには，事実と規範の観点から教授と学習の関係を説明しておかなければならない。

■**主導権は学習者側にある**　「教えの非包含テーゼ」は，事実記述の観点からすれば，承認されるべき説得性を有している。なぜなら，教えられても学習がなされないことは，経験的に確証されているからである。

教え方のビジネス関連本が好調な売れ行きにある[2]。そのこと自体が予期した学習を引き起こすことがどれほど困難であるかを物語っている。このように一方では，教える人は思ったとおりの学習がなされないことをいつも嘆いている。しかし，他方ではこの悩みがあったとしても，いつでもどこでも，教えられなくても学習はなされている。たとえば，教育社会学者の広田照幸は，彼の子どもが教えもしないのに勝手にインスタント・ラーメンの作り方を学習して夜食にしていることを引き合いに出して，「そんなものだ。『教育』がなくても，私たちは『学習』が可能である」[3]と述べている。

　教えることと学習することとの間にあるこの結び合わなさの理由は，結び合わせるか合わせないかを決める鍵がいつも学習者の手のなかにしかないということにある。それはあたかも商品の売り手と買い手の関係のようなものである。売り手が商品をどれほど巧みかつ魅力的に語ろうが，買うか買わないかはつねに買い手の意思しだいである。これをデューイ（Dewey, J. 1859-1952）は「取引では買い手に主導権があるが，教育の場合，それ以上に主導権は学習者の側にある」[4]と表現している。

　売ることも，教えることも，はたまた治療することも，買うこと，学習すること，そして治癒することを予定どおりに呼び起こせるわけではない。これらの行為はその成果を上げることについていつも不安定である。「教えの非包含テーゼ」は，そうした意図と結果の結びつきにくさを冷静に記述してくれている。なるほど，本章の見出し語は「教授－学習の過程」であるが，そこには両方の密接な結合が暗示されているかのように思われるかもしれない。しかし，宮寺が述べるように，実際にはこうした「表現は，事実に照合する表現ではなく，一種のスローガンに過ぎない」ともいうことができる[5]。

　■**主導権は教える側にある**　「教えの包含テーゼ」は，規範の観点からすると，承認されるべき説得性を有している。なぜなら，教える人は，予期した学習を引き起こせる，あるいは引き起こせたこともあったのだから，次もそうできるはずだと信じることによって，はじめて教えることへと踏み出すことができるからである。

「馬を水辺に連れて行くことはできるが，それに水を飲ませることはできない」とは，同じくデューイの言葉である[6]。そこでは，馬に代わって水を飲んであげることができないのと同様に，誰かに代わって学習をしてあげることもできない，それゆえ，学習するかしないかは教える側の問題ではなく，徹底的に当の学ぶ側の問題なのだ，ということが意味されている。なるほど，事実認識としてはそのとおりである。しかし，これは教えることへの強い動因になることはできないだろう。私たちをそこへ突き動かすのは，「馬に水を飲ませることはできないが，そうであってもなおその可能性を信じて，それを水辺に連れて行こう」という，教えることと学習することとを結びつけられることへの期待である。

　ここで思い起こされるのは，シーシュポスのギリシャ神話である。彼は神々を欺いた罰として巨大な岩を山頂まで上げるよう命じられる。岩を山頂にあと一歩のところまで押し上げると，次の瞬間には岩は転がり落ちる。そしてこれが永遠と繰り返される。これが神々からの仕打ちであり，押し上げられるか，それとも押し上げられないかの鍵は神々の手のなかにしかない。この場面は「シーシュポスの岩」と呼ばれるが，教えることの現実はこれに相似的である。教えることは記述的には徒労に終わることがほとんどである。なぜなら，学ぶか，それとも学ばないかの鍵を握るのは，繰り返しになるが一義的に学習者だからである。しかし，このうまく行かないことこそが，反対にもうまく行かせようと試みる前提になっている。ただし，そこには頂上に岩を置けることへの希望が，予期した学習をもたらすことができるとの見通しが伴われなくてはならない。そうでなければ，シーシュポスも岩を繰り返し押し上げることはないだろうし，誰も教えることを試みることもないであろう[7]。

　そのかぎりで，教えることの主導権は教える側にある。教えることが予期した学習をもたらせるはずだとの信頼がこれを支えている。次はきっとできるはずだと思い直し，もう一度岩を押し上げようと，頂上を見上げるあのシーシュポスのように。「教えの包含テーゼ」はそうした規範的な意味を有している。先ほど述べたように，「教授‐学習の過程」という表現は事実に照合してはお

らず，単なるスローガンが語られているにすぎなかった。しかし，このスローガンのなかにある期待こそが，教えることへ私たちを突き動かしてくれる。

## 2. 陶冶を促す働きかけとしての教えること

こうした「教えの包含テーゼ」と「教えの非包含テーゼ」の解釈をふまえると，教えることの意味を次のようにまとめることができる。すなわち，教えるとは，記述的には予期した学習を引き起こすことは困難であるにもかかわらず，規範的にはそれでもなおそれができることに信頼を寄せて，予期した学習を引き起こそうとする試みである，と。ここからすぐさま次の問いが浮かび上がることになる。それはここでいうところの予期した学習が意味される・べ・きことは何か，という問いである。

■**予期すべき学習**　第5章における近代教育学の文脈にある本章では，予期した学習とは学習者が「経験 (experience) から学ぶ」こと＝陶冶 (Bildung) そのものである，との見解が妥当であると考えている（第5章第3節を参照）。そのとき，教えることの大事な課題は「人間と世界との自由な相互作用としての陶冶」[8]をどのように引き起こすのか，ということになる。

予期した学習は教える側によって予期されることがほとんどである。そこでは，教える側の都合や思惑がもっともらしく合理化される傾向がある（第5章第1節を参照）。それゆえ，この予期した学習は，教える側の一面性を回避する（少なくともその）可能性がある予期した学習でなければならないだろう。そうでなければ，あたかも馬に水を無理やりに飲ませるかのように，子どもはおとなによって決められた内容を，理由もわからずに飲み込ませられる存在として扱われることになってしまうからである。

上記のように，教えることが引き起こそうと予期する学習は，学習者が自ら「経験から学ぶ」こと＝陶冶にあるととらえる。これによってはじめて，教えることは「ニュルンベルクのじょうご (Nürnberger Trichter, 注入教授法)」を子どもの頭に突き刺すことを止めることができる[9]。それどころか，この意味の教えることは学習者の自律性を志向することになろう。そのとき，教えるこ

とは教える側の都合や思惑のためではなくて，子どもの自身の成長＝自己改善能力を次々と発展させることのための働きかけになるからである。第5章第3節を振り返るならば，教えることは子どもが自分自身の支配者であり，かつ自分自身の被支配者であるための働きかけになる，ということでもある。

　ルソー（Rousseau, J. J. 1712-1778）は「わたしの生徒を，将来，軍人にしようと，僧侶にしようと，法律家にしようと，それはわたしにはどうでもいいことだ。……生きること，それがわたしの生徒に教えたいと思っている職業だ」[10]と述べた。子どもの現在や将来をおとなが恣意的に規定するのでも，それらを子どもの勝手気ままに任せるのでもなく，「いつでも自分で自分を支配するように，ひとたび意志をもつにいたったなら，なにごとも自分の意志でするようにしてやること」[11]のなかに，彼は到来しつつあった近代的世界における教えるべき「生きること」の意味をとらえていた。

　■**教えることを否定する教えること**　　そのように考えると，教えることはそれ自体が不要になることをいつもめざしている意味において，自己否定的な働きかけだ，ということができる。教えることが，学習者が自分自身で「経験から学ぶ」という予期した学習を引き起こしたときには，いうまでもなく，教えることはもはや必要なくなるからである。

　子どもが将来社会人として立派に生きるために，校内の規律を守ることを教えていると主張する教師の事例でもって，これを詳しく解説してみようと思う。

　この教師は規律を教えることが少しばかり強制的だとしても，それが子どもの自律のためになるのだから，自己の行為には正当性があると考えるのかもしれない。なるほど，自律を最終的に志向しているがゆえに，これも教えることそのものを否定する教えることだととらえられなくもない。しかし，それはここで意図した自己否定的な教えることからは程遠いばかりでなく，それどころかまったくの正反対のとらえ方である。

　この教師の物言いは，あたかも自転車の後部座席にシートベルトで子どもを固定し，親が自転車にまたがって自分の目的地へと疾走し，そしてそこに到着したところで，唐突に「今度は自分で自転車を運転して行きなさい」と子ども

に要求するようなものである。そのとき，子どもは自転車を運転できるだろうか。答えはもちろん「否」である。自転車を運転する力は，子どもが自分で自転車を運転することを実際に試みるなかでしか身につけられないはずである。だからこそ，親は自分の子どもには自転車に乗る力は今のところはないとわかりながらも，同時にそれが仮想的にすぎないにしても，子どもを運転できる存在として扱おうとするわけである。

　そのとき，子どもがシートベルトを外し，自転車にまたがり，自分で行き先を決めて，そしてそれを走らせることを促すことが試みられる。親は子どもが試みに運転している自転車の荷台をつかみながら，スピードが足りなければ，自転車を前に押す力を加えるし，左右どちらかに傾けば，その傾きを修正する。そのさなかでも親は荷台の手を離すことをいつもねらっている。「（荷台を）持っているよね，持っているよね」と運転を試みながら確認してくる子どもに，その背後で「支えているよ」と言いながらも，親は実際には手を離す瞬間をつねに探している。

　自転車の乗り方について，教えることをはじめることと教えることをやめることは現在進行形のなかで交互に展開している。荷台をつかみながら自転車を前に押し出して（教えることをはじめる），それがうまく進みそうになるとすぐさまその手を解き放つ（教えることをやめること）。自転車がよろめいて倒れそうになるとき，再び荷台を素早くつかみその傾きを調整して（教えることをはじめること），そしてうまく進みそうなところでその手を放す（教えることをやめること）。教えることは，必要なときにいつでもはじまるが，はじまった途端にそれをやめることをめざしている。そうして，手をつかむ・放すという繰り返しをとおしてはじめて，親は子どもが自転車を自らの力で走らせる姿を，後ろで遠くから見守ることができる。自分の力で子どもは運転ができるようになったのである。このように教えることの自己否定性とは，現在進行形のなかでとらえられなければならない。

　先ほどの教師は，自律のために規律を子どもに教えていると述べていた。しかし，卒業のその日まで，誰かがどこかで決めた規則を守るように教えられて

きた子どもが，自分で立法しその立法にしたがう自律した人間として学校を巣立つことができるだろうか。答えはいうまでもなく「否」である。大切なのは，自転車を運転する練習のときと同じように，子どもが自分で立法することとその立法にしたがうことを実際に試みることである。たとえ今現在の子どもにそれがむずかしかったとしても，それができる存在として扱われないかぎりには，子どもはそうできる存在に成長することはできないからである。そうであるならば，教えることは，あの自転車の荷台をつかんで前に押しては手を放し，傾きを戻しては手を解き放った親のように，立法を促して子どもがそれをはじめたとき，またその立法にしたがうことを促しそれを子どもがはじめたとき，すぐさまその働きをやめる自己否定的な働きかけでなければならない。

ここでは，子どもは世界によって規定される受動的な存在（教師によって決められた規則を受け入れる存在）として見なされているわけでも，世界をもっぱら規定するだけの能動的な存在（規則などおかまいなしにエゴイズムが肥大化する存在）として見なされているわけでもなく，世界に規定されるとともに，世界を規定する存在としてとらえられている。それでもって，子どもは自己否定的な教えることの助けを得ながら，自分で「経験から学ぶ」ことができるようになってゆく（少なくともその）可能性を有することができる。

## 第2節　学習の理論

学習は『岩波教育小辞典』によると，「個々の経験の結果として生ずる行動の再編成を意味し，先天的ないしは本能的行動の固定したパターンを変更ないし統制するような行動結果の成立」[12]だと定義されている。あるいは『教育思想事典』を紐解くと，標準化された定義であると前置きがされたうえで，「一定の経験をした後で，行動に持続的な変化が見られるとき，学習がなされた」[13]と考えられている。これらの定義を参照すると，そこに3つの柱となる意味をとらえることができる[14]。

その1つには，「経験の結果として生ずる」「経験をした後で」とあるように，学習は先天的ではなく後天的だということである。経験は人間と世界との相互

作用のプロセスのなかで生起するが,その本質は環境に働きかける能動性とそこから被る受動性との関係のなかにある。柱となる2つ目は,「パターンの変更」「持続的な変化」から解釈すると,学習には一回性の変化ではなくて,長期的かつ永続的な変化が含意されるということである。運動して疲労する,休んで疲労が回復するなど,短期的かつ一時的な変化は学習とは呼ばれない。そして柱となる意味の3つ目を「行動結果の成立」「行動に持続的な変化」のなかにみることができる。行動の改善や新たな行動様式の獲得が学習の中心的な意味だととらえられている。

しかしながら,3つ目については議論の余地が残されている。外的な行動におけるばかりでなく,内面的な認知における,さらにはそれを超えて人間の全人格における変容とそれらにおける新たな様式の獲得も学習の意味に含める,あるいは含めるべきとの見方も議論されているからである。これらの変容や新たな様式の獲得について,その生成メカニズムの説明が試みられている。それが学習理論である。そのなかでも代表的な理論構想として,行動主義的学習理論,認知主義的学習理論,そして社会構成主義的学習理論をあげることができる[15]。

## 1. 行動主義と認知科学における学習理論

■刺激 - 反応理論 (Stimulus-Response Theory, S-R 理論)　　刺激 - 反応理論は行動主義 (behaviorism) の立場にある学習理論である。行動主義は,自然科学が目覚ましく発展し,そこに疑念の余地なき信頼が寄せられた19世紀からの世界観の文脈のなかで,20世紀初頭のアメリカ合衆国に誕生した。1950年代半ばまで学習心理学の主流であった行動主義の問題意識は,心理学も他の自然科学と同じように,その研究の対象と方法を客観化することであった。それ以前の心理学が意識や心といった直接には観察できない対象を,内観という主観的な方法によってとらえようとしてきたことが厳しく批判された。行動主義は,その名称が暗示しているように,行動とその変容を研究の対象にするとともに,実験的操作を駆使して行動の変容のメカニズムを究明することによっ

て，人間の行動を統制することをねらいとしていた。

　行動主義によると，行動は環境内の刺激（stimulus）に強く結びついた反応（response）であり，行動の変容としての学習は，刺激と反応との間に新たな連合が成立することだとされた。これが行動主義における学習のとらえ方の最大公約数的な理解である。その代表者の一人のソーンダイク（Thorndike, E. L. 1874-1949）は，この連合には「効果の法則（law of effect）」があると主張している。たとえば，「3 + 3 = ?」という問題が呈示される（S）。子どもは「6」と回答する（R）。ここに，たとえば「すばらしいですね」という声かけなど，報酬を伴う肯定的な働きかけがつけ加わると，このSとRの結びつきが強化（reinforcement）されるとみられる。さらにこの強化には「練習の法則（law of exercise）」が働いているとされた。一定のSとRの反復練習はこの連合を強化するとみられ，いわゆるドリル学習を理論的に準備することになった。

　教育の分野に応用されて比較的大きな影響を及ぼしたのは，スキナー（Skinner, B. F. 1904-1990）の「オペラント条件づけ（operant conditioning）」である。レバーを押すと餌が出るように仕掛けされた箱のなかにネズミを入れる。ネズミが偶然にもレバーを押す（オペラント行動）。そして餌が出てくる（強化刺激）。そうすると，ネズミは自発的にボタンを押すようになる。これが強化されたオペラント行動だとされる。オペラント条件づけは，強化刺激を操作することで，一定の望ましいオペラント行動を統制することを意図している。これが直接に応用されたのがプログラム学習（programmed instruction）である。学習内容を，学習者がスモールステップを踏めるように，簡単なものからむずかしいものへと配列する。配列された学習内容が択一式問題として学習者に呈示される。学習者が一つひとつの問題に回答するたびに，すぐに正誤がフィードバックされる。それと同時に正答した行動を強化し，誤った行動を消去する働きかけが学習者に向けられる。このプログラムは，それがコンピュータにセットされることで，CAI（computer assisted instruction）として活用されることにもなった。

　■**認知科学（cognitive science）における学習理論**　　認知科学は，行動主義が科学的ではないとして退け，ブラックボックス化した（つまり，心はその中身

が見えない暗箱と同じであるから，これについて探究することをあえてしてこなかった）内的機構を，研究の対象として再び取り上げている。認知科学という言葉そのものが使われはじめたのは，1970年代に入ってからのことである。しかし，心への再着眼はすでに1950年代からはじめられていた。これを後押ししたのがコンピュータの出現と発展である。これをもって，コンピュータと同じように，人間の心も環境からのインプットを処理し，その結果をアウトプットする情報処理装置だということを想定することができたからである。認知科学は，まずはこれをモデルに暗箱の開封を試みたのである。

情報処理装置のモデルにおいては，学習はインプットされた情報を処理し蓄積して，その情報の指示のとおりにアウトプットできることである。それゆえ，当然の帰結として，学習者も受動的な情報処理者だと見なされた。

しかし，1970年以降になると，学習は環境との相互作用をとおして，自己の心的構造を再組織化する意味形成の働きとしてとらえられるようになる。装置そのものが変化すると考えられ，そこでは学習者は能動的な意味形成者としてとらえられることになった。これは学習の構成主義的な見方が登場したことを意味している。たとえば，ピアジェ（Piaget, J. 1896-1980）は，認知構造を主体である個人内に想定し，客体である環境との能動的な相互作用によって，その認知構造そのものを変化させ再構成することが学習だととらえている。こうして「学習は構成的である」との構成主義的な見方は，精緻な学習理論の組み立てという観点からは未だ成熟途上にあるとはいえ，それでもすでに学習理論が構想される際の共通の基礎になっている。

行動主義と認知科学における学習理論の展開は，コルテ（De Corte, E.）によって次のようにまとめられている[16]。

> 20世紀に学習の概念は重要な発展を遂げてきた。行動主義者にとっては，それは強化刺激を通じた反応の強まりとして認識されていた。認知心理学の出現は，情報処理の中心的役割に焦点を移すことで根本的な変革をもたらした。ただしそれは，どちらかといえば受動的な方法での知識習得としての学習観を持っていた。そこで，意味形成者としての学習者の能動的な役割に焦点をあてることで，

「知識構成」(knowledge construction)としての学習という新しいメタファーが登場した。

## 2. 社会構成主義的学習理論と学校教育

■正統的周辺参加(Legitimate Peripheral Paticipation)としての学習　『状況に埋め込まれた学習』の出発点は、その著者であるレイブ(Lave, J.)とウェンガー(Wenger, E.)の言葉を参照すると、それまでの学習の説明では、「知識が『発見される』にせよ、他人から『伝達される』にせよ、あるいは他人との『相互作用のなかで経験される』にせよ、そのような知識が内化する過程を学習とみなしていた」[17]ことへの懐疑だと思われる。この見方が有する自明の前提は、学習を考えるときには個人を分析単位とすること、そしてまた学習は、それが伝達によるものであっても、あるいは同化によるものであっても、いずれにしても所与の吸収である、ということである。彼らの試みの意義はこの自明性から抜け出して、それとは正反対の見方から学習をとらえようとするところにあった。それはすなわち、学習は個人的ではなく社会文脈的であるということ、そして学習は所与の吸収ではなく、実践共同体への参加だということである。ここに彼らの学習理論が「社会構成主義的」と形容される理由がある。

　レイブとウェンガーは徒弟制の記述と解釈から正統的周辺参加の概念を解き明かしているが、これを身近なところに引きつけて、大学のサークル活動から解説してくれるのは、教育方法学者の小笠原喜康である[18]。

　テニス・サークルに入ると、そこで教科書を使った授業があるわけではなく、新入生は下働きのようなことから活動をはじめる。ネットを張ったり、道具運びをしたり、そして掃除をしたりということの繰り返しである。しかし、学年が上がり先輩になると、当初の役割は後輩が担うようになり、その代わりに会計をしたり、渉外を担当したり、あるいは運営の中心者を任されたりするようになる。そうした役割の交替と引き受けのなかで、ときに問題にぶつかりそれを解決しながら、個人も共同体も変化を遂げてゆく。「学習を実践共同体への正統的周辺参加として特徴づける」[19]とは、この意味でとらえることができる。

そこには，行動主義が学習だとする行動の変容や認知理論が学習だとする認知の変容という枠を超えて，「世界に働きかけている全人格 (whole person)」[20] が関係している。テニスの技能を身につけることも，競技自体について研究することも，ネットの張り方を身につけるのも，会計処理の仕方を駆使できるようになるのも，さらにそこに伴われる責任感の芽生えややりがいの実感も，このような全人格の変容はすべて，参加している実践共同体の状況に埋め込まれている。

　正統的周辺参加の「周辺」は「中心」の対義語ではない。テニス・サークルの部長は決定権があるがゆえに中心であるが，道具運びはそれが欠けているがゆえに周辺である，といった優劣は意図されてはいない。部長も道具運びもどちらも実践共同体には不可欠という意味でそれぞれが「正統」であり，そして不可欠という点においては優劣がない分担であるとの意味でどちらも「周辺」である。それゆえ，実践共同体に不可欠で（正統的）優劣のない分担（周辺）を引き受けること（参加）そのものが，学習であるととらえることができる。こうして「『学習』の概念は心理学的な概念ではなく，社会・文化的な概念となり，他者とともに営む社会的実践」[21] へと転換している。

　■**実践共同体としての学校**　　学習理論は，多かれ少なかれその成果が教授技術的方略に応用されることを暗黙の了解としているし，あるいはそれを積極的に望んでもいる。刺激-反応理論を承認すると，教えることは望ましいオペラント行動に強化刺激を，あるいは望ましくない行動に弱化・消去刺激を与える働きかけになる。あまりにも卑近な例であるが，このとき教えることは飴と鞭を巧みに使い分けることとほとんど変わりがなくなる。心のなかに情報処理装置が備わっているとの仮定を承認するとき，教えることは知識を効率的に装置へと伝達することであり，装置への入力に適した教材開発に力点がおかれることになろう。そして知識構成を承認した教えることは，学習者を中心にしてアプローチをかける。学習者の内的機構を予期しつつ，そこに合わせた知識構成の手助けが教えることとして試みられる。

　しかしながら，レイブとウェンガーは正統的周辺参加にそうした処方箋的な

価値を帰属させてはいない。彼らは「正統的周辺参加はそれ自体は教育形態ではないし、まして教授技術的方略でも教えるテクニックでもないことを強調しておくべきである」[22]としている。それどころか、彼らが見通していたのは、教授技術的方略の開発ではなく、学校を実践共同体として分析するとき、そこで「生徒が何を学ぶのか、何を学ばないのか、何が彼らにとって意味あるものになるかを明確にする、より優れた文脈を提供する」[23]ことであった。

　学習を実践共同体への正統的周辺参加だと考えるとき、レイヴとウェンガーが語るように、学校という実践共同体に参加する子どもは、授業のなかで知識や技能を習得するばかりでなく、学校生活の状況に埋め込まれながら全人格的に学習していることになる。たとえば、認知心理学者の佐伯胖によると、受験勉強の繰り返しのなかで、子どもは「固定能力観」をもつようになるという。自分には能力がないと考える子どものなかには、絶望して勉強以外の能力もないと思い込む子どももいれば、自分には本当は能力があるはずだということを確認するためだけに勉強に打ち込む子どももいたり、あるいは正反対に能力がないことを隠そうとしてわざと勉強を怠る子どももいたりするという。自分には能力があると考えている子どもは、他者が自分のことをできる子どもだと思っていることを意識して、いつもその期待にこたえるべく努力をする。しかし、他者が設定した目標を達成し、もはやそれが与えられなくなると、自分自身の方向性も同時に失ってしまうという[24]。そしてこれらはまぎれもなく、学校という実践共同体への参加としての学習が生み出した「うまく生き延びる方略」（第５章第２節を参照）の１つの事例である。

　学校という実践共同体への参加が、そこで生きる人々に何を浸透させているのか、そうした浸透はどのようにして可能になっているのか、そしてそれをふまえたうえで、学校はどのような浸透が起こる実践共同体であるべきなのか。正統的周辺参加としての学習理論は、行動主義や認知科学の学習理論が教授技術的方略を志向するのに対して、学校そのもののあり方の記述と規範の問いに開かれている。

## 第3節　問うことと向け変えること

　教えることが引き起こそうと試みる予期すべき学習とは，本章第1節においてすでに規定されたように，学習者が「経験から学ぶ」こと＝陶冶であった。それを引き起こそうとして，「ニュルンベルクのじょうご」を子どもの頭に突き刺し，そのなかへ「経験から学ぶ」という言葉や概念を注ぎ込んだとしても，子どもは経験から学べるようにはならないだろう。それは，自転車の乗り方についての教科書を子どもが音読し，理解し，暗記し，そしてテストで100点満点をとっても，決して自転車に乗れるようにはならないのとまったく同じである。世界に働きかけ，世界からの反応を受け取るとともに，その働きかけたこととそこから被ったこととの関係を意味づけること，そして再び世界に働きかけることを構想するとともに，それと働きかけたあとに被るであろうこととの間を予期する反省的思考を豊かにしつつ，再び世界に働きかけて，働きかけたこととそこから被ったこととの間を意味づけ，そして再び……，という人間と世界との自由な相互作用におけるらせん状の歩みが陶冶プロセスである。これを実際に歩むなかでしか，子どもは経験から学べるようにはならない。こうして教えることの探究は，このプロセスを促す働きかけがどのようなものか，との問いへと向かうことになる。そしてこの回答はすでに古典期の対話編のなかでも探究されてきた。

### 1．問いかけること

　■**産婆取り上げの術**　　プラトン『テアイテトス』には「知識(エピステーメー)とは何か」をめぐる探究の物語が綴られている。愛智者ソクラテスと若きテアイテトスの間でこの問いが議論され，その暫定的な帰結として「知識でないもの」が記述されている[25]。教えることのまなざしからこの対話編をとらえるとき，大切なのはこの帰結がどのような方法によって導かれたのか，ということにある。ソクラテスはその方法を「産婆取り上げの術」[26]だと語っている。この対話編は，彼がこの術でもってテアイテトスに教えることを試みた実践記録だとみること

もできる。なぜなら，この対話はテアイテトスの知的陣痛からはじまり，彼の知的出産によって綴じられているからである。

産婆取り上げの術という名称は，ソクラテスの母親パイナレテが産婆だったことにちなんでつけられたものだが，陶冶を促す働きかけの1つをこれ以上に的確に表象するものはないと思われる。彼は，自分は子どもを取り上げるのではなくて，精神の産をみとるのだと述べて，次のように続けている[27]。

> 僕は智を生めない者なのだ。そしてそれはすでに多くの人たちが僕に非難したことなのであるが，僕は他人に問いかけるが，自分は，何の知恵もないものだから，何についても何も自分の判断を示さないというのは，いかにも彼らの非難のとおりである。……ところが，僕と一緒になる者，僕と交わりを結ぶ者はというと，はじめこそ全然無知であると見える者もないではないが，しかし，すべては，この交わりが進むにつれて，……その者自身の見るところによっても，また他人に思われるところによっても，驚くばかりの進歩をすることは疑いないのだ。それがしかも，これは明白なことなんだが，何ひとつ僕のところからいまだかつて学んだことがあったためではなく，自分で自分自身のところから多くの美事なものを発見し出産してのことなのだ。

ソクラテスは，自分は知を生めないと告白している。しかし，そうであればこそはじめて，テアイテトスには彼自身の力で知を生もうとする舞台が用意されることになる。ソクラテスは知恵がなく判断を示せないと非難される。彼自身が弁明しているように，彼は「知らないのに知っていると思っている」知恵ある者ではなく，「知らないので，ちょうどそのとおり知らないと思っている」知恵なき者だと自認している[28]。しかしそうであればこそ，彼は当たり前だと思われていることを問うことができるし，そしてテアイテトスにもその問いを投げかけることもできる。これとは反対に，自分は知を生みだせると考え，すでに知を生みだしたと信じる知恵ある者は，自問することも他者に問いを投げかけることもない。なぜなら，その人はもう知っているのだから。この知恵ある者に残された課題があるとすれば，それは自分の知恵を伝達し広め仲間を増やすことにしかない。そのときすでに，その仲間の頭には「ニュルンベルクの

じょうご」が突き刺されていることだろう。

　知恵なきソクラテスは知恵なきがゆえに，テアイテトスに「知識とは何か」と問える。その問いに刺激され，答えることを何度も試みたが，かといってそれをうまくできるわけでもなく，だからといって途中でやめるにも気掛かりでそれができない，とテアイテトスは打ち明ける。それをソクラテスは「君は，君自身も考えている通り，何かを産み出したいものをお腹にもっていて，それで陣痛を感じているのではないか」[29]と診断する。そしてテアイテトスに対してこの知恵なき者（ソクラテス）が働きかける方法は，ソフィストのように自分の知恵を切り売りするのでもなく，また彼の頭に他者が探究し終えた結論を注ぎ込むことでもない。ソクラテスが選択したのは，テアイテトスに問いを投げかけつづける方法だった。ソクラテスは次のように述べている。「僕に向かっては，僕は産婆のせがれで，自分も産婆の仕事をする者なんだという考えで向かって来てくれたまえ。そして僕の問いには，一生懸命に出来るだけ答える努力をしてくれたまえ」と。

　テアイテトスは，繰り出される問いかけに，こう返答したら，きっとこう返答される，別の返し方をしたら，こう返し返されるといったように予期し，反省的思考を活発化させる。そして実際に問いに答える能動性を発揮するとともに，ソクラテスからの反応を受容して，そして新たに投げかけられた問いに再び反省的思考の駆使に基づいて答えを模索してゆく。こうしたらせん状の歩みのなかで，彼は陶冶プロセスを進んでいるはずである。そのとき，テアイテトスは問われる人ではなく，いつの間にか自覚的に自ら問う人になっている。

　■問いの伝染と発問　　この問いかけられることから問うことへの転換のきっかけはどこにあるのだろうか。これをプラトン『メノン』においていっそうはっきりとつかむことができる。「徳とは何か」をめぐって，ここでも「産婆取り上げの術」を駆使するソクラテスに対して，青年メノンは次のように述べている[30]。

　　ソクラテス，わたしはあなたにお会いする以前から，あなたは自分で難問に

悩み，他人をも難問に悩ますことしか，しない人だという話を聞いていました。……それでわたしは，こんなにもたくさんの難問に取り囲まれて，途方にくれています。……お顔からも他の点からも，わたしには，あらゆる意味であなたは，あの海にいる平たいシビレエイにもっともよく似ているように思えます。じじつシビレエイも，そのつど近づいてきて自分にふれる人間を痺れさせますが，……わたしは，心も口もほんとうにひどく痺れてしまって，あなたに申し上げるような答えをもっていないのですから。

「徳とは何か」を知っていると思い込んでいたメノンは，精神の産婆であるソクラテスから問いかけられ，それに答え，論駁され，再び問われ，それに答え，そして論駁され……という繰り返しのなかで，「徳とは何か」がわからなくなってしまったと語っている。そして今や「徳とは何か」との問いは，投げかけられたという意味において与えられた問いだったにもかかわらず，当の投げかけたソクラテスばかりの問いではなく，すでにメノン自身の問いへと転換している。そうした問いの伝染は感染源がなければ発生しようがない。その経路をたどれば，それはソクラテス自身のエロスに行き着く。知っていると知っていないとの間にあって，そもそも彼自身が「徳とは何か」という問いの答えを希求しつづけている。彼は次のようにメノンに語っている。「このぼくのことだが，もしそのシビレエイが，自分自身がしびれているからこそ，他人もしびれさせるというものなら，いかにもぼくはシビレエイに似ている。……道を見うしなっているのは，まず誰よりもぼく自身であり，そのためにひいては，他人をも困難に行きづまらせる結果となるのだ。……徳は何であるかということは，ぼくにはわからないのだ」[31]。このように，メノンが陶冶的に世界に対峙するきっかけは，問われることと同時に，問いを投げかけてくる当の本人がその答えを知らないがゆえに，本気でその問いを問うているということにある。

これをふまえて，学校教育を振り返るとき，陶冶を促す働きかけの1つとしての「問いかけること」とそこでの授業における発問との埋めがたい裂け目が浮かび上がる。なぜなら，授業で教師は答えを知っているのに子どもに問うているからである[32]。ほとんどの子どもはそれを見透かしていて，それでも教師

の自作自演に付き合ってくれている。あるいは教師の振る舞いは子どもにとってはあまりにも日常的であり，特別にそれを意識することなく授業を受けている場合もあり得る。そういう子どもは，教師が知っているはずのことを推察し，そこで答えさせたがっていることを一生懸命に探している。教師が知っているのに質問してくることを見透かしている子どものなかには，馬鹿らしくて教師に付き合いきれないと考える子どももいるだろう。いずれにしても，他者が規定した正答をいち早く察知して正確に再現する能力が求められる時間・空間のなかで，すべての子どもがうまくできるようになるわけではないにしても，子どもは「察知できるか／察知できないか」「再現できるか／再現できないか」の区別に準拠して自らの振る舞いを決定することになる。

　小学校高学年の国語の授業で教師が「友」という漢字を板書する。そして「これは何と読みますか」と発問する。ある児童が「先生，本当に知らないんですか⁉」と真顔で驚いて，ていねいに「それは『トモ』とか『ユウ』と読むんですよ」と答える。学校外のコミュニケーションのなかでは，人は知らないからこそ他者に質問する。この文脈に立って，聞かれたことに誠実に答えたこの児童の振る舞いは，学校内特有のコミュニケーションのなかでは教師にもほかの児童にも悪い冗談だと思われることだろう。それほどまでに，私たちにはこのコミュニケーション・スタイルが浸透している。

　問いかけられた問いが，子どもの自身の問いへと開かれるとき，子どもの陶冶はすでに動き出している。この問いの伝染を促すのは，問いかけている人自身が，その問いの答えを知らないがゆえに，それを知りたいと本当に思い問いかけている，というエロス的生き方である。なるほど，学校教育の発問も陶冶を起動させ回転させるためには不可欠ではある。しかし，そこには決定的に欠けているものがある。それを知恵なきソクラテスは教えてくれている。

## 2．向け変えること

　陶冶を促す働きかけのもう1つは「向け変えること」である。「問いかけること」が，それによって子どもの自身の問いへと伝染することをとおして，陶

冶の推進力を高めるとすれば,向け変えることは陶冶の方向性に関係している。ただしそれは実定的な方向づけを意図しているわけではない。そうではなくて,意図されているのは,一定の方向に進む人間と世界との自由な相互作用を,「もうひとつの世界」[33]を呈示することによって,別の開かれた可能性へと開示することである。

■**洞窟の比喩**　向け変えることとしての教えることは,プラトン『国家』のなかに参照することができる。新国家建設のための哲人政治家の教育が,同著後半部の重要論題であった。そのなかでソクラテスは「洞窟の比喩」を用いながら,向け変えることを描き出してくれている[34]。

　洞窟の奥の壁に向けて縛りつけられた囚人は,その背後の火の光で壁に映される影しか見ることができない。洞窟の外には太陽が輝いている。ある囚人をその地下の住まいから,粗く急な登り道を力ずくで引っぱって連れて行く。その囚人は嫌がってはいても,地上に出るとゆっくり太陽の光に慣れてくる。そのあとで,洞窟での経験はすべて影によるものだと気がつく。彼はかつての囚人の仲間をあわれに思い洞窟に戻るが,周囲の理解を得られずに,狂人だと見なされ,捕らえられ,そして殺されてしまう。

　洞窟の住まいは身体的な眼でとらえられる世界(見られる世界)の喩えであり,洞窟の外の世界は理性の眼でとらえられる世界(思惟によって知られる世界)の喩えである。両世界の関係のなかで,ソクラテスは教育の本質に関する話を進めている。彼によれば,教育は魂のなかに知識がないから,知識をそのなかに入れてやることだと,一般に考えられているという。それを彼は,「あたかも盲人の目のなかに,視力を外から植えつけるかのように」と表現している。しかし,彼はこれを誤りだとして,次のように述べている[35]。

　　ひとりひとりの人間がもっているそのような〔真理を知るための〕機能と各人がそれによって学び知るところの器官とは,はじめから魂のなかに内在している……。／教育とは,まさにその器官を転向させることがどうすればいちばんやさしく,いちばん効果的に達成されるかを考える向け変えの技術にほかならないということになるだろう。それは,その器官のなかに視力を外から植え

つける技術ではなくて，視力ははじめからもっているけれども，ただその向きが正しくなくて，見なければならぬ方向を見ていないから，その点を直すように工夫する技術なのだ。

ソクラテスは教えることを，洞窟の住まいから外の世界へと囚人を連れ出すことに喩えている。それは，移ろいゆく現象界からイデアが君臨する叡智界へと，将来の哲人政治家のまなざしを向け変えることである。そのかぎりで，ソクラテスによる向け変えの技術は，なるほどそれが知識注入主義を回避していたとしても，見るべきことがすでに向け変える側によって決定され，しかもそれが絶対化されているかぎりで，やはり実定的な働きかけ以外の何ものでもない。彼自身も新国家建設のためには，「すぐれた素質をもつ者たちをして……，先述のような上昇の道を登りつめて〈善〉を見るように，強制を課するということ」[36]が必要だと信じているからである。それゆえ，ソクラテスによる教えることとしての向け変えの技術——この場合，正確にはプラトンの教えることとしての向け変えの技術と表現すべきかもしれないが——は，陶冶を促す働きかけという観点から適切に再解釈されなければならないだろう。

■「もうひとつの世界」の開示　陶冶を促す働きかけとしての教えることは，1つは問いかけることであった。問いかけられた問いが子どもの自身の問いに転換するとき，「経験から学ぶ」ことが起動し回転しはじめる。しかし，そうした学習は子ども自身による学習であるとともに，独善的なものではなく，「美事なもの」[37]の発見であり出産でなければならない。しかも，美事だとされるものが外から詰め込まれるのでも，強制的に身体ごとそこへ向け変えられるのでもなく，あくまでも「美事なもの」は内から産み出されたものでなければならない。

そのための働きかけは，実定性に向け変えることではなく，子どもの視界をいつも別様の世界の可能性へと向け変えることである。それは「学習者にすでに知られていること，まったく気づかれていないことを示すのではなく，彼・彼女等の疑問にはなったが，内容的に彼・彼女等によってまだ認識されていないことを示す」[38]ことにある。

具体的に説明を試みてみよう。子どもたちは，教師から「どうして私は学校にみんなを通わせなくてはならないのだろう」と問いかけられる。その問いは子どもたちにとっては，「どうして自分たちは学校に通わなくてはならないのだろう」という問いに転換するかもしれない。子どもたちは自問自答をくり返すなかで，学校には行きたくなければ行く必要はない，という帰結に傾くこともあるだろう。そのとき，教師は学校に行きたくても行けなかったほかの子どもたちの現実を示す。これが向け変えることである。たとえば，映画『誰も知らない』(是枝裕和監督, 2004 年) のなかで登場する主人公，福島明少年の毎日の生活を鑑賞してみることが提案されるかもしれないし[39]，人権運動家のマララ・ユスフザイ女史の事例を調べることが促がされるかもしれない[40]。子どもたちが再び自問自答を繰り返し，それならばやはり学校に行くべきだ，という結論に行き着くとき，今度は学校の同調圧力に苦しむ子どもたちや実際に学校に通わなくなった子どもたちの事例を教師は示す。たとえば，さかなクンのエッセーを読むことが薦められるかもしれない[41]。これも向け変えることである。そうして子どもたちは両方の板挟みにあって，答えに行き詰まることになるだろう。それを見た教師は子どもたちに対して，どうして学校に行かなければならないのかに答える前に，どのようにして学校は成立したのかを調べることが先かもしれない，と提案する。これは子どもたちの視界を歴史的かつ社会的な視界へと開示する意味での向け変えることである。

　向け変えることの意図は，子どもが問いに答えを出そうとする際に，その思考を別様に紡ぐ可能性を提示することにある。決してそれは実定的な価値をみせてそれを子どもの眼に焼きつかせようとすることにはない。陶冶可能性を承認するとき，どこまでも学校に通う理由を決定するのは子ども自身だからである。ただし，非実定的な向け変えることの働きかけをもって，子どもたちの決定は，様々な視点から浮き彫りになった事実認識に基づくことになるだろう。この理性の迂回路を経ることで，子どもはおそらくは独善的なものではなく，「美事なもの」を産み出すことができる (少なくとも，その可能性を有する) だろう。

　ソクラテスは知恵なきがゆえに，少なくとも彼自身は自分のことをそう思っ

ているがゆえに、自分にも他者にも問いかけることができた。非実定的な向け変えることも、いまのこの世界が絶対的なものではなく、別様のマシな世界が<sup>eine andere bessere Welt</sup>あり得るはずだという予期がなければ、働きかけとして選択されようがない。教育哲学者の村井実は次のように述べている。「隣にも、遠くにも、同じ人間が作る『もうひとつの世界』がある、いくつもの世界がある。そうした世界を抱くもっと広い『もうひとつの世界』がある。そしてさらに、その世界を超えて、もっと広く、もっと豊かな、もっと高い『もうひとつの世界』がある」[42]。この志向性に非実定的な向け変えることは支えられていなければならない。

■**問うことと向け変えることの自己否定性**　問うことも向け変えることも自己否定的な教えることである。それは、教えることによって引き起こすべき学習が、学習者が自ら「経験から学ぶ」ことにある以上、本章第1節2であげたように、自転車の運転の乗り方を子どもに教えることが自己否定的な教えることであったのと何ら変わるところはない。

　子どもに問いかける。子どもが自問自答しはじめる。そのとき教えることをやめる。それはあたかも、つかんでいた荷台を押し出して、自転車がうまく進み出したところで、すぐさまその手を放すようなものである。子どものまなざしを向け変える。そして子どもが別様の世界に注意を向けて、新たな思考を紡ぎ出す。そのときすぐさま教えることをやめる。それはあたかも、自転車が一方に傾きながら走ってしまったとき、再び荷台をつかみ反対の方向へと進路を修正して、うまく進みはじめたところで、また手を放すようなものである。この「問いはじめる／問うのをやめる」「向け変えはじめる／向け変えるのをやめる」という交互の繰り返しのなかで、子どもは自ら問いを駆動させ、もうひとつ別の世界を志向するようになる（少なくともその可能性）を有することができる。

　教えることは、必要なときにはいつでもはじめられるが、はじめられた途端にそれをやめることがめざされている。想像してみればよい。問われているばかりの子どもが自ら問うようになるのかを。向け変えられつづけている子どもが、「もうひとつの世界」を自ら志向するようになるのかを。

## 注

1) 宮寺晃夫『教え（ティーチング）の分析―教育理論史のコンテクストにおいて』筑波大学教育哲学研究室，2002年，49-59頁。
2) 石田淳・Temoko『教える技術』かんき出版，2015年。
3) 広田照幸『ヒューマニティーズ 教育学』岩波書店，2009年，10頁。
4) J. Dewey, *How we think*. Dover Publication 1997, p. 29.
5) 宮寺，56頁。
6) デューイ／松野安男訳『民主主義と教育（上）』岩波書店，1975年，51頁。
7) カミュ／清水徹訳『シーシュポスの神話』新潮社，1969年，168-173頁。カミュ（Albert Camus, 1913-1960）は「きっとやりとげられるという希望が岩を押し上げるその一歩ごとにかれのささえているとすれば，かれの苦痛などどこにもないということになるだろう」と述べている。シーシュポスが悲劇的なのは，明晰な視力のゆえに，彼がこの希望にすがることができないからだと解釈されている。しかし，その明晰な視力を捨て去らないことこそが，不条理な営みのなかに形而上学的な悦びを見出す道へとつながっているとみられている。「ひとを圧しつぶす真理は認識されることによって滅びる」（171頁）からである。
8) ベンナー／牛田伸一訳『一般教育学―教育的思考と行為の基礎構造に関する体系的・問題史的な研究』協同出版，2014年，235頁。
9) 独和大辞典のTrichterの項目によると，「頭の悪い人にも簡単に知識を授ける速成教授法・とらの巻のこと・17世紀にNürnbergで出版されたHarsdörfferの詩学書の書名にちなむ」とされている。『独和大辞典（コンパクト版）』小学館，1990年，2235頁。
10) ルソー／今野一雄訳『エミール（上）』岩波書店，1962年，31頁。
11) 同上，73頁。
12) 五十嵐顕・大田堯・山住正己・堀尾輝久編『岩波教育小辞典』岩波書店，1982年，26-27頁。
13) 宮寺晃夫「学習」教育思想史学会編『教育思想事典』勁草書房，2000年，73-76頁。
14) 以下の3つの柱については，次の論考を参照し記述している。長谷川榮「学習指導」大浦猛編『系統看護学講座基礎7 教育学』医学書院，1998年，116頁。
15) 刺激-反応理論と認知科学については，次の論考を参照し記述している。長谷川榮，1998年，115-116頁。OECD教育研究革新センター編／立田慶裕・平沢安政監訳『学習の本質』明石書店，2013年，43-80頁。宮本健市郎「行動主義」・丸山恭司「認知科学」教育思想史学会編『教育思想事典』勁草書房，2000年，279-281・546-548頁。坂本辰朗「教授-学習の過程」熊谷一乗編『新・人間性と教育』学文社，2009年，142-145頁。松下佳代「認知科学」・菅井勝雄「構成主義の教育」日本教育方法学会編『現代教育方法事典』図書文化社，2004年，61・34頁。
16) コルテ／佐藤智子訳「学習についての理解の歴史的発展」OECD教育研究革新センター編／立田・平沢監訳，50頁。
17) レイブ・ウェンガー／佐伯胖訳『状況に埋め込まれた学習―正統的周辺参加』産業図書，1993年，22頁。
18) 小笠原喜康・並木美砂子・矢島國雄編『博物館教育論―新しい博物館教育を描き出す』ぎょうせい，2012年，40-41頁。小笠原喜康『ハンズ・オン考―博物館教育認識論』

東京堂出版，2015年，315-340頁。
19）レイブ・ウェンガー／佐伯訳，5頁。
20）同上，25頁。
21）佐伯胖「学びの転換―教育改革の原点」佐伯胖・黒崎勲・佐藤学・田中孝彦・浜田寿美男・藤田英典編『岩波講座 現代の教育 授業と学習の転換（第3巻）』岩波書店，1998年，13-14頁。
22）レイブ・ウェンガー／佐伯訳，17頁。
23）同上，18頁。
24）佐伯，15頁。
25）ソクラテスは次のように「知識でないもの」を規定している。「知識であるのは，テアイテトス，君のいう感覚でもなければ，また真なる思いなしでもなく，そうかといってまた真なる思いなしに言論の加わってできるものでもないということになるだろう」。プラトン／田中美知太郎訳『テアイテトス』岩波書店，1966年，230-231頁。
26）同上，34頁。
27）同上，34-35頁。
28）プラトン／納富信留訳『ソクラテスの弁明』光文社，2012年，31-32頁。
29）プラトン／田中訳，36-37頁。
30）プラトン／渡辺邦夫訳『メノン』光文社，2012年，63-64頁。
31）プラトン／藤沢令夫訳『メノン』岩波書店，1994年，44頁。
32）佐伯胖「学ぶ力としての学力」『教育展望（第36巻第8号）』教育調査研究所，1990年，4-13頁。浜田寿美男『子どものリアリティ 学校のバーチャリティ』岩波書店，2005年，201-210頁。
33）村井実『もうひとつの教育―世界にさぐる旅』小学館，1984年。
34）プラトン／藤沢令夫訳『国家（下）』岩波書店，1979年，94-107頁。
35）同上，104-105頁。
36）同上，107頁。
37）プラトン／田中訳，35頁。
38）ベンナー／牛田訳，394頁。
39）是枝裕和監督『誰も知らない』[DVD]，バンダイビジュアル，2005年。
40）石井光太『ぼくたちは なぜ，学校へ行くのか―マララ・ユスフザイさんの国連演説から考える』ポプラ社，2013年。
41）さかなクン「広い海へ出てみよう」『朝日新聞』2006年12月2日付朝刊。
42）村井，38頁。

# 第7章　現代の教育状況

## 第1節　グローバル化と教育

### 1. グローバル化という問題

　「グローバル化 (globalization)」は，グローブ（地球）ということばから派生したものである。歴史上，ほぼ17世紀中葉以降から近代と呼ばれる時代が始まり，そこでは近代国家が誕生し，その国家内には，言語や宗教などを同じくする民族が「国民」として集結していく。すなわち，地球上には多数の近代国家が誕生し，それとともに「国民」が誕生することになる。むろん，「国民」という共通意識を人々は生まれながらにもっていたはずがなく，このような「国民」を創る役割こそ，教育が果たしてきたものであった。どのような近代国家も，その創設と同時に，国民教育のための学校づくりに乗り出していったのである。すでに第2章でみたように，義務教育制度の確立とはまさに，次世代の子どもたちを「一人ももれなく国民にする」ためのものであった。歴史上，比較的早くに義務教育制度を創設したドイツはもちろん，19世紀末に近代国家の創設に着手した日本もまた，それぞれ，ドイツ人，日本人をつくるための国民教育が進められた。

　しかしながら，国民教育はその創設の最初から，大きな矛盾をかかえていた。すなわち，1つの国家のなかには必ず複数の民族が存在しており，前出のようなヨーロッパ諸国はもちろん，移民たちが創った国であるアメリカ合衆国もまた，さらにはアジアの諸国もまたそうであった。結果として，国民教育は，「特定の国民の教育」にならざるをえなかったのであり，ここから疎外された人々は，国民教育が創り出す国家のなかに強制的に参入させられることになり，自分たちがもともともっていた，言語や宗教といった，民族にとって失うことが

できないものを剥奪されることになった。

デューイは，1944年に行った講演で，第二次世界大戦の末期という時代におけるグローバル化について語っている。デューイはいう。「物理的な意味でグローバルな状況が存在すること」は，もはや論争の余地がない事実がそれを証明しているのであり，その事実とは，「わが国（アメリカ合衆国——引用者注）を含め地球上のほぼすべての国がこの戦争に関与しているということ」[1]なのである。すなわち，グローバルとは「全地球上に広がった戦争状態」を最もよく表現することばであったのである。そしてその「全地球上に広がった戦争状態」は，「工業生産と商業的交換が生み出したにすぎない相互依存」がもたらした「産業上の，そして国家的な野望における敵愾心と競争」に由来するという分析であった。この論点は，現代の研究者であるコヘインとナイによるグローバリズムの4つの側面（経済，軍事，環境，社会・文化）の指摘[2]を先取りしたものであるが，現在もなお，私たちがつねに銘記すべきところであろう。

以上のように，「グローバル化」は，現在の私たちがともすればきわめて楽観的にそのイメージを描くようなバラ色の夢ということはできないのである。そこにおける教育もまた，そうであろう。先の講演で，デューイも，「毎日の新聞にあらわれる『グローバル』ということばを見るにつけ，私たちが物理的に置かれている新たな状況が私たちに突きつける問題に対処するために，私たちは知的・教育的・道徳的に何ら準備をしていないのだ，ということを思い知らされるのである」[3]としている。21世紀初頭の私たちがグローバル化と教育を語る際に，そこに何が決定的に欠けていたのか，あるいは，真にグローバルな世界を望むとすれば，なにが決定的に必要なのか，本節ではこの問題を考えたい。

## 2.「教育の国際化」から「教育のグローバル化」へ

1996年6月，中央教育審議会は「21世紀を展望した我が国の教育の在り方について」と題した答申を発表した。この答申において展開されている「教育の国際化」の論理は，以下のように要約することができる[4]。

まず同答申では，世界的規模での政治・経済の構造変化を指摘する。そして，このような状況のなかでは，「絶えず国際社会に生きているという広い視野」「国を越えて相互に理解し合うこと」が重要な課題となりつつあるとしたうえで，「経済大国となった我が国は，地球環境問題への対応や科学技術や文化の面などで，今後一層積極的に国際社会に対して貢献し，世界の安定と発展に寄与していくこと」が要求されているとする。そして，教育に対してとくに求められる以下の3つの留意点をあげている。

① 広い視野をもち，異文化を理解するとともに，これを尊重する態度や異なる文化をもった人々とともに生きていく資質や能力の育成を図ること
② 国際理解のためにも，日本人として，また，個人としての自己の確立を図ること
③ 国際社会において，相手の立場を尊重しつつ，自分の考えや意思を表現できる基礎的な力を育成する観点から，外国語能力の基礎や表現力などのコミュニケーション能力の育成を図ること

しかしながら，20世紀末のこの時点においては，政府答申で「教育の国際化」が語られていたのが，21世紀には，次項でみるように，「教育のグローバル化」へと変わっていった。その理由は，日本の「教育の国際化」の背後にすでに存在し，その「教育の国際化」を推進していった勢力が，もはや全地球上という規模に広がったという認識であった。すなわち，アメリカ合衆国が主導する市場経済至上主義の氾濫である。

アメリカは1980年代より，経済，軍事，環境，社会・文化という4つの側面で，世界の市場化，画一化を進めていき，とりわけ，ITの飛躍的な発展——これもまた，アメリカ合衆国発のテクノロジーであった——を武器に，通信や交通，さらには言語や情報といったグローバル化，すなわち，全地球上という規模での共通化・統一化を進め，その"先駆者"としての圧倒的な地位が，社会のすべての領域への市場原理の貫徹を全地球上に拡大させていったわけである[5]。

アメリカ合衆国主導のこのような市場経済至上主義をめぐる競争あるいは競合としてのグローバル化へは、警戒や反対はあったものの、もはやそれを押しとどめることは不可能である——これこそが、「教育の国際化」から「教育のグローバル化」へという転換を説明するものであったのである。

## 3. グローバル人材育成というレトリック

　「教育のグローバル化」という政策とともに登場したのが、グローバル人材の育成という政策課題であった。一例をあげるならば、文科省の2012年度の事業である「グローバル人材育成推進のための初等中等教育の充実等」では、その目的・概要として、「国際的な産業競争力の向上や国と国の絆の強化の基盤として、グローバルな舞台に積極的に挑戦し活躍できる人材の育成を図る必要がある。このため、(中略)小中高を通じた英語・コミュニケーション能力の育成、高校留学等の促進等により豊かな語学力・コミュニケーション能力や異文化体験を身につけ、国際的に活躍できる『グローバル人材』の育成を図る」[6]としている。そして、より具体的な活動指標として、① 英語力の検証と指導改善を図るための英語力等外国語能力強化地域の形成、② 高校生の留学促進等、③ 国際バカロレアの趣旨を踏まえた教育の推進、の3つをあげている。

　先にみた、「教育の国際化」と比較してみると、一方で、「国際的な産業競争力」という用語にみられるように、「競争」が前面に出てきており、さらには、それが、一部の人々（かつては、"国際派"といったことばで呼ばれた）を対象とした教育ではなく、国民すべてを対象とした教育として構想されているのである。他方で、そのような「グローバル人材」は、一定の計測可能な能力（コミュニケーション能力、英語力等外国語能力）をもつ者としてとらえられているのであるから、当然、そこには、格差の存在が前提とされているのである。

## 4. 共生の思想と教育

　ここで再び、冒頭のデューイの警告に戻ってみたい。「工業生産と商業的交換が生み出したにすぎない相互依存」がもたらした「産業上の、そして国家的

な野望における敵愾心と競争」は，ついに，第二次世界大戦を引き起こした。第一次世界大戦が「すべての戦争を終わらせるための（最後の）戦争」であるとされながら，実際には，「第二次世界大戦の前の戦争」にしかすぎなかったという歴史的な事実への反省から，第二次世界大戦を最後の国際的戦争にするべく，デューイをはじめ多くの人々は英知を結集しようとした。デューイの結論は，「グローバル化に対して，私たちは知的・教育的・道徳的に何ら準備をしていない」というものであった。

　先にみたように，日本においては，20世紀から21世紀への世紀転換期に，「教育の国際化」から「教育のグローバル化」へという教育政策の転換をみることができるわけであるが，この間にも，アメリカ合衆国における同時多発テロ（2001年9月11日），それに続く，アフガニスタン紛争，イラク戦争に象徴されるように，「産業上の，そして国家的な野望における敵愾心と競争」が戦争を引き起こすという構図はいささかも変化がみられないわけである。

　さらには，グローバル化によって，かつてのヨーロッパの歴史的な民族移動に匹敵するような移住労働者の増加が日本も含め世界的にみられるようになる。これが，自民族中心主義や排外主義を引き起こし，移住者や難民あるいは民族的なマイノリティ集団への差別や迫害となっていく[7]。

　「異なった文化をもつ人々がどのように共生するのか，そこで教育には何ができるのか」——この問いに対して，私たちは，「① 異文化を理解しようとしても，自分の言語や文化の枠組みの中での理解にとどまるのではないのか，② 自文化中心主義と文化相対主義との対立をどのように乗り越えるのか，という2つの問いにどのように答えるのか」，そして，「それを教育の実践として，どのように実現するのか」という2つの課題をたてることができるであろう。

　実存主義哲学者のマキシン・グリーンは，「想像力の解放が，人々を一面性という固定された枠組みから自由にする」としたうえで，そのためには，「現在とは別の生の様式を意識しえる途を開くようなメタファー」を獲得する必要性を力説した。ここでいうメタファーの事例を，国際化やグローバル化の文脈で探ってみると次のようになるであろう。

多様な文化的背景をもつ人々が共生するためにはどうすればよいのか。「メルティング・ポットからサラダ・ボウルへ」とは，まさに，このようなメタファーの転換をあらわすスローガンであろう。

メルティング・ポットとは20世紀の前半，とくにアメリカ合衆国において急増する移民たちをアメリカ社会に適応させるために用いられたメタファーである。すなわち，アメリカ合衆国は巨大な「るつぼ(熱を加えて金属を溶かしてしまうための容器)」であり，アメリカにやってきた移民たちはこの中で溶かし合わされてしまい，ついにはアメリカ社会の一員となるというものであった。しかしながらそれは，「溶かし合わされてしまった」結果，移民たちがもともともっていた言語，宗教，習慣など，一言でいえば固有の文化はすべて剥奪されることを意味していた。

これに替わってサラダ・ボウルというメタファーは，ボウルの中に，サラダを構成するさまざまな野菜や果物，肉などが，それぞれ，もとの形(つまり，言語，宗教，習慣など，固有の文化)を維持しつつ，全体としてはサラダとして1つにまとまり共存しうるというものである。

しかし，このサラダ・ボウルというメタファーには，1つの致命的な欠陥がある。それは，ただ単にボウルに野菜や果物，肉などを盛り合わせてもそれではサラダにはならないのであり，これをサラダにするためにはドレッシングが必要なのである。ドレッシングとは，野菜や果物，肉など，すべての材料の持ち味を生かしつつ，かつ，絶妙のバランスで全体を1つにするものである。では，何がドレッシングなのか。特定の言語，宗教などが，ドレッシングとして使用できるのか。たとえば，英語は，そのような役割を果たしうるのであろうか。そのためには，先にみたような，「小中高を通じた英語・コミュニケーション能力の育成」が必要ということなのであろうか。

グリーンによれば，「想像力の解放」にとって不可欠なのは，「自らの世界を変革するための批判的なリテラシーの獲得」のための教育である。つまり，サラダ・ボウルというメタファーを超える新たなメタファーを想起するためには，「批判的なリテラシー」が必要ということであるが，その「批判的なリテラシ

ー」とは，現実世界を批判的に理解し，かつ，現実世界に対して，批判的に発言できる力ということになろう。この場合，とくに重要であるとグリーンが指摘するのが，「知識の集積を，道徳的考察から切り離すことの危険性に敏感になること」[8]である，とした。つまり，情報のグローバル化によって，私たちはかつてない驚くほどの速度と量で，知識の集積が可能になる世界に生きているのであるが，そこには，「何がよい知識なのか」という考察が，さらには，「その知識は，よく生きようとする人間にとってどのような意味があるのか」という考察が不可欠なのである。

　もともとグローバル化は，教育本来の論理に適うものであり，教育の論理のなかに位置づけることができるものである。教育，とりわけ近代以降の国家による学校教育は，子どもたちを1つの国のなかで生きることができるようにすることをめざした国民教育であった。しかし，親あるいは教師にとって，「子どもたちがよりよく生きるように働きかけること」が教育の本来の意味であるならば，子どもたちを1つの世界（特定の国家や社会）に囲い込み閉じこめるのではなく，国民教育の制度のなかで教育的な働きかけをしつつも，子どもたちがそこを越え，「よりよい世界」「もう1つの世界」に生きてほしいとつねに願うのが親あるいは教師であるはずである[9]。この意味で，教育は本来的に「国際的」であり「グローバル」でなければならないのである。

## 第2節　人権・同和教育

### 1．権利とは何か

　村井実は，ダニエル・デフォーの小説『ロビンソン・クルーソー』の解釈を通じ権利の発生する条件とその性質について説明している[10]。権利は，絶海の孤島にロビンソンが一人でいる限りにおいては発生しないが，フライディが現れた瞬間，両者にとっての切実な政治的かつ道徳的な問題として生じるものである。ここで指摘されていることは，権利にかかわる諸問題は複数の人間が存在することを条件としているということと，政治的な側面と道徳的な側面の両面をもち合わせているということである。人権の概念は，旧約聖書のレビ記や

大乗仏教の菩薩など宗教的な教義や解釈にその起源があると説明する説もあるが，現在において人権にかかわる諸問題は世俗的な視点から説明されることが一般的である[11]。世俗的な視点においては，1215年のマグナカルタが権利を記した最初の法典であり，以降，自由主義思想の台頭・発達・普及とともに人権概念は世界に広がっていったと理解する。また，人権と人類の歴史を顧みることは，諸権利の獲得と暴力との関係性を明らかにすることでもある。いくつか例をあげると，英国における1689年の権利章典の背景には清教徒革命，アメリカ独立宣言の背景には独立戦争，1789年のフランス人権宣言の背景にはフランス革命，1862年のアメリカの奴隷解放宣言の背景には南北戦争があった。1946年の日本国憲法の人権条項，1948年の国連の世界人権宣言，1949年の旧西ドイツのボン憲法の背景にも，第二次世界大戦という殺戮と暴力行為があった。このように人類の負の歴史と人権概念の発展や権利の獲得の過程には因果関係があることを理論上理解しておくことは人権教育を理論的に理解するうえでの基本的事項である。

## 2. 戦後日本の学校教育にかかわる人権運動・人権教育

■二極化する階級の再生産　　戦後の日本の学校教育において最も影響を与えた人権運動・人権教育には，解放教育・同和教育があげられる。解放教育・同和教育とは，日本社会において歴史的に最下層の身分におかれてきた人々の権利の獲得と差別是正を目的としたさまざまな教育的アプローチのことである。日本には古代から奴婢などの奴隷制度の存在が指摘されているが，江戸時代において被搾取階級は爛熟したと一般的に解釈されている[12]。とくに穢多，非人として最下層階級におかれた特殊部落民は，廃藩置県が行われた1872（明治4）年に「解放令」が発令されるまでいわゆる奴隷的な地位におかれた。「解放令」によって，特殊部落民は制度上「新」平民という一般市民としての身分が与えられたが，差別は実質的にはなくならなかったといわれている。被差別部落地域の人々はこうした状況を是正するため，1922年に全国水平社という部落解放運動団体が結成され差別撤廃運動が発起したが，戦時中の混乱にあって

1942年に自然消滅する。終戦後，1946年に再結成された部落解放全国委員会（のちの部落解放同盟）は教職員組合とも密接な関係を築きながら積極的な人権運動を展開した。そのような背景があって，1965年同和対策審議会答申（巻末の資料を参照のこと）があり，1969年には10年間の時限立法として同和対策事業特別措置法が制定された。この法律に基づく同和対策事業は最終的に2002年までの33年間継続された。同和対策事業に関連した主な教育政策には，隣保館での識字教育，同和地区への保育所の設置，同和教育研究指定校（同和教育推進校）への教員の増配（同和加配）や放課後の学習援助などがあげられる。さらに，同和対策事業として重要な教育政策の1つであった「学力保障」の延長上の政策として，被差別部落地域をかかえる一部の地域の高校入試制度を改定し，総合選抜制度や小学区制を導入することで被差別部落地域の子どもたちの高等学校への進学率の向上が試みられた。

　しかしながら，苅谷剛彦は，不平等問題の解消を試みようとした高校入試制度改革は，結果として，部落問題に視点をおいた階級問題解決への一助になったというよりは，別の視点からの階級問題を表面化させたのではないかと分析している[13]。というのは，高校入試制度改革が行われた地域においては公立高校全体のレベルが下がり，学業優秀者は私立の進学校を選択するようになったという「思わざる結果」をもたらしたからである。苅谷は現在の日本社会の階層化について教育選抜という視点から分析し，「学校は社会の平等化に寄与するよりも，不平等を再生産する装置である」[14]と主張する。また，苅谷は「『能力主義的差別』や『差別＝選抜教育』という教育のとらえ方は，日本社会に特徴的な見方である」[15]と指摘する。日本の社会は，大衆化した教育選抜が世代間での富と階級の引き継ぎのための装置として機能していることを暗に認めていながらも，学力によるあからさまな序列化そのものには嫌悪感をもっているという矛盾をかかえているというのである。矛盾する社会の態度は，「学力保障」としての同和政策が「みんなが高等学校に進学できたか」という点に力点をおく一方で，実際の社会的地位は「誰が有名進学校に合格し，さらに有名大学へ進学できたか」によって決定されている事実を見えにくくする。耳塚寛明

は社会システムの勝者である受験エリートたちは，その選抜基準の前提とされている「メリトクラシー（能力＋努力＝業績）」によって選抜されているのではなく，実際には「ペアレントクラシー（富＋願望＝選択）」によって再生産されていると指摘する[16]。なぜなら有名大学に合格するためには，「有名な私立の進学校」へ進学することが有利であり，「有名な私立の進学校」に合格するためには，本人の能力と努力以上に，親の財力や家庭環境が重要な要因だからである。現在の日本の学校教育の選抜機能は，このように表面上はメリトクラシー・システムを採用しながらも機能不全に陥っており，実態はペアレントクラシーにとって代わられ，「生まれ」に依存している。一億総中流と呼ばれた時代もあった日本社会であるが，東京大学への合格者の家庭の所得平均の高さを示す統計，加熱する有名私立幼稚園や有名私立小学校への「お受験」，そして中学受験は，すべての子どもたちに平等に与えられた機会ではなく，親の年収や職業などの家庭環境に大きく依存しているものである。

以上のように，日本の学校教育における社会階級是正の問題は，歴史的には被抑圧者への権利の獲得のための運動として積極的に展開されてきた。しかしながら学校教育のシステムは，現在においても地位ある者を優遇し，彼らにとって世代間の階級の再生産が優位にすすむよう機能しつづけている。

■**女性の権利**　同和問題にかかわる差別是正政策がその目標を実際に達成しているかどうかという点には疑問の余地があるが，人権運動としての部落解放運動そのものは評価されるべき側面をもつ歴史的な社会運動であったといえよう。それは，戦後の日本社会におけるさまざまな人権運動のなかでも，とくに被抑圧者が能動的に展開した人権運動であったという点である。たとえば，日本社会における女性の地位向上と女性の人権に関する問題の提起は，部落解放運動と比較すると受動的なものであったといえる。日本では戦後直後の1946年に女性に参政権を認めた最初の普通選挙が行われ，日本国憲法にも男女の平等の権利と女性の権利が記された[17]。さらに，学校教育は原則として男女共学になり，高等教育を受ける機会を女性にも与える教育政策も断行された。当時の国際社会においてこれらの諸政策の実現は先進的で積極的なものであっ

た。しかしながら占領軍の圧倒的な統治下ゆえに達成可能であったという点において，日本の社会の成熟を意味したものではなかった。この事実は，主権回復後の日本社会が以降，1985年まで男女雇用機会均等法を成立させなかったことにも認められる。これに対して，学校教育の現場は，こうした社会の潮流よりは先駆的で能動的であったことは特記するに値する。学校教育の現場は1950年代には，男女共生政策として男女賃金差別の撤廃や産前産後休業取得を実現させている。これは，部落解放運動を積極的に支援していた教職員組合が階級問題だけでなく，全般的な差別是正運動を展開していたことを示している。

■**先住民のための教育と権利**　女性の権利にかかわる諸問題以上に消極的で近年まで顧みられなかった人権問題に，国内の先住民・少数派民族の権利の問題があげられる。現在の北海道には1877年に開拓使によって最初のアイヌ学校が設置されているが，アイヌ学校とは，アイヌ民族としての誇りや文化を否定し，アイヌ民族の子どもたちを「日本人」へと矯正するための機関として機能した施設のことである[18]。現在の沖縄県においてもアイヌ学校が設置された同時期である1870年代の「琉球処分」以降，学校教育を利用した琉球文化の否定が行われた[19]。アイヌ民族の先住民としての権利の認知は，1997年に「アイヌ文化の振興並びにアイヌの伝統等に関する知識の普及及び啓発に関する法律（アイヌ文化振興法）」の可決，そして2008年の「アイヌ民族を先住民とすることを求める決議」の国会全会一致での決議によって注目されるようになった。しかしながら，女性の権利ほど唐突で圧倒的な外圧の影響とはいえないものの，2007年に「先住民族の権利に関する国際連合宣言」が国連総会で採択されていることなどをふまえると，先住民の諸権利への認識は，社会の内側からの成熟を表明しているというよりは国際的な潮流に追従した結果であるといえる。

■**子どもの権利**　未成年の権利を積極的に是認するよう権利の概念が発展を遂げたことは20世紀の遺産の1つである。1924年，国際連盟によって「子どもの権利に関するジュネーブ宣言」が採択された。また，戦後の日本においては「児童憲章」が作成され，さらに国際連合は1959年に「子どもの権利宣言」，

1989年には「子どもの権利条約」を採択した。日本は193の国と地域のなかで158番目の締約国として1994年に「子どもの権利条約」を批准している。しかしながら，女性や先住民の権利の問題以上に，子どもの権利は当事者からの声を反映しにくい性質をもつものである。国が「子どもの権利条約」を批准しているかどうかという問題と子ども達が記された権利を実際に享受しているかどうかという問題は異なる課題である。それは，締約国である日本の学校教育において現在までのところ「子どもの権利条約」の内容はあまり積極的には学習されていない現状が示しているとおりである。

■多様化するマイノリティの教育問題　　日本には先住民族や少数派民族と認識される民族的マイノリティだけでなく，他国から日本へと移住してきたエスニック集団も多数生活している。植民地政策の一環としての強制連行に象徴されるようなかたちで日本へ移住した在日韓国・朝鮮人やその子孫はオールドカマーと呼ばれる。オールドカマーの親や子どもたちにとって，民族学校に通うのか日本の学校に通うのかという学校選択問題や，通名を使うのか本名を名乗るのか，そして国籍選択という問題は民族としてのアイデンティティにかかわる切実な人権問題である。なぜなら，日本の主流社会はすでに数世代に渡るオールドカマーたちに対して，同化と民族的アイデンティティの放棄を迫りながらも，偏見と差別のなかに彼らを置き去りにしつづけているからである。彼らの人権問題は，同和問題同様，教職員組合が長期にわたって積極的に関心を向けてきた人権問題の課題でもある。

　こうしたオールドカマーに対して，ニューカマーと称される，1980年代以降新たに日本に移住もしくは長期滞在するようになったとくに日系ブラジル人に代表されるような外国人は近年増加傾向にある。ニューカマーの子どもたちはオールドカマーの子どもたちの教育的ニーズとは異なる問題をかかえている[20]。さらに，難民として日本国内に滞在している人々への支援やその子どもたちの教育を受ける権利の擁護と支援は，先住民ともオールドカマーともニューカマーとも異なる複雑な人権問題を含有している。マイノリティにかかわる人権問題や教育問題は外国人や先住民にとどまらない。戦後の中国残留孤児と

して日本に帰国した人々，近年のグローバル化による海外帰国子女の増加や国際結婚による日系の国際児の誕生の増加，さらにはセクシャリティの問題，特別支援教育のあり方など，多様化しつづける現代の社会情勢は，人権の概念の解釈も教育を受ける権利の解釈もますます複雑にしている。

## 3．人権と教育がかかえる今後の課題：平等と公平と分配

　20世紀後半に権利にかかわる理論的考察は1つの転換点を迎えることとなった。それは，アメリカの政治哲学者のジョン・ロールズが道徳的観念を新たに発達させたことによる[21]。ロールズは大きな格差が歴史的に継続している社会において，正義に適う富の分配法則とは何かを模索した。そして彼は不均衡な社会において等分することは正義に適う富の分配方法ではないかもしれないと懐疑する。ロールズによると，富める人と貧しい人との差が長期にわたって決定的である社会においては，平等な分配よりも貧しい人が少しでも優遇されるような社会システムや制度を採用する方が公平であり正義に適う分配方法ではないかと論じた。彼の主張に基づく代表的な教育政策にアメリカで施行されているアファーマティブ・アクションがあげられる。

　ロールズの指摘は，権利にかかわるさまざまな主張を，公平をめざすものと平等を目指すものとに分類する。たとえば，坂本辰朗とジェーン・ローランド・マーティンは，平等を前提として導入された学校の男女共学システムが公平なシステムかどうかは再考察される余地があると指摘する[22]。そして彼らは，女性が教育を受ける権利と男性が教育を受ける権利を公平に取り扱うということは，男女のちがいにむしろ積極的に目を向けることを許すのではないかと主張する。なぜなら，異なる状況にある者が同じものを分配されることは公平とはいえないからである。こうした指摘は，平等と不平等のどちらが公平で正義に適うのかについてはそれぞれの文脈と事情を十分に考慮して更新されつづける必要があることを例証している。

　公平と平等の分類は，学校で教えられるべきカリキュラムが何かという教育論争問題にも発展している。たとえば，E・D・ハーシュは，カルチャル・リ

テラシーと呼ばれる社会において共通に価値がある知識群は存在していると主張し，学校教育はすべての子どもたちにそれらを平等に体系的に教えるべきであると主張する[23]。それに対して，パウロ・フレイレは，生まれた階級や文化によって価値ある知識は異なると主張する[24]。フレイレは「価値ある知識」が教育機関によって標準化されるとき，その「教育」は社会階級の再生産を継続する装置になりさがると批判する。なぜなら，「標準化された知識」は，抑圧する側にとっての「価値ある知識」であり，被抑圧者にとって「価値ある知識」ではないからである。そうして，「標準化された知識」は，被抑圧者を被抑圧者という地位に縛ると主張する。フレイレは社会階級の再生産のからくりに気づき，社会階級から人々を解放する知識こそが真の知識であると主張している。そのような知識はクリティカル・リテラシーと呼ばれている。

　ウィリアム・キムリカは，多様な社会においてマイノリティの権利の問題について学習することは寛容の精神について学習することであると主張する[25]。キムリカは同時に，上記に記したような多様化した社会においては，マイノリティ自体も多様化し複雑化しているため，誰もがマイノリティと認識されるような状況にあるとも指摘する。そうしたなかで注意しなければならないことは，サイレント・マイノリティの問題である。誰もが何らかの局面においてマイノリティとして認識されるほど多様化した社会において，権利に関する政治的な問題は，どの集団がマイノリティとして社会で認知され，優遇されるべきなのかということにまでさかのぼることになる。しかし確認しておかなくてはならないことは，最も差別されている人々は声さえ上げることさえできない地位にあり，権利にかかわる議論そのものから常に置き去りにされてきたという歴史的事実である。さらに，サイレント・マイノリティの声なき声を，「声ある他者」が善意で代弁した場合も，それによって人権問題が解消されるというよりは問題がさらに複雑化するリスクのほうが高いということも注意しておかなくてはいけない事項である。

　ウォルター・ファインバーグは，主流文化がマイノリティの文化を圧倒する社会は専制主義に陥るが，その対極にある多文化主義社会は，社会の枠組みそ

のものを崩壊させる危険性を伴っているとして，双方の特質と問題点を哲学的に分析している[26]。ファインバーグは分析を通して，個人がそれぞれの権利を享受できる社会でありながら同時に社会的な秩序も持続できるような社会を模索する。そして多様性と共存可能な共通の理念に民主主義社会の理想を提案する。ファインバーグの主張する民主主義社会の理想とは，個人が自らの意見を表明するという価値と，他者の意見を尊重し耳を傾けるという価値の双方がバランスを保つことであり，それは多種多様な意見のなかにおいて折衝しつづける姿勢をもち続けることを意味する。異なる意見や異なる関心をもつ者たちが話し合うことは，対立を明らかにするためではなく，思いがけないオールタナティブとして新たな道を発見するための方法であるという肯定的な姿勢と精神こそが民主主義の理念であるという主張である。こうした民主主義的な会話は，絶海の孤島という極端に単純化されたフライディとロビンソンの二人の間でも営まれなくてはならないものといえる。

## 第3節　平和教育

### 1.「平和教育」の困難さ

　第二次世界大戦後，国際平和を維持する目的で設立された国連やユネスコなどの国際機関は，教育は平和で安定した国際社会を維持していくための重要な役割を担っていると繰り返し宣言している。国際機関のこうした主張は世界の共通認識となりつつあるのかもしれない。しかしながら，「平和教育」という概念とその教育的アプローチについて教育学的な視点から思考するとき，「平和教育」とは，その言葉の定義づけさえままならないほど複雑で難解な教育課題であることが明らかとなる。本節では，平和教育について理論的な考察を以下の2点から行う。第一には，日本の学校教育において平和教育と称される教育的アプローチの歴史的経緯という視点から，第二には，平和教育がかかえる4つの理論上の問題点を整理しながら批判的な視点から，である。

## 2. 日本の学校教育における平和教育の歴史とその特徴

　村井実は，戦後の日本の学校教育という枠組みにおいて「平和教育」と認識されてきた教育的アプローチを大きく二種類に分類している[27]。1つ目には，国際的には「反戦教育」と称され，第二次世界大戦以降の日本の学校教育においてオーソドックスな平和教育として位置づけられてきた「反戦教育としての平和教育」があげられる。このタイプの平和教育は，平和の実現には第一に戦争を絶対悪だと認識することが不可欠であるという前提に立つものである。「反戦教育としての平和教育」は，日本の学校教育においてはとくに，第二次世界大戦中に起こった出来事についてその悲惨さを強調しつつ伝承する学校教育活動一般を意味している。たとえば，沖縄戦，ヒロシマやナガサキへの原子爆弾投下による被害状況，全国各地の空襲被害，また日本軍のアジアにおける侵略行為等の出来事を戦争の悲惨さの象徴として紹介する。その結果として，学習者が戦争を忌み嫌い，反射的に平和の大切さを理解するよう期待する教育的アプローチである。　それに対して，2つ目の平和教育のアプローチは，「平和教育」と称されるというよりは「国際理解教育」として認知されることが多いのではないかと村井は指摘する。先に紹介した「反戦教育としての平和教育」が，学習者の感情に訴えかけることに関心を向けているのに対して，「国際理解教育としての平和教育」の主要な関心は外国語の習得や多文化理解のための知識の獲得，国際社会の実情などの実際的な情報の獲得に向いている。「国際理解教育としての平和教育」は，国際紛争や対立の原因は知識の欠如に起因するという前提のもと，他国の文化や歴史に関する情報量の増幅が世界の人々の相互理解を促進し，結果として平和な社会を実現することができると期待する教育的アプローチである。

　第二次世界大戦から現在までの日本の学校教育において「平和教育」として認識されてきたものは，基本的にこの2つの教育的アプローチのいずれかが時代背景や社会の文脈のなかで変容し再解釈されてきたものである。第二次世界大戦中の日本の学校教育は「東洋平和実現のための大東亜戦争」という政治的スローガンを正当化するための手段と考えられたといえよう。よって，大戦中

の「平和教育」は，戦争を正当化するための思想教化の役割だけでなく，実践への準備や銃後としての後方支援の役割も担った。しかしながら，敗戦による社会状況の変化は，それまでの社会規範を覆したため平和という言葉の社会的意味も一変した。占領軍も，日本の学校教育が戦争を支えた主要な要因であったと分析し，戦後直後に大幅な教育改革を占領政策として断行している。そうして終戦後の日本の平和教育は，戦前・戦中の道徳的な価値概念を否定する役割を担うこととなった。それは，戦中の「戦争を正当化した平和教育」を否定するために「戦争を否定する平和教育」へと教育内容とその目的が反転したことを意味する。このようにして「反戦教育としての平和教育」は日本の戦後の学校教育に台頭し，歴史や文学や芸術，そして特別活動などを通じて教えられた。また，こうした「反戦教育としての平和教育」は，教職員組合の活発な運動によって支えられてきたこと，家永教科書裁判に象徴されるように文部省との対立構造のなかで発展していったことも注目される特徴の1つであるといえる。

しかしながら，1990年代以降，「反戦教育としての平和教育」の勢いは徐々に衰えていく。1つ目の要因には，国際情勢の変化があげられる。1989年のベルリンの壁の崩壊やマルタ会談等，国際社会において冷戦が終結に向かっているのではないかと楽観的に受け止められるような事態が連続して起こった。それは，冷戦時代に深刻な国際問題として懸念された核戦争の脅威に対する緊張緩和をもたらし，核兵器の恐ろしさや核戦争の脅威を強調することに頼った反戦教育の教育的アプローチの説得性を結果として薄らげたといえよう。2つ目の要因には日本国内の政治構造の変化があげられる。1994年，全国で最大規模の教職員組合である日本教職員組合（日教組）の当時の支持政党であった社会党が，自民党と連立政権を組み，村山政権を発足させた。このことによって，「反戦教育としての平和教育」のイニシアティブをとってきた日教組は，それまで対立関係にあった文部省と「歴史的和解」と称される協調路線へとその方針を大きく転換することになった。文部省と日教組の「和解」は，戦後より継続してきた日本の学校教育をめぐる政治的なパワーバランスに大きな構造変化

をもたらすものであり，その結果として，反政府という政治的立場の象徴であった「反戦教育」が説得力を少なからず失うこととなった。3つ目の要因には学問的な進展があげられる。平和学によって戦争のない状態が必ずしも平和を意味するとは限らないという学問的主張が展開されたことによって，戦争の悲惨さを強調する反戦教育は学問的にその限界を指摘されるに至った。

　上記の3つの要因のうち，国内の政治的ダイナミックスの変化は，とくに国内の学校教育における平和教育を変容させる主要な原因となった。日教組との対立構造を解消した文部科学省は，知識の獲得に重きをおいていた従来の「国際理解教育としての平和教育」に修正を加え，精神性や感情の重要さも強調した「アイデンティティ教育としての平和教育」の推進を試みるようになる。「アイデンティティ教育としての平和教育」とは，国際社会において平和に貢献する人材を育成するためには，第一に日本人としての誇りや愛国心を育てる必要があるという前提を擁護する主張である。「アイデンティティ教育としての平和教育」の台頭と普及は，「新しい歴史教科書をつくる会」が作成した歴史の教科書の出版・採択・採用問題や，「心のノート」の作成・配布問題，さらに道徳の教科化問題に象徴されている。

　ここまでを要約すると，近代以降の日本の学校における「平和教育」と称された教育的アプローチは一貫して「平和」という概念には絶対的な道徳的価値をおいてきたといえよう。しかしながら，愛国心や忠誠心が平和の実現に貢献するかどうかという点には常に議論の余地を残し，そのことが教育内容や教育方法に影響を与えてきた。戦前・戦中の「戦争を正当化した平和教育」は戦争を正当化するため，学習者に対して国家に絶対的な忠誠心と愛国心をもつように教育しようと試みた。それに対して，戦後半世紀近く主流であった「戦争を否定する平和教育」は，戦争行為は野蛮で非人間的行為であると学習者に教えることは，愛国心や忠誠心が戦争の原因であると学習させることと同様であるとみなした。1990年代以降，国際情勢と国内の政治情勢の再構成に伴い台頭した「アイデンティティのための平和教育」は，日本人としての愛国心や国家への忠誠心の養成は世界平和に貢献するためには不可欠であるとの前提に立つも

のである。このように日本の第二次世界大戦中とそれ以降の学校教育の枠組みにおける平和教育の動向は，政治情勢によって変化し，異なる平和教育のアプローチはそれぞれ愛国心や忠誠心に対してどのような立場をとるかによって対立しあうものとなっている。

## 3. 平和教育の理論上の諸問題とその多様性

　日本の学校教育における平和教育をめぐる歴史的経緯に例証されているように，平和教育を論じるうえで考察されるべき課題は「平和の大切さ」そのものではなく，「何が平和の礎となりうるか」という問いにある。以下，とくに丁寧に考察されなくてはいけない平和教育の理論上の４つの課題について紹介していくこととする。

　■政治学としての平和，教育学としての平和　　平和学は，現在の平和教育に関連する研究において理論的根拠の１つとして依拠される。平和学は1950年代後半以降の冷戦時代に政治学の一分野として台頭した。平和学研究のパイオニアの一人であるヨハン・ガルトゥングは，平和の概念を「積極的平和」と「消極的平和」に分類している[28]。ガルトゥングによると「消極的平和」とは戦争や紛争が無い状態を意味し，「積極的平和」とは差別や貧困や格差などの「構造的暴力」の解消を志したあらゆる社会正義の実現を意味する。この分類は，平和のための教育的アプローチには２つの方向性があることを暗示している。「消極的平和」のための平和教育は，停戦や戦争を回避するための教育的努力を意味する。いっぽうで「積極的平和」のための平和教育は，社会構造の改革のための教育的アプローチ全般ということになる。注意すべき点は，ガルトゥングの平和学における「積極的平和」と「消極的平和」の分類は，日本の平和教育の分類とは異なり愛国心にはそれほど関心を抱いていない点である。ガルトゥングにとって平和教育とは，現在の不均衡な国際社会の構造を変革するための手段であり，その点から平和教育を考察するときには，愛国心や忠誠心は主要な問題点として認識されない。

　政治的ダイナミックスやパワーバランスの構造変革に基本的関心をおくガル

トゥングの平和学は政治学の一部であることを象徴しており，平和教育の諸問題を論じるうえでの重要事項を示している。それは，教育学と政治学の視点のちがいを認識し，相互の自律性を模索する必要があるということである。日本の平和教育の歴史的傾向として，常に政治情勢に左右されてきていることはすでに紹介した。この事実は，日本の平和教育に関連する議論が，これまで教育的な議論として展開されたというよりは政治的論争の手段として利用されてきたことを示すものである。具体的な関心事項には差異があるが，ガルトゥングの平和学も平和教育を政治的目標の手段と想定している点においては，日本の平和教育をめぐる論争とその種類を同じくしているといえよう。村井実はこの点こそが平和教育において吟味されなくてはいけない根本的な問題事項であると指摘している。教育問題としての平和教育には，政治に完全に回収されてしまうことのない教育学的視点という独自性が確立されることが不可欠であるというのである[29]。村井のこの主張は，平和教育は単なる政治の道具となりうるような単純なものではないということを示すものである。

■平和教育とジェンダー　平和学の「父」と称されるガルトゥングは「平和とは暴力を減らし，暴力に抵抗する力を作り出すことである」[30]と主張する。この定義は，ガルトゥングの平和の概念の基盤には正義という道徳価値がおかれていることを示している。なぜなら「消極的平和」も「積極的平和」もどちらも不正義の解消をめざしているからである。この前提は，平和教育の諸問題を論じるうえでの2つ目の重要な課題を導く。それは，「平和教育は暴力を含むあらゆる不正義に依存しているのか」という問いである。平和という言葉とその教育的アプローチは反意語の存在を必要としているのだろうか。

　平和教育にジェンダーの視点を取り入れることは，この問いから平和教育を解放する。こうした視点は新しいものではなく，古代から平和を論じるうえで，ジェンダーの差異は意識されていた。たとえば，アリストファネスは「女性」を平和の象徴としたいくつもの風刺喜劇作品を残している。ジェーン・ローランド・マーティンも平和の概念や平和教育に対する考え方には，ジェンダーの差異が生じると論じている[31]。マーティンは，ジェンダーの視点から平和主義

者達の主張を比較し，男性的な価値観において戦争は美徳の問題と切り離しがたいが，女性的な価値観からは美徳は戦争とは分離可能な概念であることを論証している。

　ここでは，平和の概念と正義の概念の関係について新しい局面を提供するオルタナティブを「平和教育におけるフェミニズム」と称することとする。フェミニズムそのものは，20世紀後半から学問的な発展をとげた比較的新しい学問分野である。注意したいのはここでいう，「平和教育におけるフェミニズム」とは，政治運動としての「フェミニズム」を意味していないことである。「平和教育におけるフェミニズム」とは，倫理的基盤として「正義」に立脚しない思考への便宜的な呼称であり，社会において伝統的歴史的に女性的であると認識されてきた価値に光をあてようという試みに対する呼称である。こうした思考は，ネル・ノディングズによって理論化された。ノディングズは，社会的に男性的な倫理判断基準である「正義」に替えて，歴史的社会的に女性的とみなされてきた倫理判断基準である「愛」や「ケア」を中心に教育について志向するとき，教育問題として認識される事柄が異なる展開をみせると主張する[32]。ノディングズの主張は，平和教育において，「正義」の倫理観が強調された社会は，「ケア」や「愛」といった「正義」以外の倫理観とのバランスを失っており，平和や平和教育の理論における女性的な視点を黙殺してしまい，その結果「正義」の倫理観では解決不可能な平和教育の課題そのものに目を背けてきたことを指摘している。「愛」や「ケア」の倫理観に立脚した平和教育の中心的関心事項は，「あたたかい家庭の構築と継続」といった，一見しただけでは見逃してしまいそうな規模の小さい地味な「平和」である。しかし，愛情や優しさ，あたたかさや安心感にあふれた家庭の継続と維持に平和教育の最終目的がおかれるとき，平和教育は戦争や反戦などの反意語という立場から自律することができるのである。

　■**大人のための平和教育**　　自らの教育施設を「子どもの家」と称し，家庭的な温かさこそ善い教育の基盤であると主張したマリア・モンテッソーリは，平和教育においては子どもこそが教師であると主張した[33]。モンテッソーリの

平和教育における「教師としての子ども」という主張は，実践上はきわめてナイーブなものかもしれない。しかしながら，人間主義教育という視点から平和教育を考えるとき，彼女の主張は平和教育の諸問題を論じるうえでの3つ目の重要な課題である「大人のための平和教育とは何か」について思考するための手がかりとなる。たとえば，「平和」という言葉に対して何かを想像することができたなら，私たちはすでに何らかの平和教育を受けたことがあるといえるだろう。そしてそれは同時に，「平和」という言葉が圧倒的に道徳的で崇高であるがゆえにもち合わせる脆弱性について学習する準備ができているということを暗示しているといえるだろう。つまり，平和教育は，平和な社会を構築することの重要性や，平和の価値について子どもたちに伝達するための教育であるばかりでなく，すでにその言葉の道徳的価値を十分認知している学習者への「大人のための教育」としての局面ももち合わせなくてはいけないということである。

　齋藤直子は「大人のための教育」を言語教育として論じる[34]。齋藤のいう言語教育とは，文法の理解や新しい言葉の意味を知るといった言語手段の「獲得」を意味するものではなく，言葉の字義性について考察するという言語の「再獲得」を意味している。齋藤の主張は，平和という言葉がその崇高さゆえにもち合わせている脆弱性に気づくための平和教育の機会を与える。つまり，「大人のための平和教育」とは，なんらかの文脈において使用されている「平和」という言葉が，本来意味すべきことを意味しているかどうか批判的に考察する機会をもつということである。

　日本の学校教育における「平和教育」と称された教育的アプローチは，「平和教育」の字義を時代の政治情勢次第で書き換えてきたことはすでに上述した。また，村井実は，平和教育が政治の道具として利用されやすい脆弱性をもち合わせていると指摘していることも上述した。齋藤の主張は，教育学として自律した平和教育を構築しゆくためには，安易に政治的に利用され，常に言葉本来の意味を失う傾向と性質をもつ「平和」という言葉は，継続的に批判的考察というメンテナンスを施すことが不可避であるということを指摘するものである。

平和という言葉には，皆がその道徳性を高く評価するがゆえに字義性を失う危険性と隣り合わせであることを認識し，「平和」という言葉の字義性を取り戻そうとする「大人のための平和教育」の発展と促進は，重要な平和教育の課題の1つである。

■**平和教育と殺生**　人間主義教育という視点から平和教育の諸問題について思考するときに4つ目の平和教育の課題として列挙される点は，平和教育のかかえる最終的な矛盾についてである。国連やユネスコなどの国際機関は，生命への尊厳を世界共通の道徳的認識として広げゆくことは，平和教育の重要な課題の1つと主張している。しかしながら，平和教育は「生命の尊厳」を賛美するだけではその役割を果たしたことにはならない。なぜなら平和教育は「生命を大切にするとはいかなることか」という問いそのものにも応答しなければならないからである。この問いに対して，たとえば，ジャスト・ワー・セオリーは戦争という状況下における殺人行為や正当防衛としての殺傷行為が道徳的に正当性をもつかどうかという点から応答する[35]。人間主義教育という立場からこの問いに立ち向かうことは，私たちに現在の科学ではまだ解明されていない問題と平和教育のかかえる根本的な矛盾点と向き合うように要求する。というのは，「生命の尊厳」という言葉は，自己の生命への尊厳と他の生命への尊厳という両義性をもつからである。この両義性が両立しうるのかどうかという問いは，現在までの科学では解明されていない。私たちの生活は，食事の際に日常的に使用される「いただきます」という言語表現に象徴されるように，自らの生命を維持するために他の生命を取り込む必要があるという点において絶え間ない殺生行為の連続とともにある。さらに，そうして他の生命に依存して維持した自らの生命は最終的に死を迎えなくてはならない。このように生きるという行為は根本的に殺生にかかわっているということと，そうして生かした生命も最終的には死を避けることはできないという事実についての道徳的な議論に対して応答しようと試みることは，人間主義の平和教育の重要な責務である。

### 4. 審美学としての平和教育

以上，平和教育とは，人々がその一生をかけて継続的に模索しつづける教育活動であり，いまだ科学的に解明されていないような課題にさえ立ち向かわなくてはならない非常に複雑で困難極まりない学習活動であることがわかった。そもそも平和教育が理論的に完成する日が到来するのかどうか，そして，平和教育が本当に平和な社会を実現することに貢献するかどうかさえ，現在においては証明されていないのである。現在のこの状況を認めたうえでそれでもなお，平和の大切さについて教師が誠実に語り，その声が学習者の心に響くことになり，美的で感動的な空間を形成することに成功したのであれば，その瞬間において，学習者は平和への希望を与えられたということになるのかもしれない。

## 第4節　生涯学習・社会教育

### 1. 社会教育の沿革と生涯教育

■**人間の教育と生涯学習・社会教育の関連**　本書のタイトル（いわばテーマ）である「人間の教育を求めて」を考えるにあたり，生涯学習・社会教育への理解・検討は必要不可欠のものである。学校における教育課程として行われる教育以外のものを**社会教育**として位置づけるならば，社会教育は歴史的に学校が誕生する前から存在しており，教育の原初的形態であるといえるからである。また，多種多様にわたる教育活動を統合する理念・目標として生涯教育（後年に現れる生涯学習という言葉とほぼ同義であると理解してよい。p.172の用語チェック参照）が，1965年にユネスコの成人教育部長であったポール・ラングラン（Paul Lengrand）によってユネスコ成人教育推進国際委員会で提唱されて国際的な承認を得た。この生涯教育には学校教育も当然に含まれているわけであり，人間

---

**用語チェック　社会教育**　社会教育という概念は，正確な理解がむずかしい。ここでは教育課程として行われる学校教育活動以外の教育活動全般（家庭教育を含む）をさすものと理解する。学校教育と比べた際の社会教育の特徴としては，被教育者・学習者の自発性（教育機会への参加・不参加の判断が被教育者・学習者に委ねられている），教育内容の現実性（実際生活へ即座にあるいは短期的に役立つものが内容となりやすい）などが一般に指摘される。

の教育をトータルに考えるために生涯教育を手がかりとすることの有効性を理解することができるだろう[36]。

■**生涯教育が提唱されるまでの概況**　わが国の行政において社会教育という言葉が使用されたのは、1921（大正10）年以降のことである[37]。戦後と比較した戦前の社会教育の特徴は、個人の生活よりも国家体制の繁栄を優先する国家主義を町内会や婦人会などの団体活動を通じて浸透・徹底させることにあったといえる[38]。戦前の社会教育は、国家による思想統制の一手段として機能したのである。

第二次世界大戦敗戦後、日本国憲法に示された国民を主権者とする民主主義国家へと転換するなか、教育も民主主義に相応しいものとなった。社会教育については、1949（昭和24）年に公布・施行された社会教育法によって、行政の任務は国民が「自ら実際生活に即する文化的教養を高めうるような環境を醸成」（同法第3条第1項）することと規定され、国民の自由な教育・学習活動に対して行政が命令・監督などの権力的な方法で関わることは禁じられることとなった。そのような法規定の下、戦後の地域復興の拠点として1946（昭和21）年に構想され、多くの自治体で設置された公民館において、青年や婦人などを対象とした学級・講座などが実施され、図書館や博物館の設置も進められた。そのようなかたちで、行政による社会教育施策は展開されていったといってよい[39]。

■**生涯教育概念の登場**　生涯教育という概念は、前述のとおり1965（昭和40）年にユネスコにおいて、ラングランによって提唱された。生涯教育とは、人間の一生において必要とされるさまざまな学びを支援するために、社会のあらゆる教育機能について相互の関連性も意識しながら体系化を図ろうとする理念・考え方である。

ラングランの提唱は、人間は生涯にわたって多様な教育の機会を必要とするという前提に立っている。「人生何事も勉強だ」という訓戒の類はラングランの提唱以前から存在したわけであり、そのような考え方自体はなんら目新しいものではない。人間が生涯にわたって教育を受ける必要性が高い時代になったという意味において、昔からある訓戒とは次元を異にするわけである。そのよ

うな時代となった要因としては，加速度的な技術革新による知識の陳腐化や産業構造の転換による職業教育の必要性，人口問題や環境問題など人類の存続にかかわる国際的な問題を考え続ける必要性などが説明される[40]。

ラングランが提唱した生涯教育は，社会の教育機能を有機的に編成，あるいは拡充しようとするものであったが，それ以上に重要なこととして，当時の教育や社会のあり方の見直しを迫る議論でもあった。ラングランは，「社会の諸階級への分化，断片化された労働」などにみられるように，「現代人は分離の犠牲者」であり，教育においても抽象的な知識の認知（記憶量）がとりわけ重視されることが人間の発達過程における「パーソナリティのバランスをおびやか」しているという問題意識をもっており[41]，その解決策として生涯教育という理念を提唱したのである。

1972（昭和47）年にラングランの後任としてユネスコの生涯教育部長に就任したのは，イタリア生まれで同国での労働組合における活躍経験をもつエットーレ・ジェルピ（Ettore Gelpi）であった。ジェルピは，「生涯教育は政治的に中立でない」という立場から，生涯教育が既成秩序を強化するものとして利用される危険性を指摘し，発展途上国からなる第三世界の人々を解放するためのものとして生涯教育を説明し，抑圧する諸勢力からの解放を果たすための方法として自己決定学習を提唱した[42]。ジェルピの生涯教育論は，1960年代から発展途上国がユネスコへ多数加盟し，1970年代後半にはユネスコ内での南北問題が先鋭化，途上国に有利な機関決定がなされていくという背景とあわせて理解される必要があろう[43]。

ラングランとジェルピの生涯教育論は，念頭においている国家群・地域，示される内容においてちがいがみられるものの，両者とも人間のための教育という目的観のもとに示されたアイデアであるという点では共通しているといえる。

## 2．日本における生涯学習関連施策の展開

■答申にみる生涯学習関連施策　1965（昭和40）年のラングランによる生涯教育概念の提唱は，日本にも紹介され，国の審議会答申にその影響が見られる

ようになった。わが国の答申においてはじめて生涯教育という言葉が登場したのは，1971（昭和46）年の社会教育審議会答申「急激な社会構造の変化に対処する社会教育のあり方について」である。そこでは，激しい社会変化に対応するとともに各人の個性や能力を発揮するためにも生涯教育の観点からあらゆる教育を再検討することが提唱された。同年の中央教育審議会答申「今後における学校教育の総合的な拡充整備のための基本的施策について」においても生涯教育の観点から教育体系を再検討し，学校教育におけるより多面的・総合的な発達の重視や学校開放の推進などが提唱されている。また，1974（昭和49）年の社会教育審議会の建議「在学青少年に対する社会教育の在り方について—家庭教育，学校教育と社会教育との連携」では，「家庭教育，学校教育，社会教育がそれぞれ独自の教育機能を発揮しながら連携し，相互に補完的な役割を果たしうる」ような教育の方向性が示されている（学社連携論と呼ばれる）。これらの答申は，生涯教育概念を紹介するということ以上に，急激な都市化や詰め込み教育，受験競争などによって問題をかかえていた社会教育，家庭教育，なかんずく学校教育への打開策を示すという意義があったものと考えられる。

わが国の答申で初めて生涯教育という言葉がタイトルとなった1981（昭和56）年の中央教育審議会答申「生涯教育について」は，生涯教育の社会的背景や，**生涯学習と生涯教育**の関係について説明したうえで，わが国の課題を教育領域ごとに網羅的に整理しつつ，学習情報提供・相談体制の充実や成人への学

---

**用語チェック　生涯学習と生涯教育**　1981年中央教育審議会答申「生涯教育について」では，生涯学習と生涯教育との関連について次のように整理している。「今日，変化の激しい社会にあって，人々は，自己の充実・啓発や生活の向上のため，適切かつ豊かな学習の機会を求めている。これらの学習は，各人が自発的意思に基づいて行うことを基本とするものであり，必要に応じ，自己に適した手段・方法は，これを自ら選んで，生涯を通じて行うものである。この意味では，これを生涯学習と呼ぶのがふさわしい。この生涯学習のために，自ら学習する意欲と能力を養い，社会のさまざまな教育機能を相互の関連性を考慮しつつ総合的に整備・充実しようとするのが生涯教育の考え方である」。つまり，自発的意思に基づいて行う生涯学習を生涯教育が支援するという関係で説明されている。生涯学習に関するこのような考え方については，学習選択をすべて自己の責任に転嫁するものであるとか，自由意思に基づいて学習内容を選択できる人間ばかりではないなどの批判もあり，検討に値するものである。

校開放,勤労者や高齢者の支援などについて言及している。中曽根康弘首相の時代に臨時教育審議会設置法に基づいて総理府に設置された臨時教育審議会(1984～1987年)は,首相の公的諮問機関として4次にわたる答申を出した。審議会では学歴社会の是正がテーマとなるなか,「生涯学習体系への移行」が謳われ,学習情報のネットワーク化や民間の教育機会への支援(民間活力の活用),ボランティア活動の振興,生涯職業能力の開発支援,生涯学習・情報活動の拠点としての施設の高機能化(インテリジェント化)などが生涯学習・社会教育関連の施策として提唱された。1980年代は生涯教育という理念を多様な政策として具現化していった時期として理解することができるが,政府・内閣主導で教育政策への検討が進められた臨時教育審議会の影響は大きかったと考えられる。

　1987(昭和62)年8月に臨時教育審議会から「教育改革に関する第四次答申(最終答申)」が出されたあと,同年10月に4次にわたる答申内容をふまえた「教育改革推進大綱」が閣議決定された。大綱では,生涯学習体系への移行のためのさまざまな提言が示されるなか,政策機能の強化を図るための文部省機構改革についても盛り込まれており,その結果,1988(昭和63)年7月に文部省社会教育局は文部省生涯学習局へと改組され,筆頭局として位置づけられた[44]。1989(平成元)年には千葉県幕張で第1回全国生涯学習フェスティバルが開かれ(以後,毎年1回全国各地を会場に開催されている。現在の名称は「全国生涯学習ネットワークフォーラム」となっているが,「まなびピア」という愛称は引き継がれている。なお,2016年度は開催されない見通しである),文部省による「生涯学習キャンペーン」さながらの啓発活動が各地で行われた[45]。1990(平成2)年1月の中央教育審議会答申「生涯学習の基盤整備について」では,国・都道府県・市町村における生涯学習施策の連絡調整組織の(法)整備や生涯学習推進センターの設置,民間教育事業の支援などが提唱された。答申を受けて同年6月に生涯学習の振興のための施策の推進体制等の整備に関する法律(いわゆる生涯学習振興法)が公布・施行され,文部省に生涯学習審議会が設置されることとなり,また都道府県立の生涯学習(推進)センターの設置も進んでいった。

このように「生涯学習体系への移行」という名の下にさまざまな具体的施策が展開されるようになった。家庭教育，社会教育，学校教育の相互補完という生涯教育に示される観点から平成年度間の文教施策を振り返るならば，学校の余裕教室の活用や子どもの放課後等の学習機会の確保（全国子どもプラン，放課後子ども総合プランなど），学校支援ボランティアと学校をつなぐ学校支援地域本部事業，地域運営学校（コミュニティスクール）の設置など，さまざまな角度から学校教育あるいは地域の社会教育を支え合う施策が展開されてきていると理解することができる[46]。

　■鍵となる学社連携　生涯教育が提唱されて半世紀が経過し，わが国においてもその理念を実現させるための体制づくり，支援施策が実施されてきた。その際に鍵となるのは，家庭教育，社会教育，学校教育がそれぞれの特色を生かしながらも相互補完するかたちで事業を実施できているかどうかである。これは先に紹介した1974（昭和49）年の社会教育審議会の建議「在学青少年に対する社会教育の在り方について—家庭教育，学校教育と社会教育との連携」においてみられた教育の方向性で，学社連携と呼ばれるものである[47]。

　この学社連携という言葉は，社会教育関係者から提起されたものであり，概ね社会教育関係者の間だけで認識・共有されてきたといえる。つまり，社会教育の側が学校教育を意識する度合いのほうが，その逆のパターンよりも大きいということを意味していると考えられる。たとえば，社会教育施設にとって学校単位での施設利用は，施設利用・利用者数の増加という点のみでなく，わが国の子どもの心身の発達を支える基幹的な場である学校教育に社会教育施設が貢献しえたという点においても，施設経営の評価にプラスの影響をもたらすため，社会教育関係者が学校を意識することになるとも考えられる。社会教育の必要性を主張するために学校教育との関係強化を求めるということである。ただし，21世紀に入って以降，教育基本法第13条や社会教育法第3条第3項，学校教育法第31条などにおいて，学校教育と社会教育の連携が法定され，学校教育にとっても，社会教育との連携の必要性を認識する（はたまた，認識せざるを得ない）機会は高まっているものと考えられる。

学社連携の議論においては，学校教育の考え方が社会教育に入り込むこと（両者の特性を生かすことにならない連携）への懸念が社会教育関係者によって示される場合が多い。生涯教育の理念を踏まえれば当然の指摘であるが，それだけ学校教育関係者と社会教育関係者が連携相手の特性をふまえた連携を行うことに困難を伴う現実があることを意味しているとも考えられる[48]。その学社連携の例としては，数多く実施されてきた取り組みであるということもあり，通学合宿がよく紹介される。通学合宿とは「子どもたちが公民館等の施設で一定の期間寝起きを共にしながら学校に通う」活動である[49]。通学合宿では，合宿期間中の放課後において体験活動などのさまざまプログラムが用意されることが多く，子どもに多様な活動・経験をさせることで多面的な発達を支援する活動であるといえる。学校教育と社会教育との適切な連携は，人間のための教育の質を担保する重要な方向性であるといえるだろう。

## 3. 生涯学習・社会教育における学習活動

■社会教育施設の概況　　人々の教育・学習が生まれる場はさまざまであり，ラジオやインターネット，携帯用の教育機器の使用も可能な時代状況をふまえれば，教育・学習の場に関する空間的な制約は存在しないとさえいってよい。しかしながら，学校を典型として，公民館，図書館，博物館，児童館，生涯学習センター，学習塾，カルチャーセンターなどは，そのほかの場所に比べて人々の教育・学習が生まれる場面が多いものと考えられる。それは，教育・学習を目的として設置・用意された場であるからだが，戦後におけるわが国の社会教育活動はそのような場を主として展開されてきた。

　原則として教育委員会が管轄し，社会教育の目的のために設置された公民館，図書館，博物館，青少年教育施設，女性教育施設などの施設は，総称して社会教育施設と呼ばれる。社会教育施設といっても，女性教育施設やとりわけ青少年教育施設のように施設利用の主な対象が限定的な施設もあるし，図書館や博物館のように資料サービスが主な施設機能であると一般に考えられている施設もある。共通しているのは，人々の学習を支援するための体制があること，建

築物を伴った場であるということだろう。

　表7.1は21世紀以降の主な社会教育施設数の推移（指定統計「社会教育調査」による）を示したものである。公民館が戦後の社会教育における市町村の基幹的施設であることが施設数からうかがえるだろう（参考までに指定統計「学校基本調査」によると，2011年の小学校は2万1721校，中学校は1万751校である）。いわゆる平成の大合併や施設の老朽化などを背景として公民館数は減少傾向にあるが，一定地域の住民を主な対象として地域の実状に応じたさまざまな活動が展開されている。図書館については，ほぼ一定の増加傾向を示しており，館数の増加に応じて利用者数も増加している。図書館経営に関しては，経験則に基づいた規則性のようなものが確立しているといってよいが[50]，近年の傾向から考えても国民の図書館への潜在的なニーズは依然としてあるものと考えられる。文化の保存・提供という特徴をもつ博物館も施設数が増加傾向であったが，近年頭打ちの状況となっている。青少年教育施設は，少子化と経営合理化への対応のためか大きく減少し，女性教育施設は大幅に増加している。各社会教育施設は，学習者のニーズや社会状況などに応じて，設置数の推移にちがいはあるものの，それぞれの設置目的・機能から人々の多様な教育・学習活動を支えている。

　さて，社会教育施設以外にも学校の空き教室や児童館，勤労青少年ホーム，コミュニティセンター，消費者センターなど，人々の教育・学習に寄与する公

表7.1　主な社会教育施設の設置数

|  | 公民館（類似施設を含む） | 図書館 | 博物館（類似施設を含む） | 青少年教育施設 | 女性教育施設 |
| --- | --- | --- | --- | --- | --- |
| 2002 | 18,819 (872) | 2,742 | 5,363 (4,243) | 1,305 | 196 |
| 2005 | 18,182 (1,039) | 2,979 | 5,614 (4,418) | 1,320 | 183 |
| 2008 | 16,556 (623) | 3,165 | 5,775 (4,527) | 1,129 | 380 |
| 2011 | 15,399 (718) | 3,274 | 5,747 (4,485) | 1,048 | 375 |

注：（　）内は類似施設の設置数。
出所：文部科学省『社会教育調査報告書』各年度版

立の施設は存在するし，学習塾やおけいこごと，カルチャーセンターなどの民間教育事業が提供する学習機会も相当量存在する。さらには通信技術の飛躍的進歩やインターネット上の学習コンテンツの充実による遠隔教育の充実という状況もある。このような教育・学習の場の量的拡大という状況にあって，社会教育施設はどのような役割を果たすべきか，社会教育施設の独自性を明確にすることが求められているといえる。

■**人々の学習行動の変化**　第二次世界大戦敗戦後から今日までの人々の学習行動は，社会の変化，経済成長とともに変化していった。戦後間もない時期は，地域住民の生活様式や意識は，とくに地方において似通っていたため，青年学級や婦人学級などに代表される属性ごとの学級・講座の実施や，住民同士の自主的な話し合いによって共通の問題解決を図る共同学習の方法を軸に教育・学習活動が進められた。しかし，1960年代以降の高度経済成長期の工業化・都市化による就業の多様化や人口の流出・流入の増大によって地域住民の同質性は弱まり，経済的な豊かさも手伝って，学習ニーズの多様化・高度化・個別化という傾向がみられるようになった。たとえば1974（昭和49）年に新宿で開設された朝日カルチャーセンターを皮切りに，カルチャーセンターの開設が広がっていったが，カルチャーセンターは学習ニーズの多様化・高度化・個別化という傾向を背景に登場したものであるとともに，そうした傾向を強化する学習機会として機能したともいえるのだろう。

　国民の高学歴化や文化的成熟，文部省による生涯学習の普及・啓発事業などにより，学習ニーズの多様化・高度化・個別化への対応という傾向は強まったといえるが[51]，そのような学習ニーズに対応するだけではなく，社会の要請として人々への学習を促す必要からも社会教育行政は支援策を実施してきた。1992（平成4）年の生涯学習審議会答申「今後の社会の動向に対応した生涯学習の振興方策について」では，「当面重点的に充実・振興方策を考えるべき4つの課題」の1つとして，「人々が社会生活を営む上で，理解し，体得しておくことが望まれる課題」である「現代的課題に関する学習機会の充実」が提唱された[52]。ほかにも，2001（平成13）年の学校教育法改正（第31条）および社会教

育法改正（第5条）で社会奉仕体験活動や自然体験活動などの体験活動の充実（社会教育との連携）に関する規定が盛り込まれ，2003（平成15）年に全面改訂された「公民館の設置及び運営に関する基準」では，家庭教育への支援の充実（第4条）や奉仕活動・体験活動に関する学習情報の提供推進（第5条）などについて，公民館が努力すべきと定められた。人々の学習活動の変化への対応ばかりでなく，社会的な要請への教育・学習機会の提供も意識し，そのような活動への参加者を広げる営みが，社会教育施設の必要性・独自性を主張する1つの要因であると考えることもできる。

## 4. 生涯学習・社会教育における制度的課題

　生涯学習・社会教育における課題は，社会状況や教育学界全体の関心が集まるテーマなどを拠り所として，学力問題や高齢化・人口減少社会への対応，国際化，イノベーション，関連法改正，ESD（Education for Sustainable Development：持続可能な開発のための教育）など多岐にわたっている。そのことは，生涯学習・社会教育関係の学会が発行する年報や関連雑誌の特集タイトルなどからうかがい知ることができる。なかでも1990年代半ば以降からの生涯学習・社会教育を所掌する行政を巡る環境の変化は，生涯学習・社会教育を支える中心的・母体的存在である行政組織の存立にかかわる問題であるため，大きな課題の1つとして位置づくものと考えられる。

　第二次世界大戦敗戦後の社会教育行政は，学習者の「環境を醸成」することを任務とし，文部省は公民館，図書館，博物館などの社会教育施設の施設，設備などへの補助や，社会教育主事の設置推進に際しての補助を行っていた。しかしながら，1990年代半ば以降の地方分権推進による規制緩和という政策動向のなかで，これらの補助制度は廃止され[53]，公民館における住民参加制度である公民館運営審議会の必置規定や図書館館長の司書資格要件なども廃止されることとなった。地方の裁量の拡大という名の下に，生涯学習・社会教育を所掌する行政の枠組みの一部が「解体」されるとともに，枠組みを拡張・普及させる後ろ盾であった補助制度をも失うこととなった。2007（平成19）年には，

地方教育行政の組織及び運営に関する法律の改正に伴い，これまで教育委員会（主に社会教育関係部署）が所管していたスポーツと文化に関する事務を首長の所管にすることが可能になった（同法第24条の2）。また2014（平成26）年の同法改正では，教育委員会と首長による総合教育会議の開催と，首長による教育行政の大綱策定が新たに盛り込まれ（同法第1条の3），地方教育行政における首長の影響力が増大しうるものに改められてきている。

　戦後の生涯学習・社会教育の主要な場である社会教育施設を中心とする諸施設については，その経営あるいは存立の次元からも行政改革の影響を受けることとなった。2003（平成15）年の地方自治法改正に伴う指定管理者制度の導入によって，理論上あらゆる団体が公の施設を管理する（指定管理者となる）ことが可能となり，民間事業者が社会教育施設などの管理を代行する事例もみられる。公務員が教育の現場である社会教育施設などにいないことは，地域住民と行政との結節点としての施設の役割が後退することになるし，一般的に3～5年の契約期間を定めて管理を代行する同制度にあっては，指定管理者の変更があった場合にその施設が蓄積・継続してきた教育事業や収集資料活動などが打ち切られることへの懸念などが課題となっている。また，2005（平成17）年の地域再生法の施行に伴い，補助金を受けて設置された公の施設の転用が従来よりも容易になり，他種施設への転用，他種施設との統合・再編による社会教育施設の減少もみられるようになってきた。

　財政的要因も見逃せない。財政難に伴って生涯学習・社会教育を所掌する行政の予算は低下傾向にある。生涯学習・社会教育に関する行政の予算は，義務的な経費が少なく，たとえば前年度予算額と当年度予算額の変動率が大きいことは以前から指摘されているが[54]，全国的な傾向として予算の減少が認められる状況にあるといえる。このように振り返ってみると，1990年代半ば以降から今日に至るまでの生涯学習・社会教育を所掌する行政の状況は，大きな変化・困難の連続であったといえる。教育改革という自律的・能動的な変化ではなく，行財政改革の動向に振り回されて制度的基盤が弱められてきたといえるのだろう。

「転形期の社会教育」という社会教育学の講座（全6巻，学文社）が2015年に刊行されはじめた。その序文に相当する件では，転形期とは「時代も変わるが社会教育そのものも変化するという状況を意味し，今後の社会教育のあり様を探ることを意識している」ことが強調されている[55]。上記の経緯は，まさにここでいう転形期の社会教育という課題意識を生んだ背景要因であるといえるだろう。教育の原初的形態である社会教育が私たちの生活から消えることはない。しかしながら，さまざまな要因によって社会教育の意義が矮小化され，社会教育の縮小，ひいては生涯学習社会という理念の後退へとつながる可能性に対しては自覚的でなければならないと考えられる。

■生涯学習と社会教育に関する行政のあり方　生涯学習と社会教育に関する行政は，行政改革や財政難の影響により，その活動は活発であるとはいえない状況にある。とりわけ生涯学習の中心的役割を担うとされた社会教育行政においてその状況は明らかである。このような状況下において大切なのは，生涯学習と社会教育の関係を再確認するとともに，社会教育（社会教育は教育であることを強調しておきたい）を通してどのような人を育て，社会を形成するのかという目標を明確にして施策の重点化を図ることであろう[56]。つまり生涯学習の振興による学習活動の量的な増大・活性化とその支援だけに注目するのではなく，社会教育事業を通した諸問題の解決やさまざまな団体の活動が果たす社会的役割に注目して，計画的かつ戦略的に行政計画・事業計画を編成することが必要である。そうした努力が，限りある予算を最大限に生かすことになるものと考えられる（地方自治法第2条第14項）。

ラングランとジェルピの議論にみたように，生涯教育（生涯学習）という理念の具体的表現内容や実現への方途は論者により幅がある。しかしながら，人間の自己実現，広い意味での解放をめざすものであるという点は多くの論において共通している。そのような理念を実現する手立てとして生涯学習と社会教育に関する行政は，それぞれの固有の役割を保ちつつも連携してその実現に貢献していくことが求められている。

注）
1) John Dewey. "Between Two Worlds," Address delivered at the Winter Institute of Arts and Sciences, University of Miami, Coral Gables, Fla., 20 March 1944. *The Later Works, 1925-1953*. 17, 453-454.
2) Robert O. Keohane and Joseph S. Nye Jr. "Introduction" in Robert O. Keohane and Joseph S. Nye Jr. *Power & Interdependence* (4th Edition) (Longman, 2011).
3) John Dewey. "Between Two Worlds," 453.
4) http://www.mext.go.jp/b_menu/shingi/chuuou/toushin/960701.htm (2015年8月13日閲覧)．
5) 佐和隆光『市場主義の終焉：日本経済をどうするのか』岩波書店，2000年．
6) http://www.mext.go.jp/a_menu/hyouka/kekka/1311777.htm (2015年9月13日閲覧)．なお，国際バカロレアとは，もともと「インターナショナル・スクール等の卒業生に国際的な大学入学資格を認める中等教育修了証．スイスの財団法人である国際バカロレア機構（IBO）が授与」（『広辞苑』）とあるように，各国のインターナショナル・スクール卒業生を対象としたものであったが，ここではこれを，通常の高等学校のなかでの1つの課程として設置することで，「世界中のどの大学にも出願可能」な「グローバル人材」を輩出しようとするものである．
7) 樋口直人『日本型排外主義：在特会・外国人参政権・東アジア地政学』名古屋大学出版会，2014年．
8) Maxine Greene. "Commentary on 'Education toward Global Citizenship,'" *Renaissance of Humanism* Issue#1, (Spring 2006), 10-12.
9) 村井実『もうひとつの教育：世界にさぐる旅』小学館，1984年，32-38頁．
10) 村井実『人間の権利』講談社，1996年．
11) Belden A. Fields, *Rethinking Human Rights For the New Millennium*, Palgrave Macmillan, New York, 2003.
12) 高橋貞樹『被差別部落一千年史』岩波書店，1992年．
13) 苅谷剛彦『階層化日本と教育危機：不平等再生産から意欲格差社会（インセンティブ・ディバイド）へ』有信堂高文社，2001年．
14) 同上，117頁．
15) 同上，73頁．
16) 耳塚寛「学力格差は今や社会問題だ」『エコノミスト』85巻第4号，2007年，50-53頁．
17) ベアテ・シロタ・ゴードン／平岡磨紀子編『1945年のクリスマス：日本国憲法に「男女平等」を書いた女性の自伝』柏書房，1997年．
18) 小川正人『近代アイヌ教育制度史研究』北海道大学図書刊行会，1999年．
19) 藤澤健一『沖縄・教育権力の現代史』社会評論社，2005年．
20) 児島明『ニューカマーの子どもと学校文化』勁草書房，2006年．
21) ジョン・ロールズ／川本隆史・福間聡・神島裕子訳『正義論』紀伊國屋書店，2010年．
22) 坂本辰朗「大学教育におけるジェンダーの問題」『教育學研究』70巻第1号，2003年，17-28頁．
23) E. D. ハーシュ／中村保男訳『教養が，国をつくる：アメリカ建て直し教育論　アメリカの基礎教養5000語付き』ティビーエス・ブリタニカ，1989年．

24) パウロ・フレイレ／小沢有作・楠原彰・柿沼秀雄・伊藤周訳『被抑圧者の教育』亜紀書房，1997 年．
25) ウィル・キムリッカ／角田猛之・石山文彦・山崎康仕訳『多文化時代の市民権：マイノリティの権利と自由主義』晃洋書房，2004 年．
26) Walter Feinberg, *Common Schools / Uncommon Identities: national Unity and Cultural Difference*, Yale University Press, New Haven, 1994.
27) 村井実「『平和教育』をめぐる一つの根本的問題」『教育哲学研究』第 42 号，1980 年，56-66 頁．
28) ヨハン・ガルトゥング／高柳先男・塩屋保・酒井由美子訳『構造的暴力と平和』中央大学出版部，2002 年．
29) 村井実『教育からの見直し：政治・経済・法制・進化論』東洋館出版，1996 年．
30) ヨハン・ガルトゥング／高柳先男・塩屋保・酒井由美子訳『構造的暴力と平和』中央大学出版部，2002 年，iii 頁．
31) Jane Roland Martin, Martial Virtues or Capital Vices? : William James' Moral Equivalent of War Revisited. *Journal of Thought*, Vol. 22, 1987, pp. 32-44.
32) ネル・ノディングズ／立山善康・清水重樹・林康成・新茂之訳『ケアリング：倫理と道徳教育　女性の観点から』晃洋書房，1997 年．
33) マリア・モンテッソーリ／小笠原道雄・高祖敏明訳「平和のための教育：第六回国際モンテッソーリ大会　一九三七年八月　コペンハーゲン」P. オスワルド，G. シュルスーベネシュ編『モンテッソーリ　平和と教育：平和を実現するための教育の意義』エンデルレ書店，2001 年，91-156 頁．
34) 齋藤直子「父の言語のフェミニズム：スタンリーカベルと解釈の政治学」『現代思想』33 巻第 10 号，2005 年，108-120 頁．
35) マイケル・ウォルツァー／萩原能久訳『正しい戦争と不正な戦争』風行社，2008 年．
36) 主に成人教育の観点からではあるが「人間の教育を考える」ことをテーマとして，参考となる複数の文献の解説を行ったものとして，碓井正久編『社会教育―文化の自己創造へ』（講談社，1981 年）も参照されたい．
37) 1921 年以前の行政においては「通俗教育」の名称で，青年団の設置奨励や図書館令の公布などが行われていた．
38) 戦前における社会教育のそのほかの特徴として，対象が青年や農村中心であったことが挙げられている．碓井正久「戦後社会教育観の形成」碓井正久編『社会教育』（戦後日本の教育改革第 10 巻）東京大学出版会，1971 年，7-11 頁．
39) もちろん社会教育に関する事業は幅広く，図書館や博物館の管理・運営，家庭教育の支援や職業教育，体育・レクリエーションに関する事業，社会教育に関する調査・研究などがある（理解の一助として社会教育法第 5 条を参照されたい）．戦後の社会教育行政の展開の概要については，文部科学省『学制 120 年史』（1992 年）を参照．
40) 白石克己「生涯教育の理念」白石克己・新井郁男ほか『生涯教育への道』（生涯学習テキスト①，実務教育出版，1987 年，10-11 頁）参照．
41) ポール・ラングラン／波多野完治訳『生涯教育入門第二部』全日本社会教育連合会，1989 年，5 頁．
42) エットーレ・ジェルピ／前平泰志訳『生涯教育―抑圧と解放の弁証法』東京創元社，

1983年, p.16。なお,「生涯教育が既成秩序を強化する」ことの説明として, たとえば, 生涯教育の名の下に労働者が資格取得や研修を強要されることによる労働強化をあげることができる。
43) 伴恒信「国際化社会と生涯学習」日本生涯教育学会編『生涯学習事典（増補版）』(東京書籍, 1992年, 92-93頁) を参照。
44) 文部省組織令第7条の2において, 生涯学習局に「学校教育, 社会教育及び文化の振興に関し, 生涯学習に資するための施策を企画し, 及び調整すること」という所掌事務が与えられ, 生涯学習体系への移行をめざすことが明らかになったという評価もある (手打明敏「生涯学習行政と施策」日本生涯教育学会編, 前掲8), 257頁)。その一方で, 学校教育制度に手を加えずに社会教育局に専修学校や放送大学などの事務を付加して生涯学習局とするマイナーチェンジの改革であったとの見方もある (鈴木眞理『学ばないこと・学ぶこと』学文社, 2006年, 84-85頁)。
45) 鈴木眞理「生涯学習のこれまで・これから」鈴木眞理・永井健夫・梨本雄太郎編著『生涯学習の基礎』(新版) 学文社, 2011年, 216-217頁。
46) 主に20世紀末以降の生涯学習関連施策を概説したものとして, 馬場祐次朗「文教行政による生涯学習支援」香川正弘・鈴木眞理・佐々木英和編『よくわかる生涯学習』ミネルヴァ書房, 2008年, 104-105頁。なお, 同書では, 厚生・労働・総務・環境の各行政分野における生涯学習支援施策についても紹介されており, 生涯学習支援施策の全体像を具体的に把握できる内容となっている。
47) 関連して学社融合という言葉もある。これは学校教育と社会教育において, 学習の場や内容を部分的に重ね合わせながら (融合), 学習活動を実施するもので, 学社連携の進んだ形態であると説明される。ほかにも博物館と学校教育の連携をめざす博学連携という言葉もあるが, いずれにおいても概ね社会教育 (博物館) 関係者サイドで提起・共有されている言葉であるといえる。
48) 筆者は, これまで複数の大学で学生に「学校単位でのキャンプ, 登山などでの飯盒炊爨において, おかずの材料があらかじめ切られてあった経験の有無」を尋ねてきたが, 少なくとも100人に1人は挙手者 (経験あり) が存在した。児童・生徒に包丁を持たせることができない特別な事情でもない限り, このような (包丁を持たないという) 経験は, 社会教育との連携の意義を減じるような (おそらくは学校側の) 判断・対応であるといえるだろう。
49) 結城光夫「広がる『通学合宿』」『社会教育』2001年4月号, 18頁。
50) わが国における中小図書館経営の道筋を示したとされる実践として, 昭和40年代以降の日野市立図書館の実践がある。日野市立図書館の実践に関しては, 日本図書館協会『図書館白書1980』(1980年, 24-26頁) を参照。
51) 市民の成熟を理由として, 行政により「オシエ・ソダテル」社会教育行政は不要であるという「社会教育の終焉論」が行政学者から提起されたこともある。松下圭一『社会教育の終焉』(筑摩書房, 1986年) を参照。
52) 同答申では現代的課題の例として,「生命, 健康, 人権, 豊かな人間性, 家庭・家族, 消費者問題, 地域の連帯, まちづくり, 交通問題, 高齢化社会, 男女共同参画型社会, 科学技術, 情報の活用, 知的所有権, 国際理解, 国際貢献・開発援助, 人口・食料, 環境, 資源・エネルギー」があげられている。

53) 馬場, 前掲 46) 参照。馬場は,「2001 (平成 13) 年の省庁再編後, 文部科学省が行う生涯学習支援施策は, 政策提言に資する重点的なモデル事業の展開へと大きく転換」したと, 文部 (科学) 行政の生涯学習支援施策の転換を説明している。
54) 井上伸良「生涯学習支援に関する財政研究の現状と課題」『生涯学習・社会教育学研究』(第 30 号, 2005 年, 2 頁) を参照。
55) 鈴木眞理「『講座・転形期の社会教育』の刊行にあたって」松岡廣路・松橋義樹・鈴木眞理編著『社会教育の基礎』(講座　転形期の社会教育Ⅰ) 学文社, 2015 年, 1 頁。
56) このあたりについては, 鈴木眞理, 前掲 45), 220-221 頁も参照。

# 資料

## 學事獎勵ニ關スル被仰出書（學制序文）

1872.9.4（明治5年8月2日）　太政官布告第214号

人々自ラ其身ヲ立テ其産ヲ治メ其業ヲ昌ニシテ以テ其生ヲ遂ル所以ノモノハ他ナシ身ヲ脩メ智ヲ開キ才藝ヲ長スルニヨルナリ而テ其身ヲ脩メ智ヲ開キ才藝ヲ長スルハ學ニアラサレハ能ハス是レ學校ノ設アル所以ニシテ日用常行言語書算ヲ初メ士官農商百工技藝及ヒ法律政治天文醫療等ニ至ル迄凡人ノ營ムトコロノ事學アラサルハナシ人能ク其才ノアル所ニ應シ勉勵シテ之ニ從事シ而シテ後初テ生ヲ治メ産ヲ興シ業ヲ昌ニスルヲ得ヘシサレハ學問ハ身ヲ立ルノ財本共云ヘキ者ニシテ人タルモノ誰カ學ハスシテ可ナランヤ夫ノ道路ニ迷ヒ飢餓ニ陷リ家ヲ破リ身ヲ喪ノ徒ノ如キハ畢竟不學ヨリシテカゝル過チヲ生スルナリ從來學校ノ設アリテヨリ年ヲ歷ルコト久シト雖トモ或ハ其道ヲ得サルヨリシテ人其方向ヲ誤リ學問ハ士人以上ノ事トシ農工商及ヒ婦女子ニ至ツテハ之ヲ度外ニヲキ學問ノ何物タルヲ辨セス又士人以上ノ稀ニ學フ者モ動モスレハ國家ノ爲ニスト唱ヘ身ヲ立ルノ基タルヲ知ラスシテ或ハ詞章記誦ノ末ニ趨リ空理虚談ノ途ニ陷リ其論高尚ニ似タリト雖トモ之ヲ身ニ行ヒ事ニ施スコト能ハサルモノ少カラス是即チ沿襲ノ習弊ニシテ文明普ネカラス才藝ノ長セスシテ貧乏破産喪家ノ徒多キ所以ナリ是故ニ人タルモノハ

學ハスンハ有ヘカラス之ヲ學フニハ宜シク其旨ヲ誤ルヘカラス之ニ依テ今般文部省ニ於テ學制ヲ定メ追々教則ヲモ改正シ布告ニ及フヘキニツキ自今以後一般ノ人民（華士族卒農工商及婦女子）必ス邑ニ不學ノ戸ナク家ニ不學ノ人ナカラシメ事ヲ期ス人ノ父兄タル者宜シク此意ヲ體認シ其愛育ノ情ヲ厚クシ其子弟ヲシテ必ス學ニ從事セシメサルヘカラサルモノナリ（高上ノ學ニ至テハ其人ノ材能ニ任カスト雖トモ幼童ノ子弟ハ男女ノ別ナク小學ニ從事セシメサルモノハ其父兄ノ越度タルヘキ事）

但從來沿襲ノ弊學問ハ士人以上ノ事トシ國家ノ爲ニスト唱フルヲ以テ學費及其衣食ノ用ニ至ル迄多ク官ニ依頼シ之ヲ給スルニ非サレハ學ハサル事ト思ヒ一生ヲ自棄スルモノ少カラス是皆惑ヘルノ甚シキモノナリ自今以後此等ノ弊ヲ改メ一般ノ人民他事ヲ拋チ自ラ奮テ必ス學ニ從事セシムヘキ心得ヘキ事

右之通被　仰出候條地方官ニ於テ邊隅小民ニ至ル迄不洩樣便宜解譯ヲ加ヘ精細申論文部省規則ニ隨ヒ學問普及致候樣方法ヲ設可施行事

注）表題「（學制序文）」と漢字のふりがなすべては，本書編集にて付けたものである。

## 教育ニ關スル勅語
1890（明治23）10.30

朕惟フニ我カ皇祖皇宗國ヲ肇ムルコト宏遠ニ德ヲ樹ツルコト深厚ナリ我カ臣民克ク忠ニ克ク孝ニ億兆心ヲ一ニシテ世々厥ノ美ヲ濟セルハ此レ我カ國體ノ精華ニシテ教育ノ淵源亦實ニ此ニ存ス爾臣民父母ニ孝ニ兄弟ニ友ニ夫婦相和シ朋友相信シ恭儉己レヲ持シ博愛衆ニ及ホシ學ヲ修メ業ヲ習ヒ以テ智能ヲ啓發シ德器ヲ成就シ進テ公益ヲ廣メ世務ヲ開キ常ニ國憲ヲ重シ國法ニ遵ヒ一旦緩急アレハ義勇公ニ奉シ以テ天壤無窮ノ皇運ヲ扶翼スヘシ是ノ如キハ獨リ朕カ忠良ノ臣民タルノミナラス又以テ爾祖先ノ遺風ヲ顯彰スルニ足ラン
斯ノ道ハ實ニ我カ皇祖皇宗ノ遺訓ニシテ子孫臣民ノ俱ニ遵守スヘキ所之ヲ古今ニ通シテ謬ラス之ヲ中外ニ施シテ悖ラス朕爾臣民ト俱ニ拳々服膺シテ咸其德ヲ一ニセンコトヲ庶幾フ

## 日本国憲法
1946（昭和21）11.3 公布

日本国民は，正当に選挙された国会における代表者を通じて行動し，われらとわれらの子孫のために，諸国民との協和による成果と，わが国全土にわたつて自由のもたらす恵沢を確保し，政府の行為によつて再び戦争の惨禍が起ることのないやうにすることを決意し，ここに主権が国民に存することを宣言し，この憲法を確定する。そもそも国政は，国民の厳粛な信託によるものであつて，その権威は国民に由来し，その権力は国民の代表者がこれを行使し，その福利は国民がこれを享受する。これは人類普遍の原理であり，この憲法は，かかる原理に基くものである。われらは，これに反する一切の憲法，法令及び詔勅を排除する。

日本国民は，恒久の平和を念願し，人間相互の関係を支配する崇高な理想を深く自覚するのであつて，平和を愛する諸国民の公正と信義に信頼して，われらの安全と生存を保持しようと決意した。われらは，平和を維持し，専制と隷従，圧迫と偏狭を地上から永遠に除去しようと努めてゐる国際社会において，名誉ある地位を占めたいと思ふ。われらは，全世界の国民が，ひとしく恐怖と欠乏から免かれ，平和のうちに生存する権利を有することを確認する。

われらは，いづれの国家も，自国のことのみに専念して他国を無視してはならないのであつて，政治道徳の法則は，普遍的なものであり，この法則に従ふことは，自国の主権を維持し，他国と対等関係に立たうとする各国の責務であると信ずる。

日本国民は，国家の名誉にかけ，全力をあげてこの崇高な理想と目的を達成することを誓ふ。

第11条　国民は，すべての基本的人権の享有を妨げられない。この憲法が国民に保障する基本的人権は，侵すことのできない永久の権利として，現在及び将来の国民に与へられる。

第13条　すべて国民は，個人として尊重される。生命，自由及び幸福追求に対する国民の権利については，公共の福祉に反しない限り，立法その他の国政の上で，最大の尊重を必要とする。

第14条　すべて国民は，法の下に平等であつて，人種，信条，性別，社会的身分又は門地により，政治的，経済的又は社会的関係において，差別されない。

第15条　公務員を選定し，及びこれを罷免することは，国民固有の権利である。
② すべて公務員は，全体の奉仕者であつて，一部の奉仕者ではない。
③ 公務員の選挙については，成年者による普通選挙を保障する。

第19条　思想及び良心の自由は，これを侵してはならない。

第20条　信教の自由は，何人に対してもこれを保障する。いかなる宗教団体も，国から特権を受け，又は政治上の権力を行使してはならない。
② 何人も，宗教上の行為，祝典，儀式又は行事に参加することを強制されない。
③ 国及びその機関は，宗教教育その他いかなる宗教的活動もしてはならない。

第21条　集会，結社及び言論，出版その他一

切の表現の自由は，これを保障する。
② 検閲は，これをしてはならない。通信の秘密は，これを侵してはならない。
第23条　学問の自由は，これを保障する。
第25条　すべて国民は，健康で文化的な最低限度の生活を営む権利を有する。
② 国は，すべての生活部面について，社会福祉，社会保障及び公衆衛生の向上及び増進に努めなければならない。
第26条　すべて国民は，法律の定めるところにより，その能力に応じて，ひとしく教育を受ける権利を有する。
② すべて国民は，法律の定めるところにより，その保護する子女に普通教育を受けさせる義務を負ふ。義務教育は，これを無償とする。
第27条　すべて国民は，勤労の権利を有し，義務を負ふ。
② 賃金，就業時間，休息その他の勤労条件に関する基準は，法律でこれを定める。
③ 児童は，これを酷使してはならない。

## 教育基本法（改正法）
2006（平成18）12.22法律第120号

教育基本法（昭和22年法律第25号）の全部を改正する。

我々日本国民は，たゆまぬ努力によって築いてきた民主的で文化的な国家を更に発展させるとともに，世界の平和と人類の福祉の向上に貢献することを願うものである。

我々は，この理想を実現するため，個人の尊厳を重んじ，真理と正義を希求し，公共の精神を尊び，豊かな人間性と創造性を備えた人間の育成を期するとともに，伝統を継承し，新しい文化の創造を目指す教育を推進する。

ここに，我々は，日本国憲法の精神にのっとり，我が国の未来を切り拓く教育の基本を確立し，その振興を図るため，この法律を制定する。

### 第1章　教育の目的及び理念

（教育の目的）
第1条　教育は，人格の完成を目指し，平和で民主的な国家及び社会の形成者として必要な資質を備えた心身ともに健康な国民の育成を期して行われなければならない。

（教育の目標）
第2条　教育は，その目的を実現するため，学問の自由を尊重しつつ，次に掲げる目標を達成するよう行われるものとする。
　一　幅広い知識と教養を身に付け，真理を求める態度を養い，豊かな情操と道徳心を培うとともに，健やかな身体を養うこと。
　二　個人の価値を尊重して，その能力を伸ばし，創造性を培い，自主及び自律の精神を養うとともに，職業及び生活との関連を重視し，勤労を重んずる態度を養うこと。
　三　正義と責任，男女の平等，自他の敬愛と協力を重んずるとともに，公共の精神に基づき，主体的に社会の形成に参画し，その発展に寄与する態度を養うこと。
　四　生命を尊び，自然を大切にし，環境の保全に寄与する態度を養うこと。
　五　伝統と文化を尊重し，それらをはぐくんできた我が国と郷土を愛するとともに，他国を尊重し，国際社会の平和と発展に寄与する態度を養うこと。

（生涯学習の理念）
第3条　国民一人一人が，自己の人格を磨き，豊かな人生を送ることができるよう，その生涯にわたって，あらゆる機会に，あらゆる場所において学習することができ，その成果を適切に生かすことのできる社会の実現が図られなければならない。

（教育の機会均等）
第4条　すべて国民は，ひとしく，その能力に応じた教育を受ける機会を与えられなければならず，人種，信条，性別，社会的身分，経済的地位又は門地によって，教育上差別されない。
2　国及び地方公共団体は，障害のある者が，その障害の状態に応じ，十分な教育を受けられるよう，教育上必要な支援を講じなければならない。
3　国及び地方公共団体は，能力があるにもかかわらず，経済的理由によって修学が困難な者に対して，奨学の措置を講じなければならない。

## 第2章　教育の実施に関する基本

（義務教育）

第5条　国民は，その保護する子に，別に法律で定めるところにより，普通教育を受けさせる義務を負う。

2　義務教育として行われる普通教育は，各個人の有する能力を伸ばしつつ社会において自立的に生きる基礎を培い，また，国家及び社会の形成者として必要とされる基本的な資質を養うことを目的として行われるものとする。

3　国及び地方公共団体は，義務教育の機会を保障し，その水準を確保するため，適切な役割分担及び相互の協力の下，その実施に責任を負う。

4　国又は地方公共団体の設置する学校における義務教育については，授業料を徴収しない。

（学校教育）

第6条　法律に定める学校は，公の性質を有するものであって，国，地方公共団体及び法律に定める法人のみが，これを設置することができる。

2　前項の学校においては，教育の目標が達成されるよう，教育を受ける者の心身の発達に応じて，体系的な教育が組織的に行われなければならない。この場合において，教育を受ける者が，学校生活を営む上で必要な規律を重んずるとともに，自ら進んで学習に取り組む意欲を高めることを重視して行われなければならない。

（大学）

第7条　大学は，学術の中心として，高い教養と専門的能力を培うとともに，深く真理を探究して新たな知見を創造し，これらの成果を広く社会に提供することにより，社会の発展に寄与するものとする。

2　大学については，自主性，自律性その他の大学における教育及び研究の特性が尊重されなければならない。

（私立学校）

第8条　私立学校の有する公の性質及び学校教育において果たす重要な役割にかんがみ，国及び地方公共団体は，その自主性を尊重しつつ，助成その他の適当な方法によって私立学校教育の振興に努めなければならない。

（教員）

第9条　法律に定める学校の教員は，自己の崇高な使命を深く自覚し，絶えず研究と修養に励み，その職責の遂行に努めなければならない。

2　前項の教員については，その使命と職責の重要性にかんがみ，その身分は尊重され，待遇の適正が期せられるとともに，養成と研修の充実が図られなければならない。

（家庭教育）

第10条　父母その他の保護者は，子の教育について第一義的責任を有するものであって，生活のために必要な習慣を身に付けさせるとともに，自立心を育成し，心身の調和のとれた発達を図るよう努めるものとする。

2　国及び地方公共団体は，家庭教育の自主性を尊重しつつ，保護者に対する学習の機会及び情報の提供その他の家庭教育を支援するために必要な施策を講ずるよう努めなければならない。

（幼児期の教育）

第11条　幼児期の教育は，生涯にわたる人格形成の基礎を培う重要なものであることにかんがみ，国及び地方公共団体は，幼児の健やかな成長に資する良好な環境の整備その他適当な方法によって，その振興に努めなければならない。

（社会教育）

第12条　個人の要望や社会の要請にこたえ，社会において行われる教育は，国及び地方公共団体によって奨励されなければならない。

2　国及び地方公共団体は，図書館，博物館，公民館その他の社会教育施設の設置，学校の施設の利用，学習の機会及び情報の提供その他の適当な方法によって社会教育の振興に努めなければならない。

（学校，家庭及び地域住民等の相互の連携協力）

第13条　学校，家庭及び地域住民その他の関係者は，教育におけるそれぞれの役割と責任を自覚するとともに，相互の連携及び協力に努めるものとする。

（政治教育）

第14条　良識ある公民として必要な政治的教養は，教育上尊重されなければならない。

2　法律に定める学校は，特定の政党を支持し，又はこれに反対するための政治教育その他政

治的活動をしてはならない。
（宗教教育）
第15条　宗教に関する寛容の態度，宗教に関する一般的な教養及び宗教の社会生活における地位は，教育上尊重されなければならない。
2　国及び地方公共団体が設置する学校は，特定の宗教のための宗教教育その他宗教的活動をしてはならない。

### 第3章　教育行政

（教育行政）
第16条　教育は，不当な支配に服することなく，この法律及び他の法律の定めるところにより行われるべきものであり，教育行政は，国と地方公共団体との適切な役割分担及び相互の協力の下，公正かつ適正に行われなければならない。
2　国は，全国的な教育の機会均等と教育水準の維持向上を図るため，教育に関する施策を総合的に策定し，実施しなければならない。
3　地方公共団体は，その地域における教育の振興を図るため，その実情に応じた教育に関する施策を策定し，実施しなければならない。
4　国及び地方公共団体は，教育が円滑かつ継続的に実施されるよう，必要な財政上の措置を講じなければならない。
（教育振興基本計画）
第17条　政府は，教育の振興に関する施策の総合的かつ計画的な推進を図るため，教育の振興に関する施策についての基本的な方針及び講ずべき施策その他必要な事項について，基本的な計画を定め，これを国会に報告するとともに，公表しなければならない。
2　地方公共団体は，前項の計画を参酌し，その地域の実情に応じ，当該地方公共団体における教育の振興のための施策に関する基本的な計画を定めるよう努めなければならない。

### 第4章　法令の制定

第18条　この法律に規定する諸条項を実施するため，必要な法令が制定されなければならない。

## 教育基本法（47年法）
1947（昭和22）3.31 法律第25号

われらは，さきに，日本国憲法を確定し，民主的で文化的な国家を建設して，世界の平和と人類の福祉に貢献しようとする決意を示した。この理想の実現は，根本において教育の力にまつべきものである。

われらは，個人の尊厳を重んじ，真理と平和を希求する人間の育成を期するとともに，普遍的にしてしかも個性ゆたかな文化の創造をめざす教育を普及徹底しなければならない。

ここに，日本国憲法の精神に則り，教育の目的を明示して，新しい日本の教育の基本を確立するため，この法律を制定する。

第1条（教育の目的）　教育は，人格の完成をめざし，平和的な国家及び社会の形成者として，真理と正義を愛し，個人の価値をたつとび，勤労と責任を重んじ，自主的精神に充ちた心身ともに健康な国民の育成を期して行われなければならない。

第2条（教育の方針）　教育の目的は，あらゆる機会に，あらゆる場所において実現されなければならない。この目的を達成するためには，学問の自由を尊重し，実際生活に即し，自発的精神を養い，自他の敬愛と協力によつて，文化の創造と発展に貢献するように努めなければならない。

第3条（教育の機会均等）　すべて国民は，ひとしく，その能力に応ずる教育を受ける機会を与えられなければならないものであつて，人種，信条，性別，社会的身分，経済的地位又は門地によつて，教育上差別されない。

2　国及び地方公共団体は，能力があるにもかかわらず，経済的理由によつて修学困難な者に対して，奨学の方法を講じなければならない。

第4条（義務教育）　国民は，その保護する子女に，9年の普通教育を受けさせる義務を負う。

2　国又は地方公共団体の設置する学校における義務教育については，授業料は，これを徴収しない。

第5条（男女共学）　男女は，互に敬重し，協力し合わなければならないものであつて，教育上男女の共学は，認められなければならない。

第6条（学校教育）法律に定める学校は、公の性質をもつものであつて、国又は地方公共団体の外、法律に定める法人のみが、これを設置することができる。

2 法律に定める学校の教員は、全体の奉仕者であつて、自己の使命を自覚し、その職責の遂行に努めなければならない。このためには、教員の身分は、尊重され、その待遇の適正が、期せられなければならない。

第7条（社会教育）家庭教育及び勤労の場所その他社会において行われる教育は、国及び地方公共団体によつて奨励されなければならない。

2 国及び地方公共団体は、図書館、博物館、公民館等の施設の設置、学校の施設の利用その他適当な方法によつて教育の目的の実現に努めなければならない。

第8条（政治教育）良識ある公民たるに必要な政治的教養は、教育上これを尊重しなければならない。

2 法律に定める学校は、特定の政党を支持し、又はこれに反対するための政治教育その他政治的活動をしてはならない。

第9条（宗教教育）宗教に関する寛容の態度及び宗教の社会生活における地位は、教育上これを尊重しなければならない。

2 国及び地方公共団体が設置する学校は、特定の宗教のための宗教教育その他宗教的活動をしてはならない。

第10条（教育行政）教育は、不当な支配に服することなく、国民全体に対し直接に責任を負つて行われるべきものである。

2 教育行政は、この自覚のもとに、教育の目的を遂行するに必要な諸条件の整備確立を目標として行われなければならない。

第11条（補則）この法律に掲げる諸条項を実施するために必要がある場合には、適当な法令が制定されなければならない。

# 学校教育法（抄）

1947（昭和22）3.31 法律第26号
最終改正 2015（平成27）6.24 法律第46号

## 第1章 総則

第1条 この法律で、学校とは、幼稚園、小学校、中学校、義務教育学校、高等学校、中等教育学校、特別支援学校、大学及び高等専門学校とする。

第2条 学校は、国（国立大学法人法（平成15年法律第112号）第2条第1項 に規定する国立大学法人及び独立行政法人国立高等専門学校機構を含む。以下同じ。）、地方公共団体（地方独立行政法人法（平成15年法律第118号）第68条第1項 に規定する公立大学法人を含む。次項において同じ。）及び私立学校法第3条 に規定する学校法人（以下学校法人と称する。）のみが、これを設置することができる。

② この法律で、国立学校とは、国の設置する学校を、公立学校とは、地方公共団体の設置する学校を、私立学校とは、学校法人の設置する学校をいう。

第3条 学校を設置しようとする者は、学校の種類に応じ、文部科学大臣の定める設備、編制その他に関する設置基準に従い、これを設置しなければならない。

第4条 （略）

第5条 学校の設置者は、その設置する学校を管理し、法令に特別の定のある場合を除いては、その学校の経費を負担する。

第6条 学校においては、授業料を徴収することができる。ただし、国立又は公立の小学校及び中学校、義務教育学校、中等教育学校の前期課程又は特別支援学校の小学部及び中学部における義務教育については、これを徴収することができない。

第7、8条 （略）

第9条 次の各号のいずれかに該当する者は、校長又は教員となることができない。

一 成年被後見人又は被保佐人

二 禁錮以上の刑に処せられた者

三 教育職員免許法第10条第1項第二号 又は第三号 に該当することにより免許状がその効力を失い、当該失効の日から3年を経過しない者

四 教育職員免許法第11条第1項 から第3項 までの規定により免許状取上げの処分を受け、3年を経過しない者

五　日本国憲法 施行の日以後において，日本国憲法 又はその下に成立した政府を暴力で破壊することを主張する政党その他の団体を結成し，又はこれに加入した者

第10条　（略）

第11条　校長及び教員は，教育上必要があると認めるときは，文部科学大臣の定めるところにより，児童，生徒及び学生に懲戒を加えることができる。ただし，体罰を加えることはできない。

第12条　学校においては，別に法律で定めるところにより，幼児，児童，生徒及び学生並びに職員の健康の保持増進を図るため，健康診断を行い，その他その保健に必要な措置を講じなければならない。

第13～15条　（略）

## 第2章　義務教育

第16条　保護者（子に対して親権を行う者（親権を行う者のないときは，未成年後見人）をいう。以下同じ。）は，次条に定めるところにより，子に9年の普通教育を受けさせる義務を負う。

第17条　保護者は，子の満六歳に達した日の翌日以後における最初の学年の初めから，満12歳に達した日の属する学年の終わりまで，これを小学校，義務教育学校の前期課程又は特別支援学校の小学部に就学させる義務を負う。ただし，子が，満12歳に達した日の属する学年の終わりまでに小学校の課程，義務教育学校の前期課程又は特別支援学校の小学部の課程を修了しないときは，満15歳に達した日の属する学年の終わり（それまでの間においてこれらの課程を修了したときは，その修了した日の属する学年の終わり）までとする。

②　保護者は，子が小学校の課程，義務教育学校の前期課程又は特別支援学校の小学部の課程を修了した日の翌日以後における最初の学年の初めから，満15歳に達した日の属する学年の終わりまで，これを中学校，義務教育学校の後期課程，中等教育学校の前期課程又は特別支援学校の中学部に就学させる義務を負う。

③　前二項の義務の履行の督促その他これらの義務の履行に関し必要な事項は，政令で定める。

第18条　前条第1項又は第2項の規定によつて，保護者が就学させなければならない子（以下それぞれ「学齢児童」又は「学齢生徒」という。）で，病弱，発育不完全その他やむを得ない事由のため，就学困難と認められる者の保護者に対しては，市町村の教育委員会は，文部科学大臣の定めるところにより，同条第一項又は第2項の義務を猶予又は免除することができる。

第19条　経済的理由によつて，就学困難と認められる学齢児童又は学齢生徒の保護者に対しては，市町村は，必要な援助を与えなければならない。

第20条　学齢児童又は学齢生徒を使用する者は，その使用によつて，当該学齢児童又は学齢生徒が，義務教育を受けることを妨げてはならない。

第21条　義務教育として行われる普通教育は，教育基本法（平成18年法律第120号）第5条第2項 に規定する目的を実現するため，次に掲げる目標を達成するよう行われるものとする。

　一　学校内外における社会的活動を促進し，自主，自律及び協同の精神，規範意識，公正な判断力並びに公共の精神に基づき主体的に社会の形成に参画し，その発展に寄与する態度を養うこと。

　二　学校内外における自然体験活動を促進し，生命及び自然を尊重する精神並びに環境の保全に寄与する態度を養うこと。

　三　我が国と郷土の現状と歴史について，正しい理解に導き，伝統と文化を尊重し，それらをはぐくんできた我が国と郷土を愛する態度を養うとともに，進んで外国の文化の理解を通じて，他国を尊重し，国際社会の平和と発展に寄与する態度を養うこと。

　四　家族と家庭の役割，生活に必要な衣，食，住，情報，産業その他の事項について基礎的な理解と技能を養うこと。

　五　読書に親しませ，生活に必要な国語を正しく理解し，使用する基礎的な能力を養うこと。

　六　生活に必要な数量的な関係を正しく理解し，処理する基礎的な能力を養うこと。

　七　生活にかかわる自然現象について，観察

及び実験を通じて，科学的に理解し，処理する基礎的な能力を養うこと。
八　健康，安全で幸福な生活のために必要な習慣を養うとともに，運動を通じて体力を養い，心身の調和的発達を図ること。
九　生活を明るく豊かにする音楽，美術，文芸その他の芸術について基礎的な理解と技能を養うこと。
十　職業についての基礎的な知識と技能，勤労を重んずる態度及び個性に応じて将来の進路を選択する能力を養うこと。

### 第3章　幼稚園

第22条　幼稚園は，義務教育及びその後の教育の基礎を培うものとして，幼児を保育し，幼児の健やかな成長のために適当な環境を与えて，その心身の発達を助長することを目的とする。

第23条　幼稚園における教育は，前条に規定する目的を実現するため，次に掲げる目標を達成するよう行われるものとする。
一　健康，安全で幸福な生活のために必要な基本的な習慣を養い，身体諸機能の調和的発達を図ること。
二　集団生活を通じて，喜んでこれに参加する態度を養うとともに家族や身近な人への信頼感を深め，自主，自律及び協同の精神並びに規範意識の芽生えを養うこと。
三　身近な社会生活，生命及び自然に対する興味を養い，それらに対する正しい理解と態度及び思考力の芽生えを養うこと。
四　日常の会話や，絵本，童話等に親しむことを通じて，言葉の使い方を正しく導くとともに，相手の話を理解しようとする態度を養うこと。
五　音楽，身体による表現，造形等に親しむことを通じて，豊かな感性と表現力の芽生えを養うこと。

第24条　幼稚園においては，第22条に規定する目的を実現するための教育を行うほか，幼児期の教育に関する各般の問題につき，保護者及び地域住民その他の関係者からの相談に応じ，必要な情報の提供及び助言を行うなど，家庭及び地域における幼児期の教育の支援に努めるものとする。

第25条　幼稚園の教育課程その他の保育内容に関する事項は，第22条及び第23条の規定に従い，文部科学大臣が定める。

第26条　幼稚園に入園することのできる者は，満3歳から，小学校就学の始期に達するまでの幼児とする。

第27条　幼稚園には，園長，教頭及び教諭を置かなければならない。
②　幼稚園には，前項に規定するもののほか，副園長，主幹教諭，指導教諭，養護教諭，栄養教諭，事務職員，養護助教諭その他必要な職員を置くことができる。
③　第一項の規定にかかわらず，副園長を置くときその他特別の事情のあるときは，教頭を置かないことができる。
④　園長は，園務をつかさどり，所属職員を監督する。
⑤　副園長は，園長を助け，命を受けて園務をつかさどる。
⑥　教頭は，園長（副園長を置く幼稚園にあつては，園長及び副園長）を助け，園務を整理し，及び必要に応じ幼児の保育をつかさどる。
⑦　主幹教諭は，園長（副園長を置く幼稚園にあつては，園長及び副園長）及び教頭を助け，命を受けて園務の一部を整理し，並びに幼児の保育をつかさどる。
⑧　指導教諭は，幼児の保育をつかさどり，並びに教諭その他の職員に対して，保育の改善及び充実のために必要な指導及び助言を行う。
⑨　教諭は，幼児の保育をつかさどる。
⑩　特別の事情のあるときは，第一項の規定にかかわらず，教諭に代えて助教諭又は講師を置くことができる。
⑪　学校の実情に照らし必要があると認めるときは，第7項の規定にかかわらず，園長（副園長を置く幼稚園にあつては，園長及び副園長）及び教頭を助け，命を受けて園務の一部を整理し，並びに幼児の養護又は栄養の指導及び管理をつかさどる主幹教諭を置くことができる。

第28条　第37条第6項，第8項及び第12項から第17項まで並びに第42条から第44条までの規定は，幼稚園に準用する。

### 第4章　小学校

第29条　小学校は，心身の発達に応じて，義務教育として行われる普通教育のうち基礎的

なものを施すことを目的とする。
第30条　小学校における教育は，前条に規定する目的を実現するために必要な程度において第21条各号に掲げる目標を達成するよう行われるものとする。
②　前項の場合においては，生涯にわたり学習する基盤が培われるよう，基礎的な知識及び技能を習得させるとともに，これらを活用して課題を解決するために必要な思考力，判断力，表現力その他の能力をはぐくみ，主体的に学習に取り組む態度を養うことに，特に意を用いなければならない。
第31条　小学校においては，前条第1項の規定による目標の達成に資するよう，教育指導を行うに当たり，児童の体験的な学習活動，特にボランティア活動など社会奉仕体験活動，自然体験活動その他の体験活動の充実に努めるものとする。この場合において，社会教育関係団体その他の関係団体及び関係機関との連携に十分配慮しなければならない。
第32条　小学校の修業年限は，6年とする。
第33条　小学校の教育課程に関する事項は，第29条及び第30条の規定に従い，文部科学大臣が定める。
第34条　小学校においては，文部科学大臣の検定を経た教科用図書又は文部科学省が著作の名義を有する教科用図書を使用しなければならない。
②　前項の教科用図書以外の図書その他の教材で，有益適切なものは，これを使用することができる。
③　第1項の検定の申請に係る教科用図書に関し調査審議させるための審議会等（国家行政組織法（昭和23年法律第120号）第8条に規定する機関をいう。以下同じ。）については，政令で定める。
第35条　市町村の教育委員会は，次に掲げる行為の一又は二以上を繰り返し行う等性行不良であつて他の児童の教育に妨げがあると認める児童があるときは，その保護者に対して，児童の出席停止を命ずることができる。
　一　他の児童に傷害，心身の苦痛又は財産上の損失を与える行為
　二　職員に傷害又は心身の苦痛を与える行為
　三　施設又は設備を損壊する行為
　四　授業その他の教育活動の実施を妨げる行為

②　市町村の教育委員会は，前項の規定により出席停止を命ずる場合には，あらかじめ保護者の意見を聴取するとともに，理由及び期間を記載した文書を交付しなければならない。
③　前項に規定するもののほか，出席停止の命令の手続に関し必要な事項は，教育委員会規則で定めるものとする。
④　市町村の教育委員会は，出席停止の命令に係る児童の出席停止の期間における学習に対する支援その他の教育上必要な措置を講ずるものとする。
第36条　学齢に達しない子は，小学校に入学させることができない。
第37条　小学校には，校長，教頭，教諭，養護教諭及び事務職員を置かなければならない。
②　小学校には，前項に規定するもののほか，副校長，主幹教諭，指導教諭，栄養教諭その他必要な職員を置くことができる。
③　第1項の規定にかかわらず，副校長を置くときその他特別の事情のあるときは教頭を，養護をつかさどる主幹教諭を置くときは養護教諭を，特別の事情のあるときは事務職員を，それぞれ置かないことができる。
④　校長は，校務をつかさどり，所属職員を監督する。
⑤　副校長は，校長を助け，命を受けて校務をつかさどる。
⑥　副校長は，校長に事故があるときはその職務を代理し，校長が欠けたときはその職務を行う。この場合において，副校長が二人以上あるときは，あらかじめ校長が定めた順序で，その職務を代理し，又は行う。
⑦　教頭は，校長（副校長を置く小学校にあつては，校長及び副校長）を助け，校務を整理し，及び必要に応じ児童の教育をつかさどる。
⑧　教頭は，校長（副校長を置く小学校にあつては，校長及び副校長）に事故があるときは校長の職務を代理し，校長（副校長を置く小学校にあつては，校長及び副校長）が欠けたときは校長の職務を行う。この場合において，教頭が二人以上あるときは，あらかじめ校長が定めた順序で，校長の職務を代理し，又は行う。
⑨　主幹教諭は，校長（副校長を置く小学校にあつては，校長及び副校長）及び教頭を助け，

命を受けて校務の一部を整理し、並びに児童の教育をつかさどる。
⑩　指導教諭は、児童の教育をつかさどり、並びに教諭その他の職員に対して、教育指導の改善及び充実のために必要な指導及び助言を行う。
⑪　教諭は、児童の教育をつかさどる。
⑫　養護教諭は、児童の養護をつかさどる。
⑬　栄養教諭は、児童の栄養の指導及び管理をつかさどる。
⑭　事務職員は、事務に従事する。
⑮　助教諭は、教諭の職務を助ける。
⑯　講師は、教諭又は助教諭に準ずる職務に従事する。
⑰　養護助教諭は、養護教諭の職務を助ける。
⑱　特別の事情のあるときは、第一項の規定にかかわらず、教諭に代えて助教諭又は講師を、養護教諭に代えて養護助教諭を置くことができる。
⑲　学校の実情に照らし必要があると認めるときは、第9項の規定にかかわらず、校長（副校長を置く小学校にあつては、校長及び副校長）及び教頭を助け、命を受けて校務の一部を整理し、並びに児童の養護又は栄養の指導及び管理をつかさどる主幹教諭を置くことができる。
第38条　市町村は、その区域内にある学齢児童を就学させるに必要な小学校を設置しなければならない。ただし、教育上有益かつ適切であると認めるときは、義務教育学校の設置をもつてこれに代えることができる。
第39条　市町村は、適当と認めるときは、前条の規定による事務の全部又は一部を処理するため、市町村の組合を設けることができる。
第40〜41条　（略）
第42条　小学校は、文部科学大臣の定めるところにより当該小学校の教育活動その他の学校運営の状況について評価を行い、その結果に基づき学校運営の改善を図るため必要な措置を講ずることにより、その教育水準の向上に努めなければならない。
第43条　小学校は、当該小学校に関する保護者及び地域住民その他の関係者の理解を深めるとともに、これらの者との連携及び協力の推進に資するため、当該小学校の教育活動その他の学校運営の状況に関する情報を積極的に提供するものとする。
第44条　私立の小学校は、都道府県知事の所管に属する。

### 第5章　中学校

第45条　中学校は、小学校における教育の基礎の上に、心身の発達に応じて、義務教育として行われる普通教育を施すことを目的とする。
第46条　中学校における教育は、前条に規定する目的を実現するため、第21条各号に掲げる目標を達成するよう行われるものとする。
第47条　中学校の修業年限は、3年とする。
第48条　中学校の教育課程に関する事項は、第45条及び第46条の規定並びに次条において読み替えて準用する第30条第2項の規定に従い、文部科学大臣が定める。
第49条　第30条第2項、第31条、第34条、第35条及び第37条から第44条までの規定は、中学校に準用する。この場合において、第30条第2項中「前項」とあるのは「第46条」と、第31条中「前条第1項」とあるのは「第46条」と読み替えるものとする。
第49条の2　義務教育学校は、心身の発達に応じて、義務教育として行われる普通教育を基礎的なものから一貫して施すことを目的とする。
第49条の3　義務教育学校における教育は、前条に規定する目的を実現するため、第21条各号に掲げる目標を達成するよう行われるものとする。
第49条の4　義務教育学校の修業年限は、9年とする。
第49条の5　義務教育学校の課程は、これを前期6年の前期課程及び後期3年の後期課程に区分する。
第49条の6　義務教育学校の前期課程における教育は、第49条の2に規定する目的のうち、心身の発達に応じて、義務教育として行われる普通教育のうち基礎的なものを施すことを実現するために必要な程度において第21条各号に掲げる目標を達成するよう行われるものとする。
②　義務教育学校の後期課程における教育は、第49条の2に規定する目的のうち、前期課程における教育の基礎の上に、心身の発達に応じ

応じて，義務教育として行われる普通教育を施すことを実現するため，第21条各号に掲げる目標を達成するよう行われるものとする。

第49条の7　義務教育学校の前期課程及び後期課程の教育課程に関する事項は，第49条の2，第49条の3及び前条の規定並びに次条において読み替えて準用する第30条第2項の規定に従い，文部科学大臣が定める。

第49条の8　第30条第2項，第31条，第34条から第37条まで及び第42条から第44条までの規定は，義務教育学校に準用する。この場合において，第30条第2項中「前項」とあるのは「第49条の3」と，第31条中「前条第1項」とあるのは「第49条の3」と読み替えるものとする。

### 第6章　高等学校

第50条　高等学校は，中学校における教育の基礎の上に，心身の発達及び進路に応じて，高度な普通教育及び専門教育を施すことを目的とする。

第51条　高等学校における教育は，前条に規定する目的を実現するため，次に掲げる目標を達成するよう行われるものとする。
　一　義務教育として行われる普通教育の成果を更に発展拡充させて，豊かな人間性，創造性及び健やかな身体を養い，国家及び社会の形成者として必要な資質を養うこと。
　二　社会において果たさなければならない使命の自覚に基づき，個性に応じて将来の進路を決定させ，一般的な教養を高め，専門的な知識，技術及び技能を習得させること。
　三　個性の確立に努めるとともに，社会について，広く深い理解と健全な批判力を養い，社会の発展に寄与する態度を養うこと。

第52条　高等学校の学科及び教育課程に関する事項は，前二条の規定及び第62条において読み替えて準用する第30条第2項の規定に従い，文部科学大臣が定める。

第53条　高等学校には，全日制の課程のほか，定時制の課程を置くことができる。
② 　高等学校には，定時制の課程のみを置くことができる。

第54条　高等学校には，全日制の課程又は定時制の課程のほか，通信制の課程を置くことができる。

② 　高等学校には，通信制の課程のみを置くことができる。

③ 　市（指定都市を除く。）町村の設置する高等学校については都道府県の教育委員会，私立の高等学校については都道府県知事は，高等学校の通信制の課程のうち，当該高等学校の所在する都道府県の区域内に住所を有する者のほか，全国的に他の都道府県の区域内に住所を有する者を併せて生徒とするものその他政令で定めるもの（以下この項において「広域の通信制の課程」という。）に係る第4条第1項に規定する認可（政令で定める事項に係るものに限る。）を行うときは，あらかじめ，文部科学大臣に届け出なければならない。都道府県又は指定都市の設置する高等学校の広域の通信制の課程について，当該都道府県又は指定都市の教育委員会がこの項前段の政令で定める事項を行うときも，同様とする。

④ 　通信制の課程に関し必要な事項は，文部科学大臣が，これを定める。

第55条　高等学校の定時制の課程又は通信制の課程に在学する生徒が，技能教育のための施設で当該施設の所在地の都道府県の教育委員会の指定するものにおいて教育を受けているときは，校長は，文部科学大臣の定めるところにより，当該施設における学習を当該高等学校における教科の一部の履修とみなすことができる。

② 　前項の施設の指定に関し必要な事項は，政令で，これを定める。

第56条　高等学校の修業年限は，全日制の課程については，3年とし，定時制の課程及び通信制の課程については，3年以上とする。

第57条　高等学校に入学することのできる者は，中学校若しくはこれに準ずる学校若しくは義務教育学校を卒業した者若しくは中等教育学校の前期課程を修了した者又は文部科学大臣の定めるところにより，これと同等以上の学力があると認められた者とする。

第58条　高等学校には，専攻科及び別科を置くことができる。

② 　高等学校の専攻科は，高等学校若しくはこれに準ずる学校若しくは中等教育学校を卒業した者又は文部科学大臣の定めるところにより，これと同等以上の学力があると認められた者に対して，精深な程度において，特別の

事項を教授し，その研究を指導することを目的とし，その修業年限は，1年以上とする。
③ 高等学校の別科は，前条に規定する入学資格を有する者に対して，簡易な程度において，特別の技能教育を施すことを目的とし，その修業年限は，1年以上とする。

第58条の2 高等学校の専攻科の課程（修業年限が2年以上であることその他の文部科学大臣の定める基準を満たすものに限る。）を修了した者（第90条第1項に規定する者に限る。）は，文部科学大臣の定めるところにより，大学に編入学することができる。

第59条 高等学校に関する入学，退学，転学その他必要な事項は，文部科学大臣が，これを定める。

第60条 高等学校には，校長，教頭，教諭及び事務職員を置かなければならない。
② 高等学校には，前項に規定するもののほか，副校長，主幹教諭，指導教諭，養護教諭，栄養教諭，養護助教諭，実習助手，技術職員その他必要な職員を置くことができる。
③ 第1項の規定にかかわらず，副校長を置くときは，教頭を置かないことができる。
④ 実習助手は，実験又は実習について，教諭の職務を助ける。
⑤ 特別の事情のあるときは，第1項の規定にかかわらず，教諭に代えて助教諭又は講師を置くことができる。
⑥ 技術職員は，技術に従事する。

第61条 高等学校に，全日制の課程，定時制の課程又は通信制の課程のうち二以上の課程を置くときは，それぞれの課程に関する校務を分担して整理する教頭を置かなければならない。ただし，命を受けて当該課程に関する校務をつかさどる副校長が置かれる一の課程については，この限りでない。

第62条 第30条第2項，第31条，第34条，第37条第4項から第17項まで及び第19項並びに第42条から第44条までの規定は，高等学校に準用する。この場合において，第30条第2項中「前項」とあるのは「第51条」と，第31条中「前条第1項」とあるのは「第51条」と読み替えるものとする。

第7章 中等教育学校

第63条 中等教育学校は，小学校における教育の基礎の上に，心身の発達及び進路に応じて，義務教育として行われる普通教育並びに高度な普通教育及び専門教育を一貫して施すことを目的とする。

第64条 中等教育学校における教育は，前条に規定する目的を実現するため，次に掲げる目標を達成するよう行われるものとする。
一 豊かな人間性，創造性及び健やかな身体を養い，国家及び社会の形成者として必要な資質を養うこと。
二 社会において果たさなければならない使命の自覚に基づき，個性に応じて将来の進路を決定させ，一般的な教養を高め，専門的な知識，技術及び技能を習得させること。
三 個性の確立に努めるとともに，社会について，広く深い理解と健全な批判力を養い，社会の発展に寄与する態度を養うこと。

第65条 中等教育学校の修業年限は，6年とする。

第66条 中等教育学校の課程は，これを前期3年の前期課程及び後期3年の後期課程に区分する。

第67条 中等教育学校の前期課程における教育は，第63条に規定する目的のうち，小学校における教育の基礎の上に，心身の発達に応じて，義務教育として行われる普通教育を施すことを実現するため，第21条各号に掲げる目標を達成するよう行われるものとする。
② 中等教育学校の後期課程における教育は，第63条に規定する目的のうち，心身の発達及び進路に応じて，高度な普通教育及び専門教育を施すことを実現するため，第64条各号に掲げる目標を達成するよう行われるものとする。

第68条 中等教育学校の前期課程の教育課程に関する事項並びに後期課程の学科及び教育課程に関する事項は，第63条，第64条及び前条の規定並びに第70条第1項において読み替えて準用する第30条第2項の規定に従い，文部科学大臣が定める。

第69条 中等教育学校には，校長，教頭，教諭，養護教諭及び事務職員を置かなければならない。
② 中等教育学校には，前項に規定するもののほか，副校長，主幹教諭，指導教諭，栄養教諭，実習助手，技術職員その他必要な職員を

置くことができる。
③　第1項の規定にかかわらず，副校長を置くときは教頭を，養護をつかさどる主幹教諭を置くときは養護教諭を，それぞれ置かないことができる。
④　特別の事情のあるときは，第一項の規定にかかわらず，教諭に代えて助教諭又は講師を，養護教諭に代えて養護助教諭を置くことができる。

第70条　第30条第2項，第31条，第34条，第37条第4項から第17項まで及び第19項，第42条から第44条まで，第59条並びに第60条第4項及び第6項の規定は中等教育学校に，第53条から第55条まで，第58条，第58条の2及び第61条の規定は中等教育学校の後期課程に，それぞれ準用する。この場合において，第30条第2項中「前項」とあるのは「第64条」と，第31条中「前条第1項」とあるのは「第64条」と読み替えるものとする。
②　前項において準用する第53条又は第54条の規定により後期課程に定時制の課程又は通信制の課程を置く中等教育学校については，第65条の規定にかかわらず，当該定時制の課程又は通信制の課程に係る修業年限は，6年以上とする。この場合において，第66条中「後期3年の後期課程」とあるのは，「後期3年以上の後期課程」とする。

第71条　同一の設置者が設置する中学校及び高等学校においては，文部科学大臣の定めるところにより，中等教育学校に準じて，中学校における教育と高等学校における教育を一貫して施すことができる。

## 第8章　特別支援教育

第72条　特別支援学校は，視覚障害者，聴覚障害者，知的障害者，肢体不自由者又は病弱者（身体虚弱者を含む。以下同じ。）に対して，幼稚園，小学校，中学校又は高等学校に準ずる教育を施すとともに，障害による学習上又は生活上の困難を克服し自立を図るために必要な知識技能を授けることを目的とする。

第73条　特別支援学校においては，文部科学大臣の定めるところにより，前条に規定する者に対する教育のうち当該学校が行うものを明らかにするものとする。

第74条　特別支援学校においては，第72条に規定する目的を実現するための教育を行うほか，幼稚園，小学校，中学校，義務教育学校，高等学校又は中等教育学校の要請に応じて，第81条第1項に規定する幼児，児童又は生徒の教育に関し必要な助言又は援助を行うよう努めるものとする。

第75条　第72条に規定する視覚障害者，聴覚障害者，知的障害者，肢体不自由者又は病弱者の障害の程度は，政令で定める。

第76条　特別支援学校には，小学部及び中学部を置かなければならない。ただし，特別の必要のある場合においては，そのいずれかのみを置くことができる。
②　特別支援学校には，小学部及び中学部のほか，幼稚部又は高等部を置くことができ，また，特別の必要のある場合においては，前項の規定にかかわらず，小学部及び中学部を置かないで幼稚部又は高等部のみを置くことができる。

第77条　特別支援学校の幼稚部の教育課程その他の保育内容，小学部及び中学部の教育課程又は高等部の学科及び教育課程に関する事項は，幼稚園，小学校，中学校又は高等学校に準じて，文部科学大臣が定める。

第78条　特別支援学校には，寄宿舎を設けなければならない。ただし，特別の事情のあるときは，これを設けないことができる。

第79条　寄宿舎を設ける特別支援学校には，寄宿舎指導員を置かなければならない。
②　寄宿舎指導員は，寄宿舎における幼児，児童又は生徒の日常生活上の世話及び生活指導に従事する。

第80条　都道府県は，その区域内にある学齢児童及び学齢生徒のうち，視覚障害者，聴覚障害者，知的障害者，肢体不自由者又は病弱者で，その障害が第七十五条の政令で定める程度のものを就学させるに必要な特別支援学校を設置しなければならない。

第81条　幼稚園，小学校，中学校，義務教育学校，高等学校及び中等教育学校においては，次項各号のいずれかに該当する幼児，児童及び生徒その他教育上特別の支援を必要とする幼児，児童及び生徒に対し，文部科学大臣の定めるところにより，障害による学習上又は生活上の困難を克服するための教育を行うも

のとする。
② 小学校，中学校，義務教育学校，高等学校及び中等教育学校には，次の各号のいずれかに該当する児童及び生徒のために，特別支援学級を置くことができる。
一　知的障害者
二　肢体不自由者
三　身体虚弱者
四　弱視者
五　難聴者
六　その他障害のある者で，特別支援学級において教育を行うことが適当なもの
③ 前項に規定する学校においては，疾病により療養中の児童及び生徒に対して，特別支援学級を設け，又は教員を派遣して，教育を行うことができる。
第82条　第26条，第27条，第31条（第49条及び第62条において読み替えて準用する場合を含む。），第32条，第34条（第49条及び第62条において準用する場合を含む。），第36条，第37条（第28条，第49条及び第62条において準用する場合を含む。），第42条から第44条まで，第47条及び第56条から第60条までの規定は特別支援学校に，第84条の規定は特別支援学校の高等部に，それぞれ準用する。
第83条～　（略）

# 児童の権利に関する条約（抄・政府訳）

1989（平成元）11.20 第44回国連総会で採択・1994.5.16 条約第2号
（略称，「児童の権利条約」または「子どもの権利条約」）

前文
　この条約の締約国は，
　国際連合憲章において宣明された原則によれば，人類社会のすべての構成員の固有の尊厳及び平等のかつ奪い得ない権利を認めることが世界における自由，正義及び平和の基礎を成すものであることを考慮し，
　国際連合加盟国の国民が，国際連合憲章において，基本的人権並びに人間の尊厳及び価値に関する信念を改めて確認し，かつ，一層大きな自由の中で社会的進歩及び生活水準の向上を促進することを決意したことに留意し，
　国際連合が，世界人権宣言及び人権に関する国際規約において，すべての人は人種，皮膚の色，性，言語，宗教，政治的意見その他の意見，国民的若しくは社会的出身，財産，出生又は他の地位等によるいかなる差別もなしに同宣言及び同規約に掲げるすべての権利及び自由を享有することができることを宣明し及び合意したことを認め，
　国際連合が，世界人権宣言において，児童は特別な保護及び援助についての権利を享有することができることを宣明したことを想起し，
　家族が，社会の基礎的な集団として，並びに家族のすべての構成員，特に，児童の成長及び福祉のための自然な環境として，社会においてその責任を十分に引き受けることができるよう必要な保護及び援助を与えられるべきであることを確信し，
　児童が，その人格の完全かつ調和のとれた発達のため，家庭環境の下で幸福，愛情及び理解のある雰囲気の中で成長すべきであることを認め，
　児童が，社会において個人として生活するため十分な準備が整えられるべきであり，かつ，国際連合憲章において宣明された理想の精神並びに特に平和，尊厳，寛容，自由，平等及び連帯の精神に従って育てられるべきであることを考慮し，
　児童に対して特別な保護を与えることの必要性が，1924年の児童の権利に関するジュネーヴ宣言及び1959年11月20日に国際連合総会で採択された児童の権利に関する宣言において述べられており，また，世界人権宣言，市民的及び政治的権利に関する国際規約（特に第23条及び第24条），経済的，社会的及び文化的権利に関する国際規約（特に第10条）並びに児童の福祉に関係する専門機関及び国際機関の規程及び関係文書において認められていることに留意し，
　児童の権利に関する宣言において示されているとおり「児童は，身体的及び精神的に未熟であるため，その出生の前後において，適当な法的保護を含む特別な保護及び世話を必要とする。」ことに留意し，
　国内の又は国際的な里親委託及び養子縁組を

特に考慮した児童の保護及び福祉についての社会的及び法的な原則に関する宣言，少年司法の運用のための国際連合最低基準規則（北京規則）及び緊急事態及び武力紛争における女子及び児童の保護に関する宣言の規定を想起し，

極めて困難な条件の下で生活している児童が世界のすべての国に存在すること，また，このような児童が特別の配慮を必要としていることを認め，

児童の保護及び調和のとれた発達のために各人民の伝統及び文化的価値が有する重要性を十分に考慮し，

あらゆる国特に開発途上国における児童の生活条件を改善するために国際協力が重要であることを認めて，

次のとおり協定した。

第1部

第1条 この条約の適用上，児童とは，18歳未満のすべての者をいう。ただし，当該児童で，その者に適用される法律によりより早く成年に達したものを除く。

第2条 1 締約国は，その管轄の下にある児童に対し，児童又はその父母若しくは法定保護者の人種，皮膚の色，性，言語，宗教，政治的意見その他の意見，国民的，種族的若しくは社会的出身，財産，心身障害，出生又は他の地位にかかわらず，いかなる差別もなしにこの条約に定める権利を尊重し，及び確保する。

2 締約国は，児童がその父母，法定保護者又は家族の構成員の地位，活動，表明した意見又は信念によるあらゆる形態の差別又は処罰から保護されることを確保するためのすべての適当な措置をとる。

第3条 1 児童に関するすべての措置をとるに当たっては，公的若しくは私的な社会福祉施設，裁判所，行政当局又は立法機関のいずれによって行われるものであっても，児童の最善の利益が主として考慮されるものとする。

2 締約国は，児童の父母，法定保護者又は児童について法的に責任を有する他の者の権利及び義務を考慮に入れて，児童の福祉に必要な保護及び養護を確保することを約束し，このため，すべての適当な立法上及び行政上の措置をとる。

第6条 1 締約国は，すべての児童が生命に対する固有の権利を有することを認める。

2 締約国は，児童の生存及び発達を可能な最大限の範囲において確保する。

第9条 1 締約国は，児童がその父母の意思に反してその父母から分離されないことを確保する。ただし，権限のある当局が司法の審査に従うことを条件として適用のある法律及び手続に従いその分離が児童の最善の利益のために必要であると決定する場合は，この限りでない。このような決定は，父母が児童を虐待し若しくは放置する場合又は父母が別居しており児童の居住地を決定しなければならない場合のような特定の場合において必要となることがある。

第12条 1 締約国は，自己の意見を形成する能力のある児童がその児童に影響を及ぼすすべての事項について自由に自己の意見を表明する権利を確保する。この場合において，児童の意見は，その児童の年齢及び成熟度に従って相応に考慮されるものとする。

2 このため，児童は，特に，自己に影響を及ぼすあらゆる司法上及び行政上の手続において，国内法の手続規則に合致する方法により直接に又は代理人若しくは適当な団体を通じて聴取される機会を与えられる。

第13条 1 児童は，表現の自由についての権利を有する。この権利には，口頭，手書き若しくは印刷，芸術の形態又は自ら選択する他の方法により，国境とのかかわりなく，あらゆる種類の情報及び考えを求め，受け及び伝える自由を含む。

2 1の権利の行使については，一定の制限を課することができる。ただし，その制限は，法律によって定められ，かつ，次の目的のために必要とされるものに限る。
 (a) 他の者の権利又は信用の尊重 (b) 国の安全，公の秩序又は公衆の健康若しくは道徳の保護

第14条 1 締約国は，思想，良心及び宗教の自由についての児童の権利を尊重する。

2 締約国は，児童が1の権利を行使するに当たり，父母及び場合により法定保護者が児童に対しその発達しつつある能力に適合する方法で指示を与える権利及び義務を尊重する。

3 宗教又は信念を表明する自由については，

法律で定める制限であって公共の安全，公の秩序，公衆の健康若しくは道徳又は他の者の基本的な権利及び自由を保護するために必要なもののみを課することができる。

第15条 1 締約国は，結社の自由及び平和的な集会の自由についての児童の権利を認める。

2 1の権利の行使については，法律で定める制限であって国の安全若しくは公共の安全，公の秩序，公衆の健康若しくは道徳の保護又は他の者の権利及び自由の保護のため民主的社会において必要なもの以外のいかなる制限も課することができない。

第16条 1 いかなる児童も，その私生活，家族，住居若しくは通信に対して恣意的に若しくは不法に干渉され又は名誉及び信用を不法に攻撃されない。

2 児童は，1の干渉又は攻撃に対する法律の保護を受ける権利を有する。

第17条 締約国は，大衆媒体（マス・メディア）の果たす重要な機能を認め，児童が国の内外の多様な情報源からの情報及び資料，特に児童の社会面，精神面及び道徳面の福祉並びに心身の健康の促進を目的とした情報及び資料を利用することができることを確保する。このため，締約国は，

(a) 児童にとって社会面及び文化面において有益であり，かつ，第29条の精神に沿う情報及び資料を大衆媒体（マス・メディア）が普及させるよう奨励する。(b) 国の内外の多様な情報源（文化的にも多様な情報源を含む。）からの情報及び資料の作成，交換及び普及における国際協力を奨励する。(c) 児童用書籍の作成及び普及を奨励する。(d) 少数集団に属し又は原住民である児童の言語上の必要性について大衆媒体（マス・メディア）が特に考慮するよう奨励する。(e) 第13条及び次条の規定に留意して，児童の福祉に有害な情報及び資料から児童を保護するための適当な指針を発展させることを奨励する。

第18条 1 締約国は，児童の養育及び発達について父母が共同の責任を有するという原則についての認識を確保するために最善の努力を払う。父母又は場合により法定保護者は，児童の養育及び発達についての第一義的な責任を有する。児童の最善の利益は，これらの者の基本的な関心事項となるものとする。

2 締約国は，この条約に定める権利を保障し及び促進するため，父母及び法定保護者が児童の養育についての責任を遂行するに当たりこれらの者に対して適当な援助を与えるものとし，また，児童の養護のための施設，設備及び役務の提供の発展を確保する。

3 締約国は，父母が働いている児童が利用する資格を有する児童の養護のための役務の提供及び設備からその児童が便益を受ける権利を有することを確保するためのすべての適当な措置をとる。

第19条 1 締約国は，児童が父母，法定保護者又は児童を監護する他の者による監護を受けている間において，あらゆる形態の身体的若しくは精神的な暴力，傷害若しくは虐待，放置若しくは怠慢な取扱い，不当な取扱い又は搾取（性的虐待を含む。）からその児童を保護するためすべての適当な立法上，行政上，社会上及び教育上の措置をとる。

2 1の保護措置には，適当な場合には，児童及び児童を監護する者のために必要な援助を与える社会的計画の作成その他の形態による防止のための効果的な手続並びに1に定める児童の不当な取扱いの事件の発見，報告，付託，調査，処置及び事後措置並びに適当な場合には司法の関与に関する効果的な手続を含むものとする。

第20条 1 一時的若しくは恒久的にその家庭環境を奪われた児童又は児童自身の最善の利益にかんがみその家庭環境にとどまることが認められない児童は，国が与える特別の保護及び援助を受ける権利を有する。

2 締約国は，自国の国内法に従い，1の児童のための代替的な監護を確保する。

3 2の監護には，特に，里親委託，イスラム法のカファーラ，養子縁組又は必要な場合には児童の監護のための適当な施設への収容を含むことができる。解決策の検討に当たっては，児童の養育において継続性が望ましいこと並びに児童の種族的，宗教的，文化的及び言語的な背景について，十分な考慮を払うものとする。

第22条 1 締約国は，難民の地位を求めている児童又は適用のある国際法及び国際的な手続若しくは国内法及び国内的な手続に基づき難民と認められている児童が，父母又は他の

者に付き添われているかいないかを問わず，この条約及び自国が締約国となっている人権又は人道に関する他の国際文書に定める権利であって適用のあるものの享受に当たり，適当な保護及び人道的援助を受けることを確保するための適当な措置をとる。
2 このため，締約国は，適当と認める場合には，1の児童を保護し及び援助するため，並びに難民の児童の家族との再統合に必要な情報を得ることを目的としてその難民の児童の父母又は家族の他の構成員を捜すため，国際連合及びこれと協力する他の権限のある政府間機関又は関係非政府機関による努力に協力する。その難民の児童は，父母又は家族の他の構成員が発見されない場合には，何らかの理由により恒久的又は一時的にその家庭環境を奪われた他の児童と同様にこの条約に定める保護が与えられる。

第23条 1 締約国は，精神的又は身体的な障害を有する児童が，その尊厳を確保し，自立を促進し及び社会への積極的な参加を容易にする条件の下で十分かつ相応な生活を享受すべきであることを認める。
2 締約国は，障害を有する児童が特別の養護についての権利を有することを認めるものとし，利用可能な手段の下で，申込みに応じた，かつ，当該児童の状況及び父母又は当該児童を養護している他の者の事情に適した援助を，これを受ける資格を有する児童及びこのような児童の養護について責任を有する者に与えることを奨励し，かつ，確保する。
3 障害を有する児童の特別な必要を認めて，2の規定に従って与えられる援助は，父母又は当該児童を養護している他の者の資力を考慮して可能な限り無償で与えられるものとし，かつ，障害を有する児童が可能な限り社会への統合及び個人の発達（文化的及び精神的な発達を含む。）を達成することに資する方法で当該児童が教育，訓練，保健サービス，リハビリテーション・サービス，雇用のための準備及びレクリエーションの機会を実質的に利用し及び享受することができるように行われるものとする。
4 締約国は，国際協力の精神により，予防的な保健並びに障害を有する児童の医学的，心理学的及び機能的治療の分野における適当な情報の交換（リハビリテーション，教育及び職業サービスの方法に関する情報の普及及び利用を含む。）であってこれらの分野における自国の能力及び技術を向上させ並びに自国の経験を広げることができるようにすることを目的とするものを促進する。これに関しては，特に，開発途上国の必要を考慮する。

第24条 1 締約国は，到達可能な最高水準の健康を享受すること並びに病気の治療及び健康の回復のための便宜を与えられることについての児童の権利を認める。締約国は，いかなる児童もこのような保健サービスを利用する権利が奪われないことを確保するために努力する。
2 締約国は，1の権利の完全な実現を追求するものとし，特に，次のことのための適当な措置をとる。
(a) 幼児及び児童の死亡率を低下させること。
(b) 基礎的な保健の発展に重点を置いて必要な医療及び保健をすべての児童に提供することを確保すること。(c) 環境汚染の危険を考慮に入れて，基礎的な保健の枠組みの範囲内で行われることを含めて，特に容易に利用可能な技術の適用により並びに十分に栄養のある食物及び清潔な飲料水の供給を通じて，疾病及び栄養不良と闘うこと。(d) 母親のための産前産後の適当な保健を確保すること。
(e) 社会のすべての構成員特に父母及び児童が，児童の健康及び栄養，母乳による育児の利点，衛生（環境衛生を含む。）並びに事故の防止についての基礎的な知識に関して，情報を提供され，教育を受ける機会を有し及びその知識の使用について支援されることを確保すること。(f) 予防的な保健，父母のための指導並びに家族計画に関する教育及びサービスを発展させること。
3 締約国は，児童の健康を害するような伝統的な慣行を廃止するため，効果的かつ適当なすべての措置をとる。
4 締約国は，この条において認められる権利の完全な実現を漸進的に達成するため，国際協力を促進し及び奨励することを約束する。これに関しては，特に，開発途上国の必要を考慮する。

第25条 締約国は，児童の身体又は精神の養護，保護又は治療を目的として権限のある当局に

よって収容された児童に対する処遇及びその収容に関連する他のすべての状況に関する定期的な審査が行われることについての児童の権利を認める。

第26条 1 締約国は,すべての児童が社会保険その他の社会保障からの給付を受ける権利を認めるものとし,自国の国内法に従い,この権利の完全な実現を達成するための必要な措置をとる。

2 1の給付は,適当な場合には,児童及びその扶養について責任を有する者の資力及び事情並びに児童によって又は児童に代わって行われる給付の申請に関する他のすべての事項を考慮して,与えられるものとする。

第27条 1 締約国は,児童の身体的,精神的,道徳的及び社会的な発達のための相当な生活水準についてのすべての児童の権利を認める。

2 父母又は児童について責任を有する他の者は,自己の能力及び資力の範囲内で,児童の発達に必要な生活条件を確保することについての第一義的な責任を有する。

3 締約国は,国内事情に従い,かつ,その能力の範囲内で,1の権利の実現のため,父母及び児童について責任を有する他の者を援助するための適当な措置をとるものとし,また,必要な場合には,特に栄養,衣類及び住居に関して,物的援助及び支援計画を提供する。

4 締約国は,父母又は児童について金銭上の責任を有する他の者から,児童の扶養料を自国内で及び外国から,回収することを確保するためのすべての適当な措置をとる。特に,児童について金銭上の責任を有する者が児童と異なる国に居住している場合には,締約国は,国際協定への加入又は国際協定の締結及び他の適当な取決めの作成を促進する。

第28条 1 締約国は,教育についての児童の権利を認めるものとし,この権利を漸進的にかつ機会の平等を基礎として達成するため,特に,
(a) 初等教育を義務的なものとし,すべての者に対して無償のものとする。(b) 種々の形態の中等教育(一般教育及び職業教育を含む。)の発展を奨励し,すべての児童に対し,これらの中等教育が利用可能であり,かつ,これらを利用する機会が与えられるものとし,例えば,無償教育の導入,必要な場合における財政的援助の提供のような適当な措置をとる。(c) すべての適当な方法により,能力に応じ,すべての者に対して高等教育を利用する機会が与えられるものとする。(d) すべての児童に対し,教育及び職業に関する情報及び指導が利用可能であり,かつ,これらを利用する機会が与えられるものとする。(e) 定期的な登校及び中途退学率の減少を奨励するための措置をとる。

2 締約国は,学校の規律が児童の人間の尊厳に適合する方法で及びこの条約に従って運用されることを確保するためのすべての適当な措置をとる。

3 締約国は,特に全世界における無知及び非識字の廃絶に寄与し並びに科学上及び技術上の知識並びに最新の教育方法の利用を容易にするため,教育に関する事項についての国際協力を促進し,及び奨励する。これに関しては,特に,開発途上国の必要を考慮する。

第29条 1 締約国は,児童の教育が次のことを指向すべきことに同意する。
 (a) 児童の人格,才能並びに精神的及び身体的な能力をその可能な最大限度まで発達させること。(b) 人権及び基本的自由並びに国際連合憲章にうたう原則の尊重を育成すること。(c) 児童の父母,児童の文化的同一性,言語及び価値観,児童の居住国及び出身国の国民的価値観並びに自己の文明と異なる文明に対する尊重を育成すること。(d) すべての人民の間の,種族的,国民的及び宗教的集団の間の並びに原住民である者の理解,平和,寛容,両性の平等及び友好の精神に従い,自由な社会における責任ある生活のために児童に準備させること。(e) 自然環境の尊重を育成すること。

2 この条又は前条のいかなる規定も,個人及び団体が教育機関を設置し及び管理する自由を妨げるものと解してはならない。ただし,常に,1に定める原則が遵守されること及び当該教育機関において行われる教育が国によって定められる最低限度の基準に適合することを条件とする。

第30条 種族的,宗教的若しくは言語的少数民族又は原住民である者が存在する国において,当該少数民族に属し又は原住民である児童は,その集団の他の構成員とともに自己の

文化を享有し，自己の宗教を信仰しかつ実践し又は自己の言語を使用する権利を否定されない。
第31条 1 締約国は，休息及び余暇についての児童の権利並びに児童がその年齢に適した遊び及びレクリエーションの活動を行い並びに文化的な生活及び芸術に自由に参加する権利を認める。
2 締約国は，児童が文化的及び芸術的な生活に十分に参加する権利を尊重しかつ促進するものとし，文化的及び芸術的な活動並びにレクリエーション及び余暇の活動のための適当かつ平等な機会の提供を奨励する。
第32条 1 締約国は，児童が経済的な搾取から保護され及び危険となり若しくは児童の教育の妨げとなり又は児童の健康若しくは身体的，精神的，道徳的若しくは社会的な発達に有害となるおそれのある労働への従事から保護される権利を認める。
2 締約国は，この条の規定の実施を確保するための立法上，行政上，社会上及び教育上の措置をとる。このため，締約国は，他の国際文書の関連規定を考慮して，特に，
(a) 雇用が認められるための1又は2以上の最低年齢を定める。(b) 労働時間及び労働条件についての適当な規則を定める。(c) この条の規定の効果的な実施を確保するための適当な罰則その他の制裁を定める。
第33条 締約国は，関連する国際条約に定義された麻薬及び向精神薬の不正な使用から児童を保護し並びにこれらの物質の不正な生産及び取引における児童の使用を防止するための立法上，行政上，社会上及び教育上の措置を含むすべての適当な措置をとる。
第34条 締約国は，あらゆる形態の性的搾取及び性的虐待から児童を保護することを約束する。このため，締約国は，特に，次のことを防止するためのすべての適当な国内，二国間及び多数国間の措置をとる。
(a) 不法な性的な行為を行うことを児童に対して勧誘し又は強制すること。(b) 売春又は他の不法な性的な業務において児童を搾取的に使用すること。(c) わいせつな演技及び物において児童を搾取的に使用すること。
第39条 締約国は，あらゆる形態の放置，搾取若しくは虐待，拷問若しくは他のあらゆる形態の残虐な，非人道的な若しくは品位を傷つける取扱い若しくは刑罰又は武力紛争による被害者である児童の身体的及び心理的な回復及び社会復帰を促進するためのすべての適当な措置をとる。このような回復及び復帰は，児童の健康，自尊心及び尊厳を育成する環境において行われる。

## 同和対策審議会答申（抄）
1965 (昭和40) 8.11 同和対策審議会

### 前文

昭和36年12月7日内閣総理大臣は本審議会に対して「同和地区に関する社会的及び経済的諸問題を解決するための基本的方策」について諮問された。いうまでもなく同和問題は人類普遍の原理である人間の自由と平等に関する問題であり，日本国憲法によって保障された基本的人権にかかわる課題である。したがって，審議会はこれを未解決に放置することは断じて許されないことであり，その早急な解決こそ国の責務であり，同時に国民的課題であるとの認識に立って対策の探求に努力した。
（中略）

### 第1部 同和問題の認識

1 同和問題の本質

いわゆる同和問題とは，日本社会の歴史的発展の過程において形成された身分階層構造に基づく差別により，日本国民の一部の集団が経済的・社会的・文化的に低位の状態におかれ，現代社会においても，なおいちじるしく基本的人権を侵害され，とくに，近代社会の原理として何人にも保障されている市民的権利と自由を完全に保障されていないという，もっとも深刻にして重大な社会問題である。

その特徴は，多数の国民が社会的現実としての差別があるために一定地域に共同体的集落を形成していることにある。最近この集団の居住地域から離脱して一般地区に混在するものも多くなってきているが，それらの人々もまたその伝統的集落の出身なるがゆえに陰に陽に身分的差別のあつかいをうけている。集落をつくって

いる住民は，かつて「特殊部落」「後進部落」「細民部落」など蔑称でよばれ，現在でも「未解放部落」または「部落」などとよばれ，明らかな差別の対象となっているのである。

この「未解放部落」または「同和関係地区」（以下単に「同和地区」という。）の起源や沿革については，人種的起源説，宗教的起源説，職業的起源説，政治的起源説などの諸説がある。しかし，本審議会は，これら同和地区の起源を学問的に究明することを任務とするものではない。ただ，世人の偏見を打破するためにはっきり断言しておかなければならないのは，同和地区の住民は異人種でも異民族でもなく，疑いもなく日本民族，日本国民である，ということである。

（中略）

なかでも，同和地区の産業経済はその最底辺を形成し，わが国経済の発展からとり残された非近代的部門を形成している。

このような経済構造の特質は，そっくりそのまま社会構造に反映している。すなわち，わが国の社会は，一面では近代的な市民社会の性格をもっているが，他面では，前近代的な身分社会の性格をもっている。今日なお古い伝統的な共同体関係が生き残っており，人々は個人として完全に独立しておらず，伝統や慣習に束縛されて，自由な意志で行動することを妨げられている。

また，封建的な身分階層秩序が残存しており，家父長制的な家族関係，家柄や格式が尊重される村落の風習，各種団体の派閥における親分子分の結合など，社会のいたるところに身分の上下と支配服従の関係がみられる。

さらに，また，精神，文化の分野でも昔ながらの迷信，非合理的な偏見，前時代的な意識などが根づよく生き残っており，特異の精神風土と民族的な性格を形成している。

このようなわが国の社会，経済，文化体制こそ，同和問題を存続させ，部落差別を支えている歴史的社会的根拠である。

（中略）

したがって，いかなる時代がこようと，どのように社会が変化しようと，同和問題が解決することは永久にありえないと考えるのは妥当でない。また，「寝た子をおこすな」式の考えで，同和問題はこのまま放置しておけば社会進化にともないいつとはなく解消すると主張することにも同意できない。

実に部落差別は，半封建的な身分的差別であり，わが国の社会に潜在的または顕在的に厳存し，多種多様の形態で発現する。それを分類すれば，心理的差別と実態的差別とにこれを分けることができる。

心理的差別とは，人々の観念や意識のうちに潜在する差別であるが，それは言語や文字や行為を媒介として顕在化する。たとえば，言葉や文字で封建的身分の賤称をあらわして侮蔑する差別，非合理的な偏見や嫌悪の感情によって交際を拒み，婚約を破棄するなどの行動にあらわれる差別である。実態的差別とは，同和地区住民の生活実態に具現されている差別のことである。たとえば，就職・教育の機会均等が実質的に保障されず，政治に参与する権利が選挙などの機会に阻害され，一般行政諸施策がその対象から疎外されるなどの差別であり，このような劣悪な生活環境，特殊で低位の職業構成，平均値の数倍にのぼる高率の生活保護率，きわだって低い教育文化水準など同和地区の特徴として指摘される諸現象は，すべて差別の具象化であるとする見方である。

このような心理的差別と実態的差別とは相互に因果関係を保ち相互に作用しあっている。すなわち，心理的差別が原因となって実態的差別をつくり，反面では実態的差別が原因となって心理的差別を助長するという具合である。そして，この相関関係が差別を再生産する悪循環をくりかえすわけである。

すなわち，近代社会における部落差別とは，ひとくちにいえば，市民的権利，自由の侵害にほかならない。市民的権利，自由とは，職業選択の自由，教育の機会均等を保障される権利，居住および移転の自由，結婚の自由などであり，これらの権利と自由が同和地区住民にたいしては完全に保障されていないことが差別なのである。これらの市民的権利と自由のうち，職業選択の自由，すなわち就職の機会均等が完全に保障されていないことが特に重大である。なぜなら，歴史をかえりみても，同和地区住民がその時代における主要産業の生産過程から疎外され，賤業とされる雑業に従事していたことが社会的地位の上昇と解放への道を阻む要因となったのであり，このことは現代社会においても変らな

いからである。したがって，同和地区住民に就職と教育の機会均等を完全に保障し，同和地区に滞溜する停滞的過剰人口を近代的な主要産業の生産過程に導入することにより生活の安定と地位の向上をはかることが，同和問題解決の中心的課題である。

　以上の解明によって，部落差別は単なる観念の亡霊ではなく現実の社会に実在することが理解されるであろう。いかなる同和対策も，以上のような問題の認識に立脚しないかぎり，同和問題の根本的解決を実現することはもちろん，個々の行政施策の部分的効果を十分にあげることをも期待しがたいであろう。

　　　第3部　同和対策の具体案

4　教育問題に関する対策

(1)　基本的方針

　同和問題の解決に当って教育対策は，人間形成に主要な役割を果すものとしてとくに重要視されなければならない。すなわち，基本的には民主主義の確立の基礎的な課題である。したがって，同和教育の中心的課題は法のもとの平等の原則に基づき，社会の中に根づよく残っている不合理な部落差別をなくし，人権尊重の精神を貫くことである。この教育では，教育を受ける権利（憲法第26条）および教育の機会均等（教育基本法第3条）に照らして，同和地区の教育を高める施策を強力に推進するとともに個人の尊厳を重んじ，合理的精神を尊重する教育活動が積極的に，全国的に展開されねばならない。特に直接関係のない地方においても啓蒙的教育が積極的に行なわれなければならない。

（以下，すべて略）

# 索　引

## あ行

アイヌ民族　156
アウグスティヌス　62
朝ごはん条例　91
安全・防災教育　88
ESD　178
「生きる力」の育成　87
1条学校　49
イデア　57
イリイチ　45
インクルーシブ教育　85
instructionの語義　10
インターナショナル・スクール　50
インターフェイス　115
ヴァイツ　103, 104
エットーレ・ジェルピ　171
educationの語義　10
『エミール』　65
遠隔教育　177
公の施設　179
奥地圭子　22
「おしえる」の語義　12
"落ちこぼれ"現象　81
オペラント条件づけ　130
親の教育権　15, 84
親の「第一義的責任」　85
オールドカマー　157

## か行

外国語活動　87
外国人学校　50
改正教育基本法　17
解放教育　153
科学技術教育の推進　80
学事奨励に関する被仰出書　185
学社連携論　172, 174
学習　128
学習指導要領　78
　　　——の改訂　86
学習中心主義　6
学習網（ラーニング・ウエッブ）　45
各種学校　50
学制　9
学生　28
学問中心的教育課程　80
学力向上アピール　88
学力向上路線　87
学力低下　87
学力テスト　79
学齢児童　27
学齢生徒　27
学歴社会　43, 44
隠れたカリキュラム（hidden curriculum）　104, 106
隠れた共教育者　103
学校，家庭及び地域住民等の相互の連携協力　84
学校教育　13
学校教育・家庭教育・社会教育の3領域制　14
学校教育・社会教育の2領域制　14
学校教育法　13, 77, 190
　　　——第1条　49
『学校と社会』　69
学校の家庭化　22
「学校の思想」　33, 64, 65
学校の諸機能　31
学校歴社会　44
活版印刷の技術　33
家庭教育　14, 15, 84
釜石の奇跡　88
カリキュラム　111
苅谷剛彦　154
カルチャーセンター　175, 177
環境　84
　　　——を醸成　178
感謝する　26
基礎陶冶　68, 69
期待される人間像　81
義務教育　9
義務教育学校　49, 95
義務就学年齢　27

旧教育　11, 69
　　——の復活　78
教育　109
教育委員会　95, 179
教育委員会法　77
教育改革国民会議　83
教育機会の平等　44
教育基本法　13, 48, 77
　　——（47年法）　189
　　——（改正法）　187
　　——改正　83
教育行政機関　75
教育公務員　18
教育公務員特例法　78
教育刷新委員会　77
教育勅語（教育ニ関スル勅語）　9, 186
教育的機能　31, 42
教育内容　103
教育の概念　8
教育の義務制　35
教育のグローバル化　149
教育の現実主義　4, 56, 58, 61, 67
「教育」の語義　12
教育の国際化　147
教育の私事性　9
教育の自由　35
教育の中立性　36
教育の定義　1
教育の人間主義　4, 56-58, 61, 62, 67
教育の無償制　35
教育の理想主義　57, 58, 61, 67
教育を受ける権利　14, 28
教育をする義務　28
教員免許更新制　86
教員養成のための機関　39
教科書の黒塗り　76
教育再生実行会議　82
教師聖職者論　17, 19
教師専門職論　20
教師中心主義　78
　　——の教育論　11
教師の地位に関する勧告　20
教師の倫理綱領　19
教授　11
教授‐学習の過程　124

教師労働者論　19
矯正教育　50
教養　84
教養教育（liberal education）　58
キリスト教　60
規律　84
近代学校　33
近代公教育制度　33
グーテンベルク　33
熊谷一乗　99
グローバル化（globalization）　146
経験主義教育論　77
経済格差が教育格差を生む　92
下構型学校系統　36
顕在的カリキュラム（official curriculum）　104
研修　84
憲法・教育基本法体制　17
公教育　9, 35
　　——の定義　10
公共の精神　84
高校三原則　40
高等学校　49
高等学校等就学支援金　92
高等学校等の授業料無償化　92
行動主義的学習理論　129
高等専修学校　50
　　——の創設　80
高等専門学校　49
高等部　49
公民館　170, 175, 176, 178
公民館運営審議会　178
公民教育　16
公立学校の教員　18
国際法　25, 27
国際理解教育　161
国民教育　146
国民所得倍増計画　79, 81
国立学校の教員　18
心の教育　84
子ども　26
こども　26
子ども中心主義　67
子ども（児童）中心主義の教育論　11, 78
子どもの権利条約　157
子どもの権利宣言　156

こどもの幸福　26
こどもの人格　26
子どもの発見　65
こどもの日　26
子どもを就学させる義務　28
子の教育について第一義的責任　14, 84
コミュニティスクール　174
コミュニティセンター　176
コメニウス　33, 46, 65

## さ行

齋藤直子　24, 167
サラダ・ボウル　151
沢柳政太郎　4, 18, 76
GHQ（連合国軍総司令部）　76
　　──の四大指令　77
ジェルピの生涯教育論　171
ジェーン・ローランド・マーティン　21, 165
私教育　9, 35
　　──の自由　35
　　──の定義　10
自己決定学習　171
自己実現　180
資質化　7
子女　25, 26
自然　84
自然の教育　66
自然体験活動　178
"七・五・三教育"　81
指定管理者制度　179
児童　25, 27
児童館　50
児童憲章　27, 156
児童自立支援施設　50
児童の権利宣言　14
児童の権利に関する条約　15, 197
児童の最善の利益　15
児童福祉施設　49, 50
児童福祉法　27, 49, 50
児童養護施設　50
社会化　7, 21
社会教育　15, 16, 169, 170
社会教育法　78, 170
社会教育行政　16, 178, 180
社会教育施設　17, 51, 174-176, 179

「社会教育」の定義　17
社会教育施設の設置数　176
社会構成主義的学習理論　129, 132
社会人入学制度　45
社会奉仕体験活動　178
ジャクソン　104
宗教改革　63
宗教教育　84
主体化　7
首長（都道府県知事・市区町村長）　94
　　──の権限強化　94
生涯学習　84, 169, 172
生涯学習審議会　173
生涯学習審議会答申　177
生涯学習振興法　173
生涯学習（推進）センター　173, 175
生涯学習体系への移行　82
生涯教育　170, 172
奨学金　93
小学部　49
小学校　49
消極的平和　164
上溝型学校系統　36
少女　25
情操　84
小中一貫教育　49
少年　25, 27, 28
少年院法　50
少年鑑別所　51
少年法　28
情報的機能　32, 42
奨励　17
食育　89, 91
食育基本法の制定　90
職員会議　25
女性教育施設　175, 176
女性の権利　155
ジョン・ロールズ　158
私立学校の教員　18
自律　84
新教育　11, 70, 78
人材確保法　19
新日本建設ノ教育方針　76
スキナー　130
スクール　21

スプートニク・ショック　80
すべての者に中等教育を　40
3R's　7, 42
生活のために必要な習慣　14
正規の学校　49
正系の学校　49
青少年教育施設　175, 176
聖職者的教師論　17, 19
生徒　25, 27, 28
青年学級　177
生命　84
世界人権宣言　14
積極的平和　164
全国子どもプラン　174
専修学校　49, 50
先住民のための教育と権利　156
選抜機能　32, 42
専門学校　49
専門職的教師論　20
創価教育学説　76
総合学科　41
総合教育会議　179
総合制高等学校　41
ソクラテス　4, 55-57, 62, 98, 135, 140, 142
「そだてる」の語義　12
ソーンダイク　130

### た行

大学　49
大学院　49
大学校　50
『大教授学』　33
第二次の米国教育使節団　78
脱学校論　45
脱ゆとり　87
短期大学　49
単線型学校体系　37, 44
地域再生法　179
地方分権推進による規制緩和　178
中学校　49
中高一貫教育　49
中等教育学校　49
中等部　49
超国家主義　76
朝鮮高級学校　50

直観教授　69
通学合宿　175
デューイ　47, 69, 147
デュルケーム　118
伝統　84
トインビー　64
洞窟の比喩　140
陶冶　11, 109, 125
陶冶可能性　107
同和教育　153
同和対策審議会答申　154, 203
特殊教育　85
特設「道徳」　79
特別支援学校　49, 85
特別支援教育　85
図書館　170, 175, 176

### な行

内閣総理大臣の諮問機関　82
「ならう」の語義　13
難民　157
日本教職員組合（日教組）　19, 162
日本国憲法　27, 186
日本人学校　51
ニューカマー　157
乳児　25, 27
ニュートン・パラダイム　34
ニュルンベルクのじょうご　125, 136
人間主義教育　20, 23, 24, 168
認知主義的学習理論　129
ネル・ノディングズ　166
年少者　25, 28

### は行

パイデイア　55, 56
博物館　170, 175, 176
八大教育主張　17, 76
発育　11
バーンスティン　114
反戦教育　161
ピアジェ　131
ビースタ　7
平等と公平の分配　158
ファインバーグ　160
福澤諭吉　4, 11, 76, 102, 117, 160

複線型学校体系　37
婦人学級　177
婦人教育　16
普通教育　26
不登校　51
部落解放運動団体　153
プラトン　57, 98, 135
フリースクール　22
ブルーナー　80
フレーベル　68
プログラム学習　130
『プロタゴラス』　98
分岐型（の）学校体系　37, 38, 44
米国教育使節団報告書　77
併設型中学校・高等学校　49
平和教育　160
ペスタロッチ　4, 21, 67, 110
別科　49
ベル　112
ベル・ランカスター法　112
ヘルバルト　69
保育園／保育所　49, 50
放課後子ども総合プラン　174
法規　25
法律　25
法律に定める学校　14, 48
　　――の教員　17
法令　25
ポール・ラングラン　81, 169-171
保護観察所　51
ポツダム宣言の受諾　75
ホーム　21
ポール・スタンデッシュ　22

## ま行

前田多門　76
牧口常三郎　4, 18, 76
マキシン・グリーン　150
マッカーサー　77
マーティン　22
「まなぶ」の語義　13
マララ・ユスフザイ　142

満18歳未満の者　28
満20歳未満の者　28
未成年　25
未成年者　28
未成年者飲酒禁止法　28
未成年者喫煙禁止法　28
民主主義　71
民主主義社会の理想　160
『民主主義と教育』　70
民族学校　50
村井実　1, 3, 6, 62, 117, 152, 161
メルティング・ポット　151
孟子　12
盲・聾・養護学校　85
モニトリアル・システム　112
モンテッソーリ　166

## や行

"ゆとり"の時間　81
ゆとり教育　87
ユネスコ　81, 169, 170
ユネスコ成人教育推進国際委員会　169
よい人　59
幼児　25, 27
幼児期の教育　84
幼稚園（kindergarten）　49, 69
幼稚部　49
よさ　1, 6, 56, 61
ヨハン・ガルトゥング　164
よりよくしようとする働きかけ　1
よりよく生きる　1

## ら行

臨教審路線　82
臨時教育審議会　82, 83, 173
『リーンハルトとゲルトルート』　21
ルソー　65, 107, 126
ルター　63
ルードゥス　58
レクリエーションの活動　16
連携型中学校・高等学校　49
労働者的教師論　19

### 著者紹介

**大﨑　素史**　東京大学大学院教育学研究科博士課程満期退学，教育学修士，創価大学名誉教授
〈第1章第2～3節1，第4節，第2章第6節，第4章〉

**坂本　辰朗**　慶應義塾大学大学院文学研究科博士課程修了，教育学博士，創価大学教授
〈第1章第1節，第2章第1～5節，第3章，第7章第1節〉

**井手華奈子**　University of Illinois at Urbana-Champaign, Department of Educational Policy Studies, Ph.D., 創価大学准教授
〈第1章第3節2～3，第7章第2～3節〉

**牛田　伸一**　創価大学文学研究科博士課程満期退学，教育学博士，創価大学准教授
〈第5，6章〉

**井上　伸良**　東京大学大学院教育学研究科博士課程満期退学，教育学修士，創価大学准教授
〈第7章第4節〉

(執筆順)

---

人間の教育を求めて――教育学概論――

2016年4月5日　第1版第1刷発行
2021年1月30日　第1版第5刷発行

　　　　　　　　　　　　　　大﨑　素史
　　　　　　　　　　　　　　坂本　辰朗
　　　　　　　　　　　　　　井手華奈子
　　　　　　　　　　　　　　牛田　伸一
　　　　　　　　　　　　　　井上　伸良〈著〉

発行者　田中千津子
発行所　株式会社 学文社

〒153-0064　東京都目黒区下目黒3-6-1
電話　03(3715)1501(代)
FAX　03(3715)2012
http://www.gakubunsha.com

印刷所　新灯印刷

Ⓒ M. Osaki/T.Sakamoto/K. Ide/
S. Ushida/N. Inoue 2016

乱丁・落丁の場合は本社でお取替えします。
定価はカバーに表示。

ISBN978-4-7620-2595-2